本书受首都经济贸易大学出版基金资助

新能源产业面临的挑战与财税应对策略

何　辉　著

中国财经出版传媒集团

经济科学出版社
Economic Science Press

图书在版编目（CIP）数据

新能源产业面临的挑战与财税应对策略/何辉著．
—北京：经济科学出版社，2018.9
ISBN 978 - 7 - 5141 - 9583 - 5

Ⅰ.①新…　Ⅱ.①何…　Ⅲ.①新能源-能源政策-财
政政策-研究-中国　Ⅳ.①F426.2

中国版本图书馆 CIP 数据核字（2018）第 182100 号

责任编辑：顾瑞兰
责任校对：刘　昕
责任印制：邱　天

新能源产业面临的挑战与财税应对策略

何　辉　著

经济科学出版社出版、发行　新华书店经销
社址：北京市海淀区阜成路甲 28 号　邮编：100142
总编部电话：010-88191217　发行部电话：010-88191522
网址：www. esp. com. cn
电子邮件：esp@ esp. com. cn
天猫网店：经济科学出版社旗舰店
网址：http：//jjkxcbs. tmall. com
固安华明印业有限公司印装
710×1000　16 开　15.25 印张　270000 字
2018 年 9 月第 1 版　2018 年 9 月第 1 次印刷
ISBN 978 - 7 - 5141 - 9583 - 5　定价：47.00 元
（图书出现印装问题，本社负责调换。电话：010-88191502）
（版权所有　翻印必究　举报电话：010-88191586
电子信箱：dbts@esp. com. cn）

前　言

　　新能源作为传统能源的替代品，不仅有利于解决和补充我国化石能源供应不足的问题，而且有利于改善我国能源结构、保障能源安全、保护环境、促进经济社会可持续发展。近年来，我国为鼓励新能源产业发展，实施了税收优惠政策和财政补贴政策，对促进新能源产业发展产生了一定积极意义，但由于扶持新能源产业发展的税收政策和财政补贴政策存在不足，出现新能源产业发展过度依赖税收优惠和财政补贴等问题。2013 年，欧盟等国家对我国新能源的"双反"政策，给我国新能源产业的发展带来很大冲击。本书结合新能源产业发展的现状，梳理新能源产业发展存在的问题，结合我国新能源产业发展的税收政策和财政补贴政策，借鉴国外政策经验，提出了完善我国新能源产业发展的税收政策和财政补贴政策。

　　本书共分为 9 章，由新能源产业现状、国外经验借鉴、财税政策分析三部分构成。第 1 章导论。第 2～5 章为对我国太阳能产业、风能产业、生物质能产业以及新能源汽车产业发展的现状及存在的问题的分析。第 6 章是国外新能源产业发展的现状及财税政策经验借鉴。第 7～8 章为我国新能源产业发展的财政政策和税收政策现状分析。第 9 章为促进新能源发展的财税政策建议。

　　第 1 章，导论。本章主要分为三个部分。第一部分叙述了本书的选题背景和意义；第二部分是对国内外学者的相关研究的文献综述；第三部分指出本书可能的创新点与不足之处。

　　第 2 章，太阳能产业发展的现状及面临的问题。本章主要从三大部分来介绍太阳能产业发展的现状及面临的问题，第一部分从太阳能的概念着手，介绍了我国太阳能资源的地域分布特点以及我国现阶段的太阳能资源利用的主要应用模式，从而为后文提供了基本的地理背景和探讨对象的大致范围。第二部分主要介绍我国太阳能产业发展的现状，从太阳能光伏发电、太阳能热发电、太阳能热利用三个大的应用范围着手。在太阳能光伏发电产业板块，首先简单介绍了光伏发电的基本原理，然后具体梳理了我国光伏产业的几个重要历史发展阶段以及当前主要的光伏产业链的划分情况，最后重点从光伏应用市场和光伏制造产业两个大的方面详细阐述了我国光伏产业的发展现状。在太阳能热发电产业板块和太阳能热利用板块，由于这两类太阳能应用形式的商业模式还不太成熟，目前主要处于研究示范阶段，因此，简单介绍其应用原理和当前的主要研究成果以及示范项目。第三部分主要从太阳能光伏发电、热发电、热利用三个方面具体阐述了当前我国太阳能产业发展中的问题。

第3章，风能产业发展的现状及面临的问题。本章主要分为三部分。第一部分梳理和总结了我国风电产业的发展历史中较为重要的政策节点并分析其带来的影响。第二部分在此基础上通过数据比较，分析我国风能产业各方面发展的趋势及其原因，全面论述我国风能产业发展的现状，其中主要包括三个方面：我国自然风能资源的地域和季节性分布特征；我国"十三五"时期风能产业发展的基础和风电机组装机状况。在风电机组装机状况中又具体分为：我国累计及年度新增风电机装机情况总览；已有风电机组机型统计情况；风电机组制造商装机情况和风电机组国内市场集中度情况。第三部分总结目前我国风能产业发展存在的三个主要问题：弃风限电问题、风电上网电价制度问题和分散式接入风电的发展问题，并分析这些问题的成因与特征。在此基础上，通过参考过去的政策情况，借鉴国外风能产业的先进发展模式，立足于我国风电产业发展实际，针对以上三个问题提出合理化建议。

第4章，我国生物质能发展的现状及面临的问题。本章内容分为五部分，采用总分的结构形式，梳理了我国生物质能发展的现状及面临的问题。第一部分介绍了生物质能的概念及分类，我国生物质能产品分为生物质电力、生物质成型燃料、生物质液体燃料和生物质气体燃料四大类。第二部分从总体上介绍我国生物质能资源及产业的总体情况，根据相关统计数据，对我国生物质能的资源现状及产业现状进行了分析。我国每年大约产生4.6亿吨标准煤的生物质能，生物质发电装机容量持续增长，沼气产量突破百万立方米，燃料乙醇在全国推广使用。我国生物质资源总量丰富，但资源的分散性制约了生物质的综合利用，目前，我国生物质能源利用率不足10%，利用率还有待提高。后面三部分分别梳理了我国生物质发电、生物质气体燃料、生物质液体燃料的产业及技术现状，总结了生物质产品发展所面临的问题。生物质发电存在着产业布局不合理、热电联产技改资金缺乏、秸秆直燃发电效率不高、煤—生物质混燃发电骗补等问题；生物质气体燃料存在户用沼气弃用严重、规模化发展原料供给不足、沼气商用推广困难等问题；生物质液体燃料存在原料不足、生产技术水平不高、市场推广缺乏监管等问题。

第5章，新能源汽车发展的现状及存在的问题。本章分为三个部分，第一部分从汽车的种类开始，分别介绍了各种新能源汽车并给出工作原理图，使读者更好地理解电动汽车的工作原理。按照"十五"至"十三五"的时间顺序，对推动新能源汽车产业发展的政策进行了梳理，从"十五"创造性提出"三横三纵"的开发布局，到"十一五"强化示范平台带动作用，再到"十二五"新能源汽车进入产业化初期阶段，最后到"十三五""双积分"办法的提出，进入新的发展阶段。第二部分对新能源汽车的发展现状进行介绍。简要介绍新能源汽车的市场情况，重点介绍新能源汽车充电基础设施、动力电池的发展现状，并按照时间顺序对支持其发展的政策进行了梳理，结合现状和政策发现目前充电基础设施、动力蓄电池在回收方面存在的问题，如充电设施建设不充分、分布不均，动力蓄电池回收利用体系尚未形成等。随后针对问题提出相应的政策建议，并对 2017 年底公布的具有标志性意义的"双积分"办法进行简单介绍，并做简要分析。第三部分结合前文对新能源汽车现状的介绍，指出新能源汽车产业发展面临的问题及发展前景。新能源汽车产业目前存在充电基础设施是发展短板、政策体系仍需完善、核心技术还需要进一步突破、后市场流通服务体系还有待健全这四方面问题。并对新能源汽车的发展前景进行展望，指出新能源汽车必将成为未来的发展趋势，且在互联网不断普及的情况下，向智能化方向发展。

第 6 章，国外新能源产业发展的现状及财税政策经验借鉴。首先，本章从太阳能、风能、生物质能、新能源汽车这四个方面进行简要介绍。太阳能方面主要介绍 2016 年太阳能光伏装机容量增速较快的美国、印度、日本、欧盟四个国家或地区；风能方面主要介绍亚洲、美洲、欧盟的风电装机容量的情况，指出其快速发展的主要原因是其成本较低和政府的支持；生物质能方面主要介绍了 2016 年生物质发电发展较快国家或地区的情况；新能源汽车方面简要介绍了日本和欧盟的新能源汽车产销的现状。然后，根据时间顺序分别归纳了欧盟、日本、美国、德国和英国的财税政策变化历程，并针对各产业所特有的财税政策分国家进行了进一步梳理。最后，根据上文研究的国外新能源产业发展的现状和财税政策，与我国现状和财税政策进行比较，分析并得出可值得我国新能源产业发展的财税政策经验借鉴。得出我国新能源产业发展的财税政策经验借鉴：（1）加速制定我国新能源交易机制，使新能源交易市场化；（2）加强对新能源技术研发的支持，从技术角度协助产业进步；（3）对产业成熟的新能源逐步降低电价补贴，激励新能源产业自身竞争力；（4）增加财税政策补贴环节，调整财税政策灵活性；（5）及时更新优惠政策，使技术发展和政策同步。

第 7 章，我国新能源产业发展的税收政策现状。首先，本章归纳概括了我国新能源产业发展的税收政策变化历程,从太阳能、风能、生物质能和新能源汽车这四个产业的税收政策变化历程入手,对我国新能源税收政策的发展进行简要了解。然后,根据税收政策变化历程,分税种总结出新能源产业发展的税收政策现状,明确各新能源产业目前所适用的税收政策。最后,根据上文研究的税收政策现状和变化历程,从总体和各新能源产业两方面分析得出新能源产业发展的税收政策不足之处。新能源产业发展的税收政策存在的总体问题体现在以下6点:(1)税收优惠力度小,期限具有不确定性;(2)税收优惠方式单一,优惠税种较少;(3)各产业税负不均,作用环节单一;(4)政策更新较慢,优惠政策与现状不匹配;(5)未充分发挥激励约束性税收筹集资金的作用;(6)税收政策制定的地域性较强,不利于全国性推广。各新能源产业发展的税收政策不足之处在于:(1)制造业税收优惠过多,造成国际间贸易战争,以及税收优惠政策导致产能过剩是太阳能产业税收政策存在的核心问题;(2)科技研发相关的税收政策缺失是风能和新能源汽车产业所共同面临的一大税收政策问题;(3)缺少对原料供给方面的税收优惠政策是生物质能产业税收政策制定上的一大缺口。

第8章,新能源发展财政补贴政策现状及存在的问题。本章沿着政策的变化历程→现状→问题的思路,分析我国新能源产业发展的财政补贴政策问题。首先,分析我国各新能源产业发展的财政补贴政策变化历程及现状,我国新能源产业起步较晚,在新能源产业发展尚不成熟阶段,我国主要对太阳能光伏发电、风力发电、生物质发电实施上网电价补贴政策,对生物质液态燃料实施企业亏损补贴以及贷款贴息政策,对新能源汽车实施消费价格补贴政策等,弥补新能源产业发展的额外费用,降低新能源企业生产成本,增加其市场竞争力,促进了新能源产业的发展。然后,根据我国新能源产业产能过剩、国内需求不足、供给过剩以及国外的"双反"政策等困境,结合对太阳能产业、风能产业以及新能源汽车产业财政补贴力度过大等现状,分析目前我国新能源产业财政补贴政策存在的问题,如财政补贴环节单一,影响供需平衡;补贴资金拖欠严重,影响企业现金流;缺乏财政补贴监督机制,导致新能源产业生命力减弱;对创新研发环节补贴不足,不利于新能源产业的成本降低等。

第9章,促进新能源发展的财税政策建议。本章在第7章和第8章的基础上,根据我国新能源产业发展的税收政策和财政补贴政策存在的问题,结合我国的基本国情与新能源产业发展规划,提出我国新能源产业税收政策与财政补贴政策的改革措施。具体促进我国新能源产业发展的税收政策完善总体对策如下:加大对新能源产业的税收政策优惠力度;平衡各产业各生产链环节间税负;建立新能源税专项税收,反向调整能源结构;完善新能源税法体系,设定适用新能源全产业的税收政策；充分全面发挥税收完整体系的作用。分产业具体促进我国新能源产业发展的税收政策，根据税收政策在新能源产业化不同发展阶段的作用重点及不同新能源的产业特性，从技术研发、生产、消费等环节通盘考虑，给予了相应的完善对策。具体促进我国新能源产业发展的财政补贴政策完善对策如下：增加新能源消费补贴，改善供需不平衡问题；改变新能源产业财政补贴资金来源；健全财政补贴监督机制，提高财政资金使用效率；设立新能源核心技术研发专项基金，促进新技术研发。

何辉

2018 年 5 月

目 录

第1章 导 论

1.1 研究背景与研究意义

能源是人类社会生存和发展的重要基础，对人类社会和经济发展起着不可缺少的促进作用。随着我国经济的快速发展，我国能源需求越来越大，常规的化石能源已逐渐不能满足我国经济快速发展的需求，寻找并开发清洁、可再生的新能源成为我国能源发展的紧迫任务。主要基于以下方面的现实选择：

常规化石能源短缺问题日益突出。根据《BP 世界能源统计年鉴 2017》披露，近十年来，我国常规的化石能源消耗不断增长，2016 年，我国能源消费增长了 1.3%，仍是世界上最大的能源消费国，占全球能源消费量的23% 和全球能源需求增长的 27%。我国能源消费中的主要燃料仍是煤炭，占我国整个能源消耗的 62%；2016 年，我国煤炭产量 16.857 亿吨油当量，消费量 18.876 亿吨油当量，2.019 亿吨油当量的煤炭依赖进口，探明储量2 440.100 亿吨油当量，全球占比 21.4%；在石油方面，2016 年，我国石油产量 1.997 亿吨，消费量 5.787 亿吨，成为全球第二大石油消费市场，探明储量 35 亿吨，全球占比 1.5%；在天然气方面，2016 年，我国天然气产量1 384 亿立方米，消费量 2 103 亿立方米，探明储量 5.4 万亿立方米，全球占比 2.9%。可见，我国煤炭、石油、天然气三大常规化石能源都存在供需不平衡、储备不足的问题。改善我国以煤为主的能源消费结构，确保国家能源安全迫在眉睫。

化石能源的消费利用所造成的环境污染日益严重。化石能源在燃烧过程中会释放出二氧化碳、二氧化硫、氮氧化物、烟尘颗粒等，这些废物会直接污染大气环境，危害人体健康，影响社会生产。大量的化石能源利用已使我国的生态环境受到严重的破坏，根据《2016 年中国环境公报》数据显示，2016 年，全国 338 个地级及以上城市中，有 254 个城市环境空气质量超标，占 75.1%；474 个降水监测城市（区、县）中，酸雨城市比例为 19.8%，酸雨频率平均为12.7%。大气污染主要是由于汽车尾气、燃煤废气等造成的，酸雨则是含硫煤炭燃烧所致。大气污染、酸雨等环境问题已成为制约我国经济发展的瓶颈。按照我国生态文明建设的要求，我国不能走先污染后治理的老路，在兼顾经济发展与生态环境保护中，我国必须转变能源消费结构，提高能源利用效率，寻找清洁、可再生、具有战略替代属性的新能源。

新能源产业逐渐成为我国新的经济增长点。经过近几年的发展，我国新能源产业正在蓬勃兴起。新能源产业逐渐成为衡量一个国家和地区高新技术发展水平的重要依据，也是新一轮国际产业竞争的热门领域。2016 年，我国新能源消费全年增长 33.4%，十年间，我国新能源消费在全球总量中的份额由 2%提升至 2016 年的 20.5%，超越美国，成为全球最大的新能源消费国，世界第一的新能源消费市场地位已显然确立。随着世界对新能源的日益关注，使用新能源的产品也日渐受全球消费者欢迎。据统计，到 2020 年，我国新能源电池产业将达上万亿产值，我国的光伏太阳能企业已成为全球最大的生产制造商，生产的太阳能光伏产品占全球份额的一半以上，新能源经济逐渐成为我国新一轮经济增长的发力点。

新能源发展的经济技术程度使得新能源成为常规化石能源的战略性替代品还略显不足。以太阳能、风能、生物质能等为主的新能源具有清洁、环保、可持续的优点，能在一定程度上缓解我国化石能源不足和环境污染的压力，改善我国能源结构，确保国家能源安全。然而，我国大部分新能源产业的开发和利用还处于项目示范阶段，与国外成熟的产业化阶段还有差距。此外，我国新能源产业在发展中还面临着技术水平不高、开发建设成本高、投资资金不足、政策扶持不足、新能源产品市场竞争力弱等问题，如果没有针对性的政策扶持而任由其自由发展，新能源产业的发展很可能滞后于我国的能源需求而日渐萎靡。因此，为促进新能源产业更好更快发展，需要充分发挥政府的引导作用，通过完善相关的市场环境和财政税收政策，增强新能源产业的市场竞争力，提高新能源产量和利用率，使发展新能源产业成为缓解我国化石能源短缺、降低化石能源对外依存度的重要措施。

新能源发展对改善环境、保障能源安全具有重要的意义。近年来，我国为扶持新能源发展，实施了财政补贴和税收优惠政策。但由于新能源补贴政策和税收优惠政策上的缺陷，新能源有效发电量低；新能源价格补贴资金来源方式的不足，使得新能源价格补贴资金难以满足资金的需求；新能源税收优惠政策的重叠效应，削弱了税收优惠对新能源产业的扶持力度，使得新能源产业降成本不显著；同时，新能源价格补贴政策也引起了欧盟、美国等国家对我国采取"双反"措施。因此，完善我国新能源价格补贴政策和税收优惠政策，对促进新能源健康有序地发展、实现有效地发电、成为常规能源的良好替代品、避免贸易摩擦、满足补贴资金需求、降低产业成本、增强市场竞争力等具有重要的现实意义。首先，促进新能源健康有序地发展，实现新能源有效地发电。新能源价格补贴政策在一定程度上促进了新能源的发展，但存在补贴规模大，有效发电量低，甚至存在骗取财政补贴的现象，完善新能源价格补贴政策对促进新能源价格补贴政策具有重要的意义。其次，满足补贴资金的需求。我国目前主要采取可再生能源电价附加收入作为新能源价格补贴资金的主要来源，但可再生能源电价附加收入难以满足补贴资金的需求，同时，产生了福利分配不公的现象，完善新能源价格补贴资金来源是保障新能源价格补贴及时到位的重要手段。最后，避免贸易摩擦。新能源价格补贴方式引起了欧盟、美国等国家对我国采取了"双反"措施，对我国新能源产业发展产生了重大冲击，无锡尚德等新能源企业的破产，标志着我国新能源产业发展存在一定问题，财政补贴政策的不合理，导致贸易摩擦，是其破产的原因之一。在税收优惠方面，各个税种的税收优惠叠加效应使得税收优惠力度大打折扣，税收优惠给新能源企业带来的实惠不及财政补贴。因此，完善新能源价格补贴政策和税收优惠政策对我国新能源产业健康有序地发展具有重要的现实意义。

1.2　文献综述

1.2.1　财政补贴政策的文献综述

1.2.1.1　国外研究

国外较早研究新能源产业财政补贴政策。佩努利（Painuly，2001）认为，新能源产业发展目前存在的障碍主要包括市场、经济财务、制度以及技术障碍，要根据不同障碍的强弱程度选择不同的规制手段。[①] 莫尔斯特（Morthorst，2003）、查布卡（Chupka，2003）等认为，可以通过建立绿色权证交易市场促进再生能源技术发展。[②③] 刘易斯和怀泽（Lewisa and Wiser，2007）认为，当前上网电价补贴政策最能够促进新能源产业的快速发展。[④] 伯雷和维斯滕哈根（Bürer and Wüstenhagen，2009）实证证明了新能源产业市场化建设对上网电价补贴政策最为敏感。[⑤] 莱塞和苏（Lesser and Su，2008）则认为，虽然短期内上网电价补贴制度会给予投资者稳定的财务支持，但与传统能源企业相比并不能体现成本效率优势，设置不当会造成经济的无效率。[⑥] 伦德（Lund，2009）认为，投资或研发支持是政府扶持新能源产业最强有力的规制方式，因为只有这种方式才能够保证新能源的可持续输出。[⑦] 雅各布森（Jacobsen，2000）认为，课征碳税再利用于补贴可再生能源与所得税的降低，将可以有效

---

① Painuly J. P.. Barriers to Renewable Energy Penetration：A Framework for Analysis ［J］. Renewable Energy, 2001 (24)：73-89.

② Morthorst P. E.. A Green Certificate Market Combined with a Liberalised Power Market ［J］. Energy Policy, 2003 (31)：1393-1402.

③ Chupka M. W.. Designing Effective Renewable Markets ［J］. The Electricity Journal, 2003, 16 (4)：46-57.

④ Lewisa J. I. , Wiser R. H.. Fostering a Renewable Energy Technology Industry：An International Comparison of WindIndustry Policy Support Mechanisms ［J］. Energy Policy, 2007 (35)：1844-1857.

⑤ Bürer M. J. , Wüstenhagen R.. Which Renewable Energy Policy Is a Venture Capitalist's Best Friend? Empirical Evidence from a Survey of International Cleantech Investors ［J］. Energy Policy, 2009 (37)：4997-5006.

⑥ Lesser J. A. , Su X. J.. Design of an Economically Efficient Feed-in Tariff Structure for Renewable Energy Development ［J］. Energy Policy, 2008, 36 (3)：981-990.

⑦ Lund P. D.. Effects of Energy Policies on Industry Expansion in Renewable Energy ［J］. Renewable Energy, 2009 (34)：53-64.

达成国家减排目标。① 梅南托、菲农和拉米（Menanteau，Finon and Lamy，2003）将主要的可再生能源支持政策划分为固定上网电价、竞价投标和绿色许可证等三类，并分析认为基于数量的激励政策更有利于成本控制，而基于价格的方法则更有利于装机容量的扩张，所以竞价投标制度更能促进动态效率的提升和技术的变迁，进而产生更强的成本降低激励。② 马加利·A·戴尔马和玛丽亚·J. 蒙特斯-桑乔（Magali A. Delmas and Maria J. Montes-Sancho，2011）认为，美国过去 10 年实施的多种促进新能源产业发展的政策措施中，可再生能源投资组合标准（RPS）以及绿证交易制度对新能源产业发展的影响最明显，且绿证交易制度对新能源装机容量影响更为显著。③ 沃尔夫冈·斯特罗贝勒（Wolfgang Ströbele，2013）认为，德国政府对电力市场的强制划分减弱了电力市场的竞争力，另外，对新能源产业的财政补贴给政府造成了极大的财政负担，也造成了电力"剩余"，需要通过财政补贴，同时，提高新能源发电能力、电力输送能力和储存能力。④ 维多利亚·博比奈特和达柳斯·塔尔达斯（Viktorija Bobinaite and Dalius Tarvydas，2014）指出，政府的财政补贴政策有利于增加各部门对新能源产业的投资，促进新能源产业的技术革新，立陶宛有必要提高对太阳能产业的财政补贴标准，以鼓励太阳能技术的创新。⑤ 基兰·特罗尼、戈登劳塞和戴维·兹伯曼（Kiran Torani，Gordon Rausser and David Zilberman，2016）实证证明，随着技术变革率的提高，财政补贴和税收优惠政策对太阳能光伏产业发展的影响越来越不显著。⑥ 丹尼尔·C. 马蒂索夫和埃里克·P. 约翰逊（Daniel C. Matisoff and Erik P. Johnson，2017）利用 400 多个国家和地区的截面数据，通过实证证明财政补贴政策、税收优惠政策以及新能源

---

① Jacobsen H. K. . Technological Progress and Long-Term Energy Demand：A Survey of Recent Approaches and a Danish Case［J］. Energy Policy, 2000（29）147 – 157.

② Menanteau P. , Finon D. , Lamy M. L. . Prices versus quantities：choosing policies for promoting the development of renewable energy［J］. Energy policy, 2003, 31（8）：799 – 812.

③ Magali A. Delmas, Maria J. Montes-Sancho. U. S. state policies for renewable energy：Context and effectiveness［J］. Energy Policy, 2011, 1（34）：2273 – 2288.

④ Wolfgang Ströbele. Problems of the turnaround in energy policy in Germany after 2011［J］. ORDO, 2013, 1（113）：253 – 274.

⑤ Viktorija Bobinaite, Dalius Tarvydas. Financing instruments and channels for the increasing production and consumption of renewable energy：Lithuanian case［J］. Renewable and Sustainable Energy Reviews, 2014, 5（39）：259 – 276.

⑥ Kiran Torani, Gordon Rausser and David Zilberman. Innovation subsidies versus consumer subsidies：A real options analysis of solar energy［J］. Energy Policy, 2016, 5（92）：255 – 269.

信贷等激励措施对太阳能光伏产业的影响效果明显，每增加一美元的激励，每千名住宅用户就可增加 500 瓦的太阳能装机容量。[①]

1.2.1.2　国内研究

国内学界主要从新能源价格补贴政策、补贴的效益等方面研究了我国新能源价格补贴的问题。

首先，新能源价格补贴政策措施。杜伟杰、陈钢、高宇（2011）提出，我国对新能源产业的补贴重点、补贴方式、政府采购、中央与地方政府以及政府职能部门之间在补贴扶持上的协调等方面进行立法和规划，明确发展方向，明晰市场与政府的职能边界；对个人购买新能源产品进行补贴；通过对其他传统能源企业增收税款来资助开发新能源的企业，以解决补贴新能源产业而造成的政府财力不足。[②]史丹（2012）认为，我国需要根据发展新能源产业的长远战略目标和当前新能源产业发展过程中所出现的问题，尽快调整新能源产业政策，即把政策重点由过去的扶持产业转移到培育与扩大国内新能源市场方面上，促进新能源产业从生产到消费的均衡发展。[③]侯文静（2012）提出，要明确我国反倾销反补贴条例中对补贴专向性的规定，争取将新能源产业的补贴问题纳入未来 WTO 的谈判议题，倡导对新能源产业补贴给予豁免，提倡确定更为宽松的专向性审查标准等。[④]孙鹏、聂普焱（2013）提出，在产业发展初期，支持价格是迅速扩大市场份额的最有效手段；而从中长期来看，研发补贴才是真正提高新能源产业竞争的最关键手段。研发效率水平越高、市场规模以及污染损害系数越大，政府越倾向于运用支持价格进行规制。而新能源企业的边际生产成本越高，政府越倾向于运用研发补贴方式进行规制。[⑤]高兴佑（2016）指出，新能源具有清洁、可循环利用的优势，但是开发成本较高，发展初期需要政府许可，如：固定电价、溢价电价、招标电价、市场电价和绿色

---

① Daniel C. Matisoff, Erik P. Johnson. The comparative effectiveness of residential solar incentives [J]. Energy Policy, 2017, 5 (23): 44-54.

② 杜伟杰，陈钢，高宇. 发展新能源产业的补贴模式研究 [J]. 经济论坛，2011 (11).

③ 史丹. 我国新能源产能"过剩"的原因与解决途径 [J]. 中国能源，2012 (10).

④ 侯文静. 我国新能源产业政府补贴的专向性研究——基于 WTO 的"SCM 协议" [J]. 西安财经学院学报，2012 (6).

⑤ 孙鹏，聂普焱. 新能源产业规制：研发补贴与支持价格的相机抉择 [J]. 当代财经，2013 (4).

能源电价等制度进行扶持。[①]

其次，新能源价格补贴效益。杨帅（2013）从政策实施效果层面，分析了新能源价格补贴的经济效应。目前，以上网电价补贴和设备制造补贴为主的可再生能源政策已经取得了较好成效，促进了相关产业的快速发展。但是，不同补贴政策对产业链各方的福利影响不同，最终对产业本身的成本收益影响大小也不同。其中，对风电制造环节的补贴会导致社会福利总额的损失，但同时，也有效促进了风电机组的产业化应用和成本的大幅降低，进而推进风能资源的开发和环境效益的扩大。在政策设计上，要考虑到产业的动态发展状况，适时调整补贴的环节和额度，进一步按照能源种类、资源丰度、区域经济等成本影响因素细化政策措施。[②] 时璟丽（2013）从提高新能源价格补贴资金的效率层面，提出完善我国新能源价格补贴政策建议。合理规划和配置新能源的发展规模以及开发布局；新能源价格补贴应充分考虑其成本可变动的实际情况以及影响成本的内外因素，及时调整电价水平和支持政策。[③] 李庆（2012）认为，现金补贴方式直接产生收入效应，既会增加新能源消费，也会增加传统能源消费；在用能总量不饱和市场，实施价格补贴可以增加新能源消费，传统能源消费不受影响；在用能总量饱和市场，实施价格补贴可以增加新能源消费，同时降低传统能源消费，兼具收入效应和替代效应。[④] 常凯（2015）认为，新能源财政补贴效益呈逐年上涨的趋势，另外，提高了能源供给安全，促进了企业自主创新，且带动了经济增长。[⑤] 肖文海、叶剑（2016）认为，新能源价格补贴降低了新能源实际价格水平，促进新能源对化石燃料的替代，增加消费者收入，增加了消费者福利，以致能源需求增加，但是新能源财政补贴政策是收入依赖型政策，不具有持续性，需要税收与财政补贴，构建新能源长效发展机制。[⑥] 李兆友、齐晓东（2017）认为，政府的财政补贴政策可以引导企业增加

① 高兴佑. 可再生能源发展的价格政策 [J]. 价格月刊, 2016 (7).
② 杨帅. 我国可再生能源补贴政策的经济影响与改进方向——以风电为例 [J]. 云南财经大学学报, 2013 (2).
③ 时璟丽. 可再生能源电价附加补贴资金效率分析 [J]. 风能, 2013 (12).
④ 李庆. 新能源消费补贴的微观分析 [J]. 财贸经济, 2012 (12).
⑤ 常凯. 基于成本和利益视角下可再生能源补贴政策的经济效应 [J]. 工业技术经济, 2015 (2).
⑥ 肖文海, 叶剑. 可再生能源价格作用机制比较与政策选择 [J]. 江西财经大学学报, 2016 (1).

其研发支出，从而促进新能源产业的技术创新。[①]

最后，新能源价格补贴资金筹集。谢旭轩、王仲颖、高虎（2013）从新能源价格补贴资金来源层面，提出了我国新能源价格补贴资金筹集方式。加强可再生能源电价附加征收力度，并适度提高电价附加标准；除了通过可再生能源电价附加之外，还可以通过征收碳税及能源税的方式，或与可再生能源配额制配套的证书交易方式，建立长效资金支持机制。在征收的化石能源税或碳税中划拨一定比例用于可再生能源补贴资金支出，与现有可再生能源发展基金制度共同形成补贴资金来源的长效机制。[②] 郭晓丹、闫静静、毕鲁光（2014）认为，要建立新能源产业政策长效机制，缓解新能源补贴资金压力。一方面，需适当提高新能源电价附加的征收标准，另一方面，需尽快推出碳税并削减化石能源补贴。[③] 马杰（2014）指出，我国新能源财政补贴主要来源于政府财政补贴，来源单一，可通过建立健全捐赠机制，推广低碳电力和绿色电力交易机制等多种方式、多种手段，多方面、多渠道筹集新能源发展基金。[④]

1.2.2 税收政策的文献综述

1.2.2.1 国外研究

国外从宏观角度到微观角度都有对新能源的税收政策的研究。

首先，在税收抵免方面，古特穆思（Gutermuth，1998）认为，在德国等一些国家，在促进新能源产业发展方面，税收抵免是非常有用的支持政策，税收抵免也同样可以应用于其他国家，特别是在一些新能源发展缺乏竞争力的国家有明显作用。[⑤] 沙赫鲁兹·阿博赫塞尼和阿尔玛·赫什马提（Shahrouz

---

[①] 李兆友，齐晓东. 政府财政政策、企业 R&D 投入和专利产出关系研究——基于我国新能源汽车上市公司面板数据 [J]. 辽宁大学学报（哲学社会科学版），2017，4（1）.
[②] 谢旭轩，王仲颖，高虎. 先进国家可再生能源发展补贴政策动向及对我国的启示 [J]. 中国能源，2013（8）.
[③] 郭晓丹，闫静静，毕鲁光. 中国可再生能源政策的区域解构、有效性与改进 [J]. 经济社会体制比较，2014（6）.
[④] 马杰. 促进我国清洁能源发展的财税政策研究 [D]. 中国地质大学（北京），2015.
[⑤] Gutermuth, P. G. Financial measures by the state for the enhanced deployment of renewable energies [J]. Solar Energy, 1998（64）：67-78.

Abolhosseini and Almas Heshmati，2014）认为，税收政策不仅是减少传统能源消耗的有效工具，而且是目前世界上应用最普遍的鼓励政策，但其在新能源领域应用的较少。[1] 玛凯那·科夫曼等（Makena Coffman et al.，2016）评估了夏威夷太阳能光伏税收抵免政策，认为光伏税收抵免政策激励了消费者更偏好安装节能环保的光伏产品，使用新能源。[2]

其次，在具体税种方面，凯瑟琳·米切尔（Catherine Mitchell，2004）对 1990~2003 年英国的新能源政策进行分析，认为全行业的碳减排政策效率更高，原因是英国实施了碳税、碳交易计划等，市场是减少碳排放的最经济手段。[3] 格利纳多和约达（Galinato and Yodar，2010）提出了一个碳税补贴政策，碳税收入可以用来对新能源产业进行补贴，该政策被认为是庇古税和传统财政补贴之间的中性政策，将税收和财政补贴有效的结合。[4]

最后，从消费者和新能源产品购买角度，布拉兰德和诺德斯特伦（Brännlund and Nordström，2004）以瑞典为例，实证分析了消费者对税收政策变化的反应和福利效应。结果显示，居住在人口稠密地区的家庭更易受到碳税的影响，碳税具有区域分配效应。[5] 马丁诺德和沙威（Martinot and Sawi，2012）指出，可以对新能源产品的购买和安装给予税收优惠，增加新能源产品的竞争力，以促进新能源产品进入市场。[6]

1.2.2.2 国内研究

国内学界在税收政策上，主要从以下几个方面对新能源产业进行研究。

首先，从经济学理论角度和我国当前新能源发展的实际情况，分析政府对

---

[1] Shahrouz Abolhosseini，Almas Heshmati. The Main Support Mechanisms to Finance Renewable Energy Development [J]. Renewable & Sustainable Energy Reviews，2014（40）：876–885.

[2] Makena Coffman，Sherilyn Wee，Carl Bonham，Germaine Salim. A policy analysis of Hawaii's solar tax credit [J]. Renewable Energy，2016（85）：1036–1043.

[3] Catherine Mitchell. Renewable energy policy in the UK 1990–2003 [J]. Energy Policy，2004（32）：1935–1947.

[4] Galinato G. I. & Yoder J. K. An integrated tax-subsidy policy for carbon emission reduction [J]. Resource and Energy Economics，2010（32）：310–326.

[5] Brännlund，R. & Nordström J. Carbon tax simulations using a household demand model [J]. European Economic Review，2004（48）：211–233.

[6] Martinot. E. & Sawin. J. Renewables global status report：2012 update [R]. 2012.

新能源产业发展给予税收优惠政策的必要性。朱晓波（2010）从经济学的角度提出，政府应该为具有正外部性的新能源产业，提供直接或者间接的税收政策支持。[①] 何辉、史丹、徐诗举（2012）指出，发展新能源是实现低碳经济的核心途径，新能源具有能源安全效应、经济集聚效应、正外部效应。[②] 丁芸、胥力伟（2015）从经济学理论角度，分析了税收政策对新能源产业具有产量增加效应、全社会福利水平提升效应、环境效应。[③] 王玺、蔡伟贤、唐文倩（2011）指出，新能源是我国的战略性产业，是关乎国家经济安全的战略性资源，政府理应为新能源提供税收支持和政策倾斜。借鉴国际上成功地促进新能源发展的税收激励方法，政府部门需做好税收政策的顶层设计，避免碎片式税收优惠政策的存在。[④] 王金龙（2017）指出，传统能源的短缺为新能源产业的发展提供了契机，但新能源产业前期投资巨大，资本回收时间长，需要政府在各个政策方面支持，尤其是税收政策方面。[⑤]

其次，从生产和消费两大方面分析制定税收政策的着力点。文杰（2011）指出，当前我国新能源产业存在核心竞争力不足、生产成本高、过度依赖国外市场的问题，政府的税收政策需要从生产和消费两大方面着手，以正向激励政策和逆向限制政策，鼓励新能源的实际利用，支持新能源产业发展。[⑥] 高巍、胡望舒（2013）指出，新能源是未来经济支柱性产业，新能源产业发展存在的产能过剩、投资过热、重复建设问题，需要政府的宏观调控，尤其是从税收政策角度来对新能源产业的生产和消费进行引导。[⑦] 熊永生、王玲（2013）指出，消费者的需求影响新能源产业的发展，而税收政策影响消费者的需求选择，因此，完善当前新能源税收政策十分必要。[⑧] 康健（2014）指出，税收政策能有效降低新能源企业研究开发风险，加速新能源技术的推广，政府应合理

[①] 朱晓波. 促进我国新能源产业发展的税收政策思考 [J]. 税务研究, 2010 (7).
[②] 何辉, 史丹, 徐诗举. 促进低碳经济与新能源产业发展的税收政策取向 [J]. 税务研究, 2012 (9).
[③] 丁芸, 胥力伟. 我国新能源产业财税政策效应研究 [J]. 经济研究参考, 2015 (4).
[④] 王玺, 蔡伟贤, 唐文倩. 构建我国新能源产业税收政策体系研究 [J]. 税务研究, 2011 (5).
[⑤] 王金龙. 论税收优惠对新能源产业的导向作用 [J]. 经济研究导刊, 2017 (3).
[⑥] 文杰. 支持新能源产业发展的税收政策探讨 [J] 税务研究, 2011 (5).
[⑦] 高巍, 胡望舒. 促进我国新能源产业发展的税收优惠选择 [J]. 财政监督, 2013 (2).
[⑧] 熊永生, 王玲. 税收政策对我国新能源产业发展影响分析 [J]. 财会研究, 2013 (7).

利用开发。①

再次，从新能源产业化发展的角度进行分析。蒋震（2012）指出，新能源产业的技术研发、产业化、设备制造是核心环节，税收政策应有的放矢，在新能源企业的成长期、成熟期适时支持和引导。② 张伟（2014）指出，税收政策的匹配性对于新能源的产业布局和资源的合理配置至关重要，与此同时，应坚持市场在主导产业发展上的主体地位。③ 吴海建（2015）指出，税收政策应该围绕促进新能源产业发展的三大关键因素——技术、市场、成本，以此来激励和支持国内新能源产业的发展。④ 曾艳（2016）指出，对于新能源产业的税收支持，应以加强环境保护为出发点，以促进能源产业技术进步为着力点，强调要激励性税收政策与限制性税收政策并重，加强税收政策之间的系统性联系，确保税收优惠政策和补贴能落到实处。⑤

最后，指出当前新能源产业的税收政策存在相应的问题。肖珍（2012）认为，新能源产业的稳健发展不光需要税收政策的支持，还有赖于其他的财政政策、行政手段和法律手段的协调配合。⑥ 谢永清（2015）指出，当前的税收政策对新能源产业的支持存在缺乏专门性的税收政策设计、对新能源产业链的整体支持不足、税收优惠结构不均衡、税收制度不合理等问题。⑦ 陈少强、郏紫卉（2016）指出，虽然新能源产业税收政策在推动能源产业发展、带动就业和改善生态环境方面成效显著，但也存在着结构性矛盾突出、退出机制缺失以及与政策协调配合不力等问题。当前，税收政策应在综合考虑"十三五"能源发展规划、供给侧改革、财政金融政策等因素的基础上适时调整。⑧ 严俊杰（2016）指出，当前新能源产业的税收政策存在分散性、短视性、时滞性，税收优惠的制定应考虑长远、全面。⑨

---

① 康健. 鼓励新能源产业发展的税收政策思考［J］. 辽宁经济技术学院学报，2014（2）.
② 蒋震. 支持新能源产业发的税收政策取向［J］. 税务研究，2012（6）.
③ 张伟. 推动我国新能源发展的财税政策研究［J］. 西部财会，2014（7）.
④ 吴海建. 辽宁省新能源产业发展的财政支持政策研究［D］辽宁：东北财经大学，2015.
⑤ 曾艳. 促进新能源产业发展的税收政策研究［J］. 哈尔滨师范大学社会科学学报，2016（8）.
⑥ 肖珍. 完善税收激励政策推动中国新能源产业发展［J］. 经济研究导刊，2012（3）.
⑦ 谢永清. 税收政策如何支持新能源产业发展［J］. 湖南税务高等专科学校学报，2015（5）.
⑧ 陈少强，郏紫卉. 发展新能源产业的税收政策初探［J］. 税务研究，2016（6）.
⑨ 严俊杰. 湖南新能源产业发展的财税政策探析［J］. 中国集体经济，2016（8）.

1.3 研究思路与方法

1.3.1 研究思路

本书研究的主要思路为：新能源产业发展现状及问题→国外新能源产业财税补贴现状及经验借鉴→我国新能源产业财税政策现状及不足→新能源产业财税政策优化。具体研究思路框架如图 1 - 1 所示。

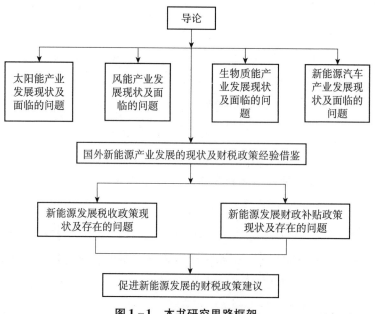

图 1 - 1　本书研究思路框架

1.3.2 研究方法

本书主要运用了文献分析法、实地调查法、逻辑推理法以及对比分析法等对促进新能源产业发展的财税政策进行研究。

①文献分析法：通过查阅前人对新能源产业发展研究的相关文献、近年来

政府发布的新能源产业财税补贴政策文件以及各研究机构对新能源产业的相关统计资料,我们对新能源产业的发展、政策变动、主要问题等有了初步了解。上述文献资料为本书的撰写提供了数据支撑、理论依据。

②实地调查法:通过实地调研,对生物质能发电以及风力发电等过程中存在的实际问题有了较为深刻的认识,本书以此较为全面地分析了各新能源子产业发展中存在的问题。

③逻辑推理法:通过对各新能源产业的财税政策的发展现状进行逻辑推理,总结出新能源产业财税政策存在的具体问题,并归纳出优化新能源产业财税政策的建议。

④对比分析法:本书对比分析了美国、日本、欧盟等国家和地区的各新能源产业发展现状以及新能源财税政策的不同,分析国外新能源财税政策的优势,并以此总结出国外新能源产业财税补贴政策的经验借鉴。

1.4 创新与不足

1.4.1 可能创新之处

①研究的视角创新:以往同类书中多是从新能源研发、新能源发电技术等层面研究新能源的发展,而本书是从政府财税政策层面研究促进新能源产业的发展。

②政策着力点创新:以往同类书中多是从新能源上游产业(制造业)提出相应的政策,面临国际新形势、新环境,对新能源上游产业给予过多的税收优惠和财政补贴,会导致外国对我国新能源产品实行"双反"政策,从而带来贸易摩擦。2013年,美国和欧盟对我国太阳能电池的多晶硅采取了双反政策,导致无锡尚德等企业破产。本书主要从新能源下游产业着手,注重新能源的国内消纳,并提出相应的财税政策,尤其在风力发电、太阳能发电、生物质发电等方面,根据现有政策存在的不足,提出相应税收优惠政策和财政补贴政策。

③研究数据创新：本书通过调研等方式，获得了大量的新能源产业发展的数据，掌握了新能源产业发展的实际状况；根据我国新能源产业发展面临的实际问题，有针对性地提出财税政策。因此，本书更切合实际，具有较好的应用价值。

④建议方式创新：以往同类书中对于新能源财政补贴资金不足问题，解决方式一般为提高可再生能源电价附加的征收标准。本书从新能源财政补贴资金来源合理性角度分析，认为可再生能源电价附加不适合作为新能源财政补贴资金来源，建议改变新能源财政补贴资金来源，以环境税等税收收入作为新能源产业发展财政补贴资金的主要来源，解决新能源产业的财政补贴资金不足问题。

1.4.2 不足之处

①由于笔者的知识水平有限，受到资料、数据等限制，本书可能存在一些不足。比如，在提出的政策观点上可能还存在欠缺之处。

②由于缺乏以前年度我国对新能源财税各子产业的补贴具体数据，本书没有对财税政策对新能源发展产生的影响构建数据模型进行定量分析，对于财税补贴政策对新能源产业不同发展阶段的具体影响程度还有待进一步考证。

第 2 章　太阳能产业发展的现状及面临的问题

2.1　太阳能概述

2.1.1　太阳能的概念

太阳能一词，从广义的角度来讲，人类所利用和需要的能量大部分都直接或间接地来自太阳辐射。即使是地球上的化石燃料（如煤、石油、天然气等）从根本上说也是远古以来贮存下来的太阳能，因此，广义的太阳能是指太阳辐射能量所产生的所有的风能、水能、生物质能等非地球本身所蕴含的能量，其范围包括的非常广泛。从狭义的角度来讲，太阳能是指太阳辐射通过光热转换、光电转换、光化学转换成的可被人们利用的热能、电能，是新能源的一种重要形式，在利用太阳能的过程中会涉及物理学、半导体工程学、热力工程学、生物学、建筑工程学等学科。在本书中，涉及的有关太阳能的所有词汇都是狭义上的解释。根据研究和测算，在所有可再生能源形式中，太阳能资源最丰富，是当前全球能源需求总量的 2 850 倍。[1] 因此，如果我们能够克服太阳能利用过程中的分散性和不稳定性，提高太阳能资源的利用效率，那么实现全球能源无污染可持续发展的目标就成为了可能。

---

① Green peace international/EREC. Energy［R］evolution—a sustainable global energy outlook ［EB/OL］. 2008.

2.1.2 我国太阳能的分布特征及应用分类

我国拥有 960 万平方公里的国土面积，平均每年照到我国国土面积的太阳能能量相当于 17 000 亿吨标准煤[①]，从总量来讲，我国的太阳能资源非常丰富。另外，考虑到昼夜、季节、地理纬度和海拔高度等自然条件的限制以及晴、阴、云、雨等随机因素的影响，到达我国地面的太阳辐射总量存在差异，在我国，太阳能能量分布总体呈现"西部高东部低，干燥区高于湿润区"的特点。

据 2017 年全国水平面太阳总辐射的统计数据显示，青藏高原的年辐射总量最高，平均年辐射量在 1 800 千瓦时/平方米以上，部分地区甚至可达 2 100 千瓦时/平方米，而四川盆地由于地形气候的原因，年辐射量最低，最低值甚至低于 1 000 千瓦时/平方米。内蒙古高原至云贵高原一线，其以北、以西的广大地区的太阳辐射总量普遍都在 1 400 ~ 2 000 千瓦时/平方米，太阳能资源非常丰富。东部大部分地区由于地形、气候等原因，太阳辐射量一般在 1 000 ~ 1 400 千瓦时/平方米。根据我国总辐射量进行大致的区域划分，可划分为丰富区（≥1 750），较丰富区（1 400 ~ 1 750），可利用区（1 050 ~ 1 400），贫乏区（<1 050）四个等级（见表 2 - 1）。

总体来看，基于我国辽阔的地域以及地势差异，我国能被利用的太阳能资源非常丰富但分布不均匀，太阳辐射强的地带主要分布在西北大部分地区和部分高海拔地区，这与我国能源的需求消费地（东部经济地带）错位。另外，受天气和昼夜交替的影响，太阳能资源具有不稳定性。这是我们研究太阳能利用的一个基本地理背景。

---

① 赵宇航，焦红霞. 太阳能发展阳光洒满未来之路 [N] . 2016 - 12 - 20.

表 2 - 1　　　　　　　　　全国太阳辐射总量的区域划分

名称	年总量（兆焦/平方米）	年总量（千瓦时/平方米）	年平均辐照度（瓦/平方米）	占国土面积（%）	主要地区
丰富区	≥6 300	≥1 750	≥200	27	浑善达克沙地以西、吕梁山以西北、甘肃酒泉以西、青海 100° E 以西大部分地区、西藏 94°E 以西大部分地区、新疆东部边缘地区、四川甘孜部分地区
较丰富区	5 040 ~ 6 300	1 400 ~ 1 750	160 ~ 200	39	新疆大部、浑善达克沙地以东、吕梁山以东、大兴安岭山脉科尔沁沙地以北、河北大部、北京、天津、山东大部、山东西部、山西大部、青海东部边缘、西藏 94° E 以东、西川中西部、云南大部
可利用区	3 780 ~ 5 040	1 050 ~ 1 400	120 ~ 160	29.8	内蒙古 50° N 以北、黑龙江大部、吉林中东部、辽宁中东部、山东中西部、山西南部、陕西中南部、甘肃东部边缘、四川中部、云南东部边缘、贵州南部、湖南大部、湖北大部、广西、广东、福建、江西、浙江、安徽、江苏、河南
贫乏区	<3 780	<1 050	约 <120	3.3	四川东部、重庆大部、贵州中北部、湖北 110° E 以西、湖南西北部

资料来源：《2015 年中国可再生能源产业发展报告》。

　　太阳能作为新能源的重要组成部分，具有分布广、资源丰富、能量密度低等新能源的普遍特征。其开发利用的方式众多，包括光热利用、光电利用、光化利用、光生物利用四种形式（见表 2 - 2）。基于开发成本和目前的技术水平，目前已经实现大规模商业化运营的主要是光热和光电两种利用形式。其中，光热利用是目前中国对太阳能利用最为普遍的一种形式，其中最为典型的是太阳能热水器，中国企业在太阳能热水器的生产技术上处于世界领先水平，如北京四季沐歌太阳能技术集团公司之类的领头企业，近年来形成了完整的太阳能光热利用的产业链，开始了中国太阳能光热全产业链的深度布局。光电利用方式又分为光热发电和光伏发电两种形式：光热发电主要是光热电转换，将热能先转换成蒸汽驱动发电机发电；光伏发电主要就是光电转换，利用光生伏特效应将太阳辐射直接转换为电能。

表 2 - 2 太阳能应用模式

利用方式	原理	主要用途	技术路线
光热利用	收集太阳辐射,通过与物质的相互作用转换成热能	采暖	太阳能热水器;太阳能温室等
光电利用	光热电转换,将热能转换为蒸汽驱动发电机发电;光电转换,利用光生伏特效应将太阳辐射直接转换为电能	发电	太阳能集热器;太阳能电池(晶硅、薄膜、聚光伏等)
光化利用	光化学转换,由光照热直接产生化学反应	制氢	光化电池
光生物利用	通过植物光合作用实现太阳能到生物质的转换	速生植物、油料作物和巨型海藻	光生物反应器

资料来源:《2008 年太阳能光伏发电产业分析及投资咨询报告》。

鉴于太阳能利用方式中,太阳能热利用和热发电利用最普遍,产业发展起步较早,产业链条较完整,因此,本书重点分析太阳能光伏发电,太阳能热发电,太阳能热利用三种产业的发展状况与问题。

2.2 我国太阳能产业发展的现状

2.2.1 我国光伏发电产业发展的现状

2.2.1.1 光伏发电的概念及分类

光伏发电是通过光伏发电系统,利用光伏电池将太阳辐射能转化成为电能。光伏电池一般是由多层半导体材料构成,当太阳光照射到电池的表面时,在半导体内部产生电场,进而形成电流,太阳辐射越强,产生的电流越大。太阳能电池是太阳能光伏发电的核心部分,具有至关重要的作用。当前,太阳能发电的电池种类主要有晶硅电池、薄膜电池、聚光光伏几种形式。

由于制造晶硅电池使用的硅元素储量较高,因此晶硅电池成为了目前太阳能发电使用最普遍的电池类型,晶硅电池制造产业主要有多晶硅铸锭、硅片切割、电池及组件制造、系统安装等环节。当前,多晶硅的制造方法主要有两种形式,一种是化学法(主要包括改良西门子法和流化床法),就是将金属硅与其他辅助材料如氯化氢、氢气进行化学反应生成三氯氢硅，然后再进行分馏和精馏提纯，得到高纯度的三氯氢硅后，最终还原形成高纯度的多晶硅。目前，采用这种形式的主要有 Hemlock、Tokuyama、Misubishi、Wacker、REC、OCL 以及中国的大部分光伏原料生产企业。另一种方法是物理法，也称为冶金法，主要是通过将冶金硅熔解去渣，析出高纯度的硅液，然后凝固生成多晶硅。化学法生产的多晶硅材料纯度相比于物理法更高，但能耗和成本较高，污染处理成本较大。多晶硅生产出来之后，如果是生产多晶硅电池片，只需对多晶硅直接铸锭切片，制作电池。如果是生产单晶硅电池需要先将多晶硅拉成单晶，再切片，最后制作电池。目前硅片切割的方法主要是线切割法，硅片切割质量高低不仅会影响后续的研磨、抛光、刻蚀等工序，还会影响太阳能电池的转换效率，因此，对于切割所需的刃料和切割液要求较高。将前期处理好的硅片通过丝网印刷机制成晶硅电池片，通过焊接和组装形成光伏组件，最后进行安装就形成了晶硅太阳能发电系统，其系统在通常的气候条件下几乎不需要维护，使用寿命一般可达 20~25 年，光电转换的效率在 16%~20.4% 不等，全生命周期内的转化率衰退约为 20%。[①]

薄膜电池系统的发电原理和晶硅电池发电原理类似，主要区别在于电池内部的半导体材料，薄膜电池的半导体材料主要是非晶硅或者微晶硅两种。同时，为了提高对太阳辐射的频谱吸收范围，将单层电池升级成叠层结构薄膜电池。叠层主要包括衬底材料、正面接触电极 TCO、半导体层、金属导电层、EVA 粘性封装材料、表面覆盖材料。现在，市面上的衬底材料主要包括玻璃、不锈钢、陶瓷、柔性金属、聚酰亚胺，考虑到成本和工艺技术，目前的薄膜电池衬底主要是玻璃。根据吸收层所用材料的不同，薄膜电池主要有金属薄膜、硅薄膜、染料薄膜几种。其中，金属薄膜可以分为镉碲系和铜铟系，镉碲系主要是碲化镉薄膜电池，铜铟系主要包括 CIS 和 CIGS 两种。薄膜电池相比于晶硅电池有成本低、弱光性能好、适用光伏建筑一体化建设等优点，但其光电转化效率较低（见表 2-3）。

---

① 张帅，邢满刚，姚遥. 解密新能源 [M]. 上海：文汇出版社，2011：8-10.

表 2 – 3 各类薄膜电池技术与晶硅的对比

技术	薄膜			晶硅	
	非晶硅	锑化镉	CIGS	单晶硅	多晶硅
电池转化率	6% ~ 7%	8% ~ 10%	10% ~ 11%	16% ~ 18%	14% ~ 17%
组件转化率	6% ~ 7%	9.5% ~ 11%	9.5% ~ 12%	14% ~ 16%	12% ~ 15%
每千瓦组件面积	15 平方米	10 平方米	10 平方米	7 平方米	8 平方米
建设成本（$/wp）	2.4 ~ 2.7	1.6 ~ 2.0	1.8 ~ 2.3	1.5 ~ 1.8	1.6 ~ 1.9
效率提升潜力	低	中等	高	高	高
优点	材料成本低、使用寿命长、产品结构简单	制造成本低、弱光性能好、能承受高温	弱光性能好、制造成本低	效率高、使用寿命长、空间需求小	效率高、使用寿命长、空间需求小
缺点	效率低 生产线投资高	锑化物资源稀缺、镉是致癌物质	生产线投资高、铟资源稀缺	热衰减表现差、弱光性能差	热衰减表现差、弱光性能差

资料来源：张帅，邢满刚，姚遥. 解密新能源 [M]. 上海：文汇出版社，2011.

聚光光伏 CPV 系统是将光学技术与新能源结合，使用透镜或反射镜面等光学元件，将大面积的阳光汇聚到一个极小的面积上，再通过高转化效率的光伏电池直接转换为电能的一种新型太阳能发电技术。聚光光伏系统主要由三部分构成：光学系统（聚光模块、光伏电池模块），跟踪太阳最大照射角运动系统，冷却系统。其中，光学系统是 CPV 系统最重要的组成部分，决定了聚光的倍数和是否高效的转换光电；跟踪太阳最大照射角运动系统一般简称太阳追踪系统，它要求太阳光相对于聚光系统垂直射入，其系统的聚光倍数越高的 CPV 对于太阳光入射的角度精度要求越高，因此，太阳追踪模块的精度决定了 CPV 发电系统的运行水平。冷却模块中，因为 CPV 一般都是数百倍或者数千倍的聚光强度下工作，III – V 族元素化合物电池芯片虽然耐高温能力高于晶硅电池，但为保持电池寿命和转换效率，对系统电池进行降温冷却十分必要。虽然 CPV 技术在我国目前处于实验室到工程应用的初级阶段，技术路线和产业链还未形成，但是 CPV 技术具有光电转化效率高、半导体材料耗用少、耗水量少、规模化潜力高等优点，随着生产技术的进步，在可预见的未来，将成为建造大型太阳能电站的理想发电技术之一。

晶硅电池、薄膜电池、聚光光伏 CPV 三种不同种类的电池各有其优势和应用前景，但是，从目前光伏产业的发展现状来看，晶硅电池是目前太阳能电池应用最广泛的，相对于单晶硅，多晶硅电池又凭借其生产成本低，占据光伏电池大部分市场。

2.2.1.2　我国光伏产业发展的历史沿革

第一阶段，萌芽阶段，我国对太阳能电池的研究起步于 1958 年，这时期的研究主要是人造卫星的空间卫星电池，对于太阳能电池的商业应用研究一直没有进行。直到 20 世纪 70 年代，第一次石油危机客观上使人们认识到调整能源结构的必要性，大部分发达国家加强了对太阳能及其他可再生能源技术发展的支持，世界上掀起了太阳能研究热潮，我国也赶上这股热潮，将太阳能研究纳入政府计划，提供专项经费和物质支持。由于当时国际上的太阳能研究正在进行中，借鉴经验少，截止到 20 世纪 80 年代中期，我国太阳能电池生产能力不足 100 千瓦。

第二阶段，发育阶段，20 世纪 80 年代中期到 90 年代后期，自"六五"（1981～1985 年）我国政府开始把研究开发太阳能和可再生能源技术列入国家科技攻关计划，并且随着我国实行改革开放国策和发达国家外交关系改善，我国相继从美国、加拿大等国引进 7 条太阳能电池生产线，生产能力由原来的 3 个小厂的几百千瓦提升到 7 个厂的 4.5 兆瓦[①]，每年累计产量超过 13 兆瓦，发电成本在 2.5 元/千瓦时以上。

第三阶段，起步阶段，2002 年，我国有关部委启动"西部省区无电乡通电计划"，通过太阳能和小型风力发电解决西部七省区无电乡的用电问题。这一项目的启动极大刺激了太阳能光伏产业市场，国内建起了几条太阳能电池的封装线，使太阳能电池的年生产量迅速增加。2003 年 10 月，国家发改委、科技部制定未来 5 年太阳能资源开发计划，发改委"光明工程"计划筹资 100 亿元用于推广太阳能发电技术，到 2005 年，全国太阳能发电系统总装机容量达到 300 兆瓦，旨在通过光伏发电解决 2100 万偏远山区人口的用电问题。与此同时，在 2004 年，欧洲市场特别是德国推出《可再生能源法》（EEG）和无锡尚德 2005 年赴美上市的引燃效应推动下，我国光伏企业利用国际市场、资本、人才快速发展壮大，给我国的光伏产业带来前所未有的发展机遇和示范效应，中国的光伏从此走上了产业发展的快车道。2007 年，中国光伏电池产量

---

① 1 吉瓦 = 10^3 兆瓦 = 10^6 千瓦 = 10^9 瓦。

首次超过德国和日本，居世界第一，产量从 2006 年的 400 兆瓦一跃达到 1 088 兆瓦。《可再生能源中长期发展规划》更是提出具体目标——到 2020 年，全国建成 2 万个屋顶光伏发电项目，总容量 100 万千瓦，全国光伏电站总容量达到 20 万千瓦。之后出台的《可再生能源法》修订案以及"金太阳"工程也都对我国光伏产业起到了巨大的推动作用。

第四阶段，挫折和回暖阶段，2008 年，由美国次贷危机引发的全球金融危机使得各国的进出口贸易关系恶化，而我国的光伏产业无论是原材料还是成品一直都是严重依赖国际市场，金融危机导致的海外市场萧条使得我国光伏产业达到行业市场阶段性巅峰后进入低估时期。2009 年 3 月 23 日，财政部、住房和城乡建设部联合发布《太阳能光电建筑应用财政补助资金管理暂行办法》《关于加快推进太阳能光电建筑应用的实施意见》鼓励城市光电建筑一体化应用，被称为"太阳能屋顶计划"，这是我国首次大范围对太阳能光伏产业进行补贴，对于光伏产业在城市建设一体化应用和农村偏远地区建筑光电利用上的延伸和发展。同年 7 月 21 日，财政部、科技部、国家能源局联合宣布在我国正式启动"金太阳"示范工程，计划在 2 ~ 3 年内，采取财政政策补助方式支持不低于 500 兆瓦的光伏发电示范项目，对并网光伏发电项目，原则上按光伏发电系统及其配套输配电工程总投资的 50% 给予补助；对偏远无电地区的独立光伏发电系统按总投资的 70% 给予补助；50% ~ 70% 的补贴幅度均高于当时欧美的补贴力度。国家一系列政策的轮番刺激给光伏产业注入了一针"强心剂"，让在金融危机的旋涡中已苦苦挣扎多时的光伏企业逐渐缓和，订单开始增加，光伏产业回到了发展快车道，到 2010 年，中国成为全球最大的光伏电池生产国，占据全球市场 55% 的份额。

第五阶段，动荡调整阶段，2011 年，全球光伏组件突破 50 吉瓦，与此同时，全球光伏装机量却只有大约 25 吉瓦，产能严重过剩并引发了一系列的行业危机，同年，欧债危机爆发，欧盟大幅减少光伏组件进口，与此同时，由于贸易保护主义的抬头，欧美持续对我国光伏企业进行"双反"调查，而且呈现出越演越烈之势，并引发印度、澳大利亚、加拿大等国的跟进，海外光伏市场几乎将我国光伏产品拒之门外，直接导致我国的光伏产品出口额急剧下滑，库存增加、产品价格暴跌，我国光伏产业骤然进入"寒冬"，光伏企业濒临破产的边缘。为挽救国内光伏产业，2013 年，政府先后出台了如《促进光伏产业健康发展的若干意见》《光伏电站项目管理暂行办法》《分布式光伏发电项目管理暂行办法》《关于发挥价格杠杆作用促进光伏产业健康发展的通知》等一系列政策，引导支持光伏产业进行核心技术研发，转变严重依赖外国核心技术和制造设备的局面，提高自身产品的附加值，改善当前原材料和销售市场两头在外的局面。

第六阶段，繁荣阶段，在政府的轮番刺激支持政策日渐落实之后，全国光伏产业整体呈现稳中向好、有序发展的态势。基本形成了完整的太阳能光伏产业链"多硅晶原料—硅片—电池片—电池组件—太阳能发电系统—太阳能光伏电站"上、中、下游产业链，太阳能光伏产业"两头在外"的情况日进打破，并逐渐形成具有自主知识产权的核心技术体系和规模化的太阳能光伏发电装备制造业，为我国的光伏产业国产化和结构升级提供了坚实的基础。从当前我国光伏产业各环节发展状况在全球排名的情况来看，多晶硅、硅片、电池片、组件等产业链各环节生产规模的全球占比连续多年都超过 50%，整体运行状况良好。

2.2.1.3　我国光伏发电产业链及其划分

光伏产业是以太阳能电池为核心形成的上、下游产业体系，通常人们所熟悉的光伏产业链主要是光伏主原料链条，该产业链主要包括五个环节：硅料提纯和多晶硅生产、硅锭铸造切割、太阳能电池组件生产、太阳能系统集成和电站安装运行。由于光伏企业所处光伏产业链条位置不同，所要求的生产技术水平和投资规模大小不同，因此，一般将产业链划分成上游、中游、下游三个环节，其中，上游包括硅料提纯和多晶硅生产，中游为硅锭铸造切割和太阳能电池组件生产，下游为太阳能系统集成和电站安装运行。从太阳能光伏产业链我们可以发现如下特征，第一，行业跨度大，涉及多个领域和学科（史丹，2014），从其所属行业来看，光伏产业主原料链的不同环节对应着不同的领域和学科，例如，多晶硅原料的生产属于冶金行业，而高纯度多晶硅的提纯则属于化学工业，中间硅片、电池和组件的生产则具有半导体行业特征，下游的系统应用则更多属于电力行业，具有服务行业的属性。第二，不同的产业链环节具有不同的要素投入密集特性（郑天航，2006）。光伏产业链不同环节具有不同的资源密集属性，整个产业链涵盖了能源密集型、资本密集型、技术密集型、劳动力密集型等产业特征。例如，上游高纯度多晶硅原料的炼制具有能源密集、资本密集和技术密集三大特征，是整个光伏产业链上技术壁垒最高的环节；中游的各个制造环节中，硅片电池片的生产设备前期投入量大，具有资本密集和技术密集的特征，生产的产品具有典型的规模经济特性，而组件生产需要的投资少、建设周期短、技术水平低，属于劳动力密集型。冶金法太阳能多晶硅产业技术创新战略联盟理事长史珺认为，除了太阳能主原料链条需要重点关注外，光伏产业的辅料链、装备链、光伏服务链也不能忽视，辅料链包含的盐酸、氯气、三氯氢硅、切割线（包括钢线、钼线、金刚砂线）、切削液、金刚砂微粉（或称碳化硅微粉）、各类酸碱和纯水辅料等硅片生产辅材的耗损量甚至不亚于主原料硅的价值，另外，组件和光伏系统安装所需的超白玻璃、EVA薄膜铝合金框、各种粘结剂、电缆和支架材料等都是完整的光伏产业的重要组成部分。装备链主要包括多晶硅提炼的熔炉、破锭机、铸方设备、倒角抛光设备、硅片多线切割机、硅片清洗设备等一系列的设备，是光伏产业最早启动的市场，并且装备市场的投资造价不菲，是容易被投资人忽略的一个重要增值投资选择。光伏服务链主要包括光伏测试仪器设备、光伏技术研发服务、光伏教育培训服务、物流服务四大块，从软、硬件两方面来为光伏产业的健康发展提供支持。

我国太阳能光伏产业从20世纪70年代正式起步发展到现在，短短几十年在我国快速发展，已逐步形成产业化、规模化的局面。光伏发电对于改善我国能源消费结构，建设清洁能源体系发挥了积极的作用。当前，我国逐渐建成的光伏产业链条，包括以多晶硅为核心的主原料链、以各类耗材为主的辅料链、以各类冶炼装置为核心的装备链以及以测试服务和研发服务为核心的光伏服务链。在产业布局上来看，国内的长三角、环渤海、珠三角及中、西部地区已形成各具特色的区域产业集群，并先后涌现出了无锡尚德、江西赛维、天威英利等一批知名企业，无论是外资、民营还是国企，都在新能源发展的大潮中各显神通，然而由于各企业的生产工艺水平差异，企业的发展状况也千差万别。下面从光伏发电市场和光伏制造产业两大方面，进一步简单阐述近几年来太阳能光伏的发展情况。

2.2.1.4　我国光伏发电产业发展的基本现状

（1）我国光伏发电应用市场的基本现状。

①太阳能光伏发电增长迅猛。2000～2008 年，除 2002 年有关部委启动"西部省区无电乡通电计划"使得光伏发电并网容量的年增长率突破 20%，其他年份的平均增速都在 9% 左右，到 2008 年底，我国太阳能电池总产量达 1 780 兆瓦，光伏系统的累计装机容量达到 140 兆瓦，从事光伏组件生产的企业近 400 家，并且在 2008 年，我国的光伏产能首次超过德国，位居世界第一。2009～2010 年，年增长率快速增长，最高到达 70%，这主要得益于国家政策的大力支持，各种法规不断颁布，以及其他行业的用电需求支持，促使太阳能光伏产业大步向前发展，远远超出了一般行业正常的发展速度。2010 年下半年到 2012 上半年，虽然新增装机容量和累计装机容量数量上有所增加，但年增长率快速下滑，最低甚至降至 37%，这主要是因为光伏产业近几年来存在核心技术突破不足、产业链末端组件同质化严重、生产装备严重依赖进口等一些问题，这些问题遏制了光伏产业发展的步伐。2012 年后半年到 2015 年，受欧美持续对我国光伏企业进行"双反"调查的影响，才刚刚起死回生、有所发展的我国光伏产业又进入了一个严峻的转折期，年增长率又在上轮下滑的基础上进一步下降。2016 年，受国内光伏分布式市场加速扩大和国外新兴市场快速崛起双重因素影响，我国光伏产业持续健康发展，产业规模稳步增长、技术水平明显提升、生产成本显著下降、企业效益持续向好、对外贸易保持平稳。2016 年末，我国光伏发电新增装机容量 34.54 吉瓦，其中，地面电站 30.3 吉瓦，占并网总量的 87.7%，分布式电站 4.24 吉瓦，占并网总量的 12.3%，中国光伏市场成为全球第一大增量市场，占到全球新增容量的 1/3 以上，占我国光伏电池组件年产量的 1/3，为我国光伏制造业提供了有效的市场支撑。与此同时，截至 2016 年底，我国光伏发电累计装机容量为 77.42 吉瓦，较 2015 年 43.18 吉瓦增长 79.3%，成为全球光伏发电累计装机容量最大的国家。其中，集中式大型光伏电站累计装机 67.10 吉瓦，分布式累计装机 10.32 吉瓦，年发电量 662 亿千瓦时，占我国发电总量的 1%（见图 2－1）。

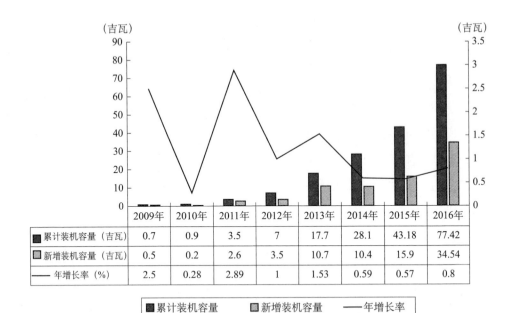

	2009年	2010年	2011年	2012年	2013年	2014年	2015年	2016年
■ 累计装机容量（吉瓦）	0.7	0.9	3.5	7	17.7	28.1	43.18	77.42
■ 新增装机容量（吉瓦）	0.5	0.2	2.6	3.5	10.7	10.4	15.9	34.54
— 年增长率（%）	2.5	0.28	2.89	1	1.53	0.59	0.57	0.8

■ 累计装机容量　　■ 新增装机容量　　—— 年增长率

图 2 - 1　2000～2016 年我国光伏发电历年并网容量情况

如表 2 - 4 所示，我国光伏发电新增市场呈现东部、西部共同推进，并逐渐从西北部地区向中东部地区转移的趋势。整体来讲，西北部传统的光伏建设大省累计装机容量仍占据大半江山。2016 年，西北以外地区新增装机 24.80 吉瓦，已占到全国的 72%，同年，中东部地区有 9 个省新增装机容量超过 1 吉瓦，分别是山东（3.22 吉瓦）、河南（2.44 吉瓦）、安徽（2.25 吉瓦）、河北（2.03 吉瓦）、江西（1.85 吉瓦）、山西（1.83 吉瓦）、浙江（1.75 吉瓦）、湖北（1.38 吉瓦）、江苏（1.23 吉瓦）。从全国的情况来看，新疆（含兵团）、山东和河南居新增装机位列前三位，分别为 3.29 吉瓦、3.22 吉瓦和 2.44 吉瓦。分布式光伏发电装机容量较大的地区有浙江（0.86 吉瓦）、山东（0.75 吉瓦）和江苏（0.53 吉瓦）。从累计装机容量来看，甘肃作为全国光伏电站建设规模最大的省会，截至 2016 年底，累计装机 686 万千瓦，成为累计装机容量最大的省会。青海是仅次甘肃的第二大光伏并网装机省份，截至 2016 年底，光伏电站累计并网装机 682 万千瓦。2016 年，新疆新增装机容量达到 329 万千瓦，位列全国第一。无论是累计并网容量还是新增并网容量，西北地区的光伏建设都始终是处在前列，东部省份虽然近几年来发展速度迅猛，但要超越西北地区还需进一步的发展。

表 2-4 2016 年光伏发电统计信息

省（区、市）	累计装机容量（万千瓦）	其中：光伏电站	新增装机容量（万千瓦）	其中：光伏电站
总计	7 742	6 710	3 454	3 031
北京	24	5	8	3
天津	60	48	47	44
河北	443	404	203	192
山西	297	284	183	172
内蒙古	637	637	148	166
辽宁	52	36	36	29
吉林	56	51	49	45
黑龙江	17	12	15	11
上海	35	2	14	0
江苏	546	373	123	70
浙江	338	131	175	88
安徽	345	267	225	178
福建	27	11	12	8
江西	228	171	185	154
山东	455	336	322	247
河南	284	248	244	234
湖北	187	167	138	124
湖南	30	0	1	0
广东	156	68	92	61
广西	18	9	6	4
海南	34	24	10	5
重庆	0.5	0	0	0
四川	96	90	60	57
贵州	46	46	43	43
云南	208	208	144	145
西藏	33	33	16	16
陕西	334	322	217	210
甘肃	686	680	76	74
青海	682	682	119	118
宁夏	526	505	217	199
新疆	862	862	329 *	333

＊注：2016 年内蒙古、新疆的分布式发电统计数据存在误差，分别为 18 万和 4 万千瓦，在本表数据中进行了相应核减，故其新增装机容量小于其光伏电站装机容量。

资料来源：《2017 年光伏产业发展报告》。

②集中式大型光伏电站仍占主流，分布式小型光伏发电蓄势待发。集中式大型并网光伏电站一般是指国家利用荒漠，集中建设大型光伏电站，发电直接并入公共电网，接入高压输电系统供给远距离负荷。我国的大型并网光伏电站一般是国家级电站，其主要特点是将所发电能直接输送到电网，由电网统一调

配向用户供电。这类电站具有投资大、建设周期长、占地面积大的特点。截至
2016 年末，我国地面大型并网光伏电站累计装机容量为 67.10 吉瓦，占总累
计装机规模的 86.67%；新增装机容量为 30.31 吉瓦，占当年总新增装机容量
的 87.75%。由此可见，集中式大型光伏电站仍是我国光伏发电的主流，分布
式光伏发电新增装机和累计装机均占比较小。从地域分布特点来看，依托自然
优势，地面大型电站项目主要分布在太阳能光源集中的甘肃、青海、新疆、内
蒙古、宁夏等西部地区。

　　分布式小型并网光伏系统特指在用户场地附近建设，运行方式以用户侧
自发自用、多余电量上网，且以配电系统平衡调节为特征的光伏发电设施。
截至 2016 年末，我国分布式光伏发电累计装机容量 7.092 吉瓦，占全国光
伏发电总累计装机容量的 13.33%；2016 年，新增装机容量 1.032 吉瓦，占
当年新增装机容量的 12.24%。2016 年，我国分布式光伏发电应用模式不断
创新，推出了光伏农业电站项目、渔光互补电站项目等新式光伏发电项目，
集合荒山、荒坡治理及生态恢复与光伏发电建设相结合的项目不断推出。从
分布地域特点来看，分布式光伏电站主要分布在东南部经济较发达且对电力
需求旺盛的省份，如江苏、浙江、河北等，具体数据统计情况如图 2 - 2
所示。

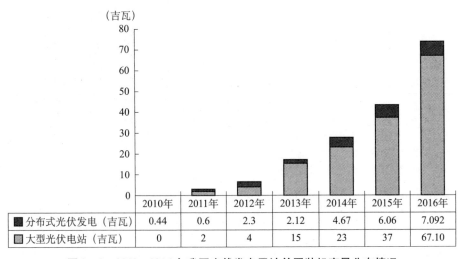

图 2 - 2　2010～2016 年我国光伏发电累计并网装机容量分布情况

（2）光伏制造产业现状。

①多晶硅国产化率稳步提高，但进口数量仍巨大。多晶硅制造业是光伏产业链的首端，是影响整个行业发展规模的重要环节，也是技术壁垒最大的领域。多晶硅的成本控制一直是光伏产业的核心问题，很大程度影响着多晶硅的产能和产量。如图 2 - 3 所示，2008 ~ 2012 年，2008 年国际光伏产业需求的猛增造成国际多晶硅价格暴涨。这一刺激使得中国多晶硅产能飞速增长。截至 2012 年末，中国有 60 家企业先后从事多晶硅生产，投产规模达到 7 万吨/年，从每年数百吨达到了 19 万吨的年产能。与此同时，2008 ~ 2012 年，多晶硅的产量虽然有所增长，但最高的产量也仅 8.4 万吨。2012 年成为产能增长的拐点，到 2013 年，降至产能 14.4 万吨，之后几年才快速地回升。从图 2 - 3 中数据可以看出，我国的绝大多数多晶硅的产能并不是有效产能，追求利润是企业的经营目标，一旦生产出现亏损将会停止生产。2008 ~ 2012 年，所增加的产能都建立在市场高价的基础上，但当 2013 年多晶硅价格跌破 20 万元/吨之后，大部分的工厂由于生产成本高于当时的市场价格面临亏损而陷于停产，后期光伏产业在政府的宏观调控下状况逐渐好转，产能逐年开始回升。

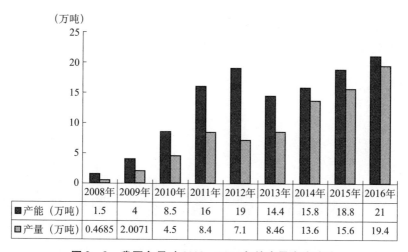

（万吨）	2008年	2009年	2010年	2011年	2012年	2013年	2014年	2015年	2016年
■产能（万吨）	1.5	4	8.5	16	19	14.4	15.8	18.8	21
▨产量（万吨）	0.4685	2.0071	4.5	8.4	7.1	8.46	13.6	15.6	19.4

图 2 - 3 我国多晶硅 2008 ~ 2016 年的产量产能统计

我国多晶硅制造主要采用西门子法，一直以来，由于国内技术创新不足、国外技术封锁壁垒的问题，国内光伏市场存在有效供给不足，多晶硅料有效产能现阶段无法完全满足国内需求，使得多晶硅环节成为我国光伏产业链中唯一一个半数以上需要进口的环节。如图 2 - 4 所示，2009～2016 年，我国多晶硅进口量从 2009 年的 4.57 万吨上升至 2016 年的 14.1 万吨，进口量呈快速上升态势。2011 年，我国多晶硅产量首度超过进口量，但优势并不明显，2012～2013 年即是很好的证明。2015 年，我国多晶硅产量达到 11.69 万吨，再度大幅超过进口量，预计未来我国多晶硅产量将进一步保持增长，而进口量在我国对多晶硅进口双反政策下，将会受到一定程度的压制。以多晶硅料的直接下游硅片环节为例。2016 年，全球硅片产量约为 69 吉瓦，国内硅片的产量占全球硅片产量的 90% 以上，约 63 吉瓦。按照每瓦硅耗需求约 5 克多晶硅料来进行估算，2016 年，国内硅片企业共需 31.5 万吨的多晶硅料。根据相关数据显示，我国多晶硅产业已具规模效应。受益于国内外光伏市场需求持续增长，特别是中国市场抢装高峰，全球多晶硅市场供需两旺。截至 2016 年底，全球多晶硅有效产能为 45.7 万吨/年，同比增长 10.7%；中国多晶硅产能 21 万吨/年，同比增长 11.7%，占全球总产能的 45.7%。同期，全球多晶硅产量达到 38.6 万吨，同比增长 10.3%，其中，中国多晶硅料的产量为 19.4 万吨，同比增长 15.4%，占全球总产量的 50.5%，而中国太阳能级多晶硅需求量为 33.4 万吨，同比增长 28.4%。总的来讲，我国多晶硅产量虽然持续提升，但仍然无法满足国内需求，同年仍进口 13.6 万吨多晶硅料。2017 年上半年，中国多

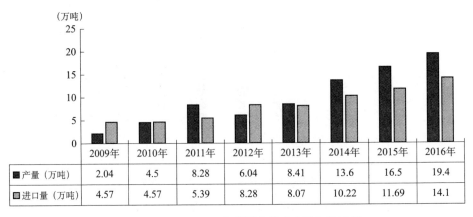

图 2 - 4   2009～2016 年我国多晶硅产量与进口量

资料来源：产业联盟。

晶硅产量约 11.5 万吨，进口量达 7.28 万吨，海外进口仍占有较大比重。不过，随着光伏市场需求改善及多晶硅产品价格上升，多晶硅行业投资热情正趋于高涨，多晶硅的产量将进一步提升，缓解当前国内光伏市场供需失衡的现状。

②光伏组件生产全球领先。如图 2-5 所示，光伏组件作为光伏产业制造的重要组成部分，光伏组件的发展历程和光伏产业整个发展情况相似，在 2008 年之前一直发展缓慢，2008 年，光伏组件产量仅 2.525 吉瓦，从 2009 年开始快速发展，2011 年，产量达到 21 吉瓦，同比增长 146.46%，2012 年，由于受"双反"政策的影响，产量总额虽有所增长，但增长率下滑，最低达到 9.52%，之后几年，光伏组件增长率一直都在小幅回升，光伏组件年产量日渐增长。截至 2016 年，我国的光伏组件产量年超过 53 吉瓦，同比增长 15.7% 以上，连续 10 年位居第一，部分企业加工成本已经降至 2.45 元/瓦，半片、MBB、叠瓦等技术不断涌现，组件生产自动化、数字化、网络化程度不断提升。我国在光伏产业上巨大的生产能力促使我国的光伏组件很大部分出口进入国际市场。随着我国出口政策向多元化转变以及一带一路海外办厂的兴起，我国的出口格局也将发生改变。

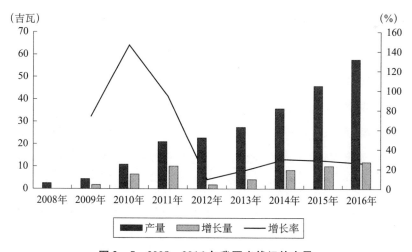

图 2-5　2008~2016 年我国光伏组件产量

资料来源：光伏产业联盟。

2016 年，我国光伏组件出口金额 123.79 亿美元，同比下滑 16.36%。随着海外工厂的设立，硅片和电池片的出口同比增加，组件出口则同比下降。重点出口市场仍以日本、美国、印度为主，其中，印度市场在2016年有较明显的扩张，对印出口额首次超过美国，排名第二位（见图2-6）。另外，较突出的一点是，巴西、土耳其市场异军突起，第一次进入全年出口额排行榜，并分别位列第八位和第十位。由此可见，我国逐渐致力于推动光伏企业加快国际产能和应用合作进程，积极开拓南美、中西亚、非洲等新兴市场，推动产业全球布局。

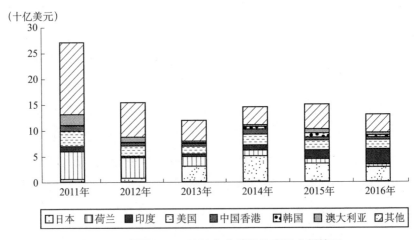

图2-6 我国2011～2016年光伏组件出口金额情况

资料来源：光伏产业联盟。

③光伏电池片生产绝对优势明显，出口重心转向新兴发展中国家。2010～2016年，我国电池片产量呈逐年上升趋势，具体如图2-7所示。图2-8是我国2016年整年的出口电池片情况，从出口数量情况来看，1～12月的出口量一直都在小幅波动，最高峰值是7月，达到369兆瓦，前半年整体呈现上升的趋势，下半年出口数量大致逐月递减。从出口额情况来看，1～12月的出口额都在7 000万美元左右，最高出口额是9 500万美元，最低出口额是4 600万美元。

2016年，我国电池片出口至129多个国家和地区，电池片出口额约为8.1亿美元，同比下降11.5%，占光伏产品总出口额的5.8%。电池片出口量约为2.9吉瓦，仅占我国电池片产量的5.7%。由图2-9可知，我国电池片出口国

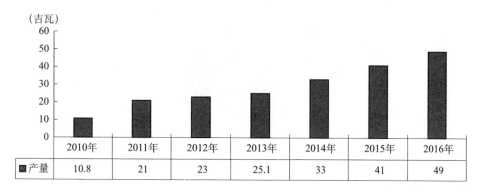

图 2－7　2010～2016 年我国电池片产量

资料来源：中国产业发展研究网。

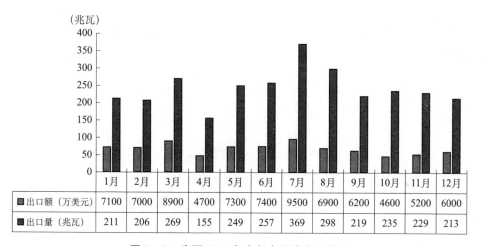

图 2－8　我国 2016 年全年电池片出口情况

资料来源：中国产业发展研究网。

家主要为印度（37%）、巴西（22%）和韩国（14%）。这主要是因为印度 2016 年国内的组件产能大约为 5 吉瓦，但是电池片产能仅为 1.4 吉瓦，存在巨大的缺口，需要大量的进口光伏电池片，而我国无论是从地理位置远近程度还是产品的性价比都有巨大优势，因此，印度成为我国电池片出口最大的国家，占比达到 37%。

如图 2－10 所示，从出口的中国企业来看，2016 年，我国出口电池片的前十家占总出口额的 55.1%，其中，横店东磁占比 11.3%，排名第一，出

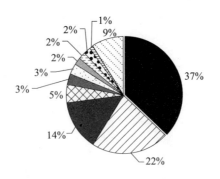

图例：■印度 ▨巴西 ■韩国 ▧加拿大 ▨菲律宾 □法国 ▨德国 ▤土耳其 ▨奥地利 ▦日本 □其他

图 2 - 9 2016 年我国电池片出口国家占比

资料来源：中国产业发展研究网。

口额 9 100 万美元；茂迪新能和无锡嘉瑞分别占比 9.9% 和 6.7%，分居第二和第三位。

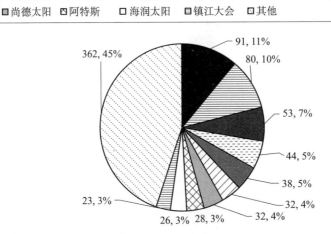

图例：■横店东磁 ▤茂迪新能 ■无锡嘉瑞 ▧顺风光电 ▨中电电气 □英利能源 ▨尚德太阳 ▧阿特斯 □海润太阳 ▨镇江大会 ▨其他

362,45%
91, 11%
80, 10%
53, 7%
44, 5%
38, 5%
32, 4%
32, 4%
28, 3%
26, 3%
23, 3%

图 2 - 10 2016 年电池片主要出口企业出口额及占比（百万美元）

注：逗号前面数字为 2016 年电池片主要出口企业出口额，逗号后面数字为其所占比例。

资料来源：中国产业发展研究网。

如表 2 - 5 所示，从全球格局来看，我国光伏电池片产量占绝对优势。2016 年，全球前十大电池片厂商中，中国企业包揽全部位置，其中，中国台湾厂商占据两个位置，全年总产能达到 39 吉瓦，总产量达到 33.2 吉瓦。

表 2 - 5　　　　　**2016 年全球十大电池片厂商产量排名**　　　　单位：吉瓦

排名	企业	国家	产能	产量
1	晶澳太阳能	中国	5.5	5
2	天合光能	中国	5.0	4.7
3	韩华新能源	中国	5.2	4
4	晶科能源	中国	4.0	3.8
5	茂迪新能源	中国	3.6	3.2
6	英利集团	中国	4.2	3.2
7	顺风（含尚德）	中国	3.4	3.0
8	通威太阳能	中国	3.4	2.2
9	阿特斯	中国	2.5	2.1
10	新日光	中国	2.2	2.0
	合计		39	33.2

资料来源：中国产业发展研究网。

如表 2 - 6 所示，从国内光伏电池片产量情况来看，我国电池片行业的产业集中度较高，前十家企业 2016 年产能达到 30.7 吉瓦，占比 83%，前五家占比达到 55%。

表 2 - 6　　　　　**2016 年我国排名前十五名电池片厂商产能**　　　　单位：吉瓦

排名	企业	产能
1	晶澳太阳能	5.0
2	天合光能	4.5
3	英利集团	4.2
4	顺风光电	3.4
5	通威太阳能	3.4
6	晶科能源	2.5
7	韩华	2.3
8	阿特斯	2.0
9	海润光伏	1.8
10	江西晨宁	1.6
11	东方日升	1.5
12	浙江鸿禧	1.3
13	苏州腾辉	1.2
14	常州亿晶	1.2
15	横店东磁	1

资料来源：中国产业发展研究网。

④设备制造产业水平快速提升。如表 2 - 7 所示，光伏设备产业主要是指服务于光伏产业链各环节产品生产的机器设备制造企业的集合。目前，我国光伏设备企业从硅材料生产、硅片加工、太阳电池片、组件的生产及相应的纯水制备、环保处理、净化工程的建设到与光伏产业链相应的检测设备、模拟器

等，已经具备成套供应能力，部分产品如扩散炉、管式 PECVD、单晶炉、多晶铸锭炉、层压机、检测设备等，已有不同程度的出口。其中，单晶炉以优良的性价比占据了国内市场的绝对统治地位，并批量出口亚洲。与此同时，由于主流工艺的改良，目前，晶硅电池常规生产线已将工艺过程缩减到 6 步，用到的主要设备也仅包括 6 种，即单晶槽式制绒/多晶在线式制绒、扩散炉、在线湿法刻蚀机、PECVD、丝网印刷机及测试分选设备。以上设备均可由国内设备厂家提供，其中，国产扩散炉和管式 PECVD 在热场设计、温度控制、工艺控制等核心技术方面取得全面突破，设备的质量、产能、能耗、自动化水平等方面达到国际先进水平，性价比优势明显。组件端设备制造方面，目前除了功率测试设备主要由国外的 PANSAN 和 BERGER 占主导地位外，其余全部可以选择国产设备的方案。国产光伏设备在国内用户中已建立起良好的信誉，得到业界的广泛认可，越来越多的客户从价格适中、性能良好、技术不断进步的国产设备中受益。截止到 2016 年，光伏行业发展整体较好，光伏设备行业开始进入拼质量、拼效率的"领跑者"时代。

表 2-7　　　　　　　　　　　我国光伏设备制造产业大致分类

硅棒/硅锭生产设备	硅棒/硅锭生长设备、检查/测试设备、切割/研磨设备、其他
硅片/晶圆制造设备	切割设备、清洗设备、检验/测试设备、抛光和研磨、其他
电池片制造设备	蚀刻设备、扩散炉、减反射覆膜制备、丝网印刷设备、检验/测试设备、其他
晶硅电池组件制造设备	检验/测试设备、玻璃清洗设备、结线/焊接设备、层压设备、切割/画线设备、组框/组角机、其他
薄膜组件制造设备	检测设备、薄膜沉积设备、切割/画线设备、清洗设备、蚀刻设备

资料来源：新能源产业发展与政策研究。

2.2.2　我国太阳能光热发电产业发展的现状

2.2.2.1　太阳热发电的原理及发电站地区分布特点

太阳能光热发电主要是指利用传统汽轮发电机工艺，通过大量反射镜以聚焦的方式将太阳能直射光聚集起来，收集太阳热能，通过换热装置产生高温高压的蒸汽，以蒸汽驱动汽轮机发电。采用太阳能光热发电技术，一方面，避免了昂贵的硅晶光电转换工艺，大大降低太阳能发电的成本，更易于迅速实现大规模产业化。另一方面，光热发电过程中利用太阳能所烧热的水可以储存在巨大的容器中，在太阳落山后几个小时仍然能够带动汽轮发电，可在一定程度上减少太阳升降对发电的连续性的影响。光热发电的最大优势是与现有的火电站及电网系统相容性明显，可充分利用已有火电领域的工业生产能力及设计运行经验。光热发电按发电技术的不同，主要分为以下三种：槽式太阳能光热发电系统、塔式太阳能光热发电系统、碟式太阳能光热发电系统。目前，槽式和塔式太阳能光热发电站实现了商业化运行，而碟式发电系统仍处于示范阶段。

槽式太阳能热发电系统全称为槽式抛物面反射镜太阳能热发电系统，是将多个槽型抛物面聚光集热器经过串并联的排列，加热工质，产生高温蒸汽，驱动汽轮机发电机组发电。槽式抛物面聚光反射镜太阳能热发电系统的研究和运行最早始于 20 世纪 80 年代，是由以色列和美国组建的 LUZ 太阳能热发电国际有限公司进行的。我国对于太阳能热发电研究起步较晚，对于该项目的研究投入资金和人员较少，直到美国加州 SEGS 槽式太阳能热发电站取得不错成果以及我国开始倡导低碳经济推进新能源革命，太阳能热发电逐渐受到重视，企业和科研单位联合攻关，在太阳能热发电领域的太阳光方位传感器、自动跟踪系统、槽式抛物面反射镜、槽式太阳能接收器方面取得了突破性进展，并且在 2009 年我国攻克了长期制约太阳能在中高温领域内大规模应用的技术障碍，为实现太阳能中高温设备制造标准化和产业规模化运作开辟了广阔的道路。

塔式太阳能光热发电系统也称为集中式太阳能光热发电，利用定日镜将太阳光聚焦在中心吸热塔的吸热器上，聚焦的辐射能转变成热能，然后传递给热力循环的工质，再驱动汽轮机做功发电。塔式太阳能光热发电系统主要分熔盐系统、空气系统和水蒸汽系统。无论采用哪种工质，系统的蓄热至关重要。由于太阳能的间歇性，必须由蓄热器提供足够的热能，来补充乌云遮挡及夜晚太阳能不足的缺陷，否则发电系统将无法正常工作。亚洲首座塔式太阳能热发电站位于八达岭长城脚下，是中科院电工研究所延庆八达岭塔式太阳能聚光光热发电实验电站，实验不断取得积极进展，已于 2012 年 8 月 9 日成功进行了发电实验。

碟式太阳能光热发电系统是利用旋转抛物面反射镜，将入射阳光聚集在焦点上，放置在焦点处的太阳能接收器收集较高温度的热能，加热工质以驱动汽轮机，从而将热能转化为电能。整个系统包括：旋转抛物面反射镜、接收器、跟踪装置和蓄热系统。不难看出，塔式太阳能光热发电系统和槽式、碟式的系统相比，除聚光集热器有所不同外，三者在系统构成和工作原理等方面都基本相似。

2.2.2.2　太阳能热发电的基本现状

我国太阳能热发电市场 2016 年新增装机容量为 10.2 兆瓦（于 2016 年 8 月 20 日并网发电的中控德令哈 10 兆瓦熔盐电站因该项目是基于此前 10 兆瓦水工质项目改建的，故不列入新增装机统计），包括在 12 月 26 日并网发电的首航节能敦煌 10 兆瓦熔盐塔式电站和在 10 月 12 日并网投运的甘肃阿克塞 800 米熔盐槽式示范回路装机 200 兆瓦。截至 2016 年底，我国太阳能光热发电的总装机容量达到 28.3 兆瓦。另外，我国在建的项目包括中科院电工研究所主持的“十二五”863 课题，槽式光热发电技术研究与示范项目的 9 000 平方米槽式集热/蒸发系统；华强兆阳张家口 15 兆瓦改良菲涅尔光热示范项目、兰州大成敦煌 10 兆瓦非涅尔熔盐电站等实验性示范项目，以及中广德令哈 50 兆瓦槽式电站。陆续开始动工建设的商业化示范项目包括：首航节能敦煌 100 兆瓦塔式电站、中控太阳能德令哈 50 兆瓦电站，中尚明德玉门东镇导热油槽式太阳能示范项目的 50 兆瓦槽式等。总体来讲，与国外光热发电技术在材料、设计、工艺及理论方面长达 50 多年的研究相比，我国太阳能光热发电起步相对较晚，虽然我国在太阳能热发电领域已取得一定成果，但大多都是国家牵头的示范实验项目，距离产业化仍有一定差距。另外，由于缺乏大型太阳能热发电技术工程实践和规模化并网发电项目的支持，我国太阳能热发电的产业基础还比较薄弱。我国太阳能热发电发展还存在材料制备和生产水平不高，重大装备的设计与制造能力不足以及大规模太阳能热发电站设计集成和系统优化经验不足等问题。

2.2.3　我国太阳能光热利用产业发展的现状

2.2.3.1　太阳能热利用的主要原理

太阳能热利用主要是指利用光热转换材料将太阳辐射转换为热能，产生的热能可应用于采暖、干燥、蒸馏、烹饪以及工农业生产的各个领域，并可进行空调制冷、热解制氢等。根据太阳能热利用系统可达到的工作温度，可分为太阳能低温热利用（<100℃）、太阳能中温热利用（100~250℃）和太阳能高温热利用（>250℃）三大类型。按照应用领域，则可分为太阳能热水、供热采暖、制冷空调、太阳能干燥、太阳灶、太阳能蒸馏、太阳能热发电等技术类型。当前，技术成熟的、广泛应用的太阳能热利用方式有太阳能热水器、太阳能热发电、太阳灶及太阳房等，其中，以太阳能热水器的应用最为广泛。我国太阳能热水器的生产和应用始于 20 世纪 70 年代后期，经过几十年的发展，我国已成为世界上最大的热水器生产和消费的国家。

2.2.3.2　我国太阳能热利用的基本现状

截至 2016 年底，我国太阳能热利用集热器面积保有量达到 324.52 吉瓦（约为 4.64 亿平方米），同比增长 4.9%，年节约标准煤能力已达 5 亿吨，相当于节电 1 399 吉瓦时。从年新增长率来看，2011 年的年新增长率为 17.6%，但受产业结构调整和相关激励政策退出的持续性影响，2012 年下降到 7.6%，2013 年继续下降到 2.6%。2014 年和 2015 年连续两年出现 17% 的负增长之后，2016 年出现 9.2% 的负增长，下降速度正趋于平稳，2016 年的年增长量仅为 3 950 万平方米。从保有量来看，2014 年同比增长 10.4%，2015 年同比增长 6.8%，2016 年同比增长 4.9%，2017 年同比增长 3.1%。保有量增幅连续下降，处于低速增长阶段（见图 2-11）。

如表 2-8 所示，截至 2016 年底，我国太阳能集热系统零售市场占比 32%，比重继续下降，工程市场占比 68%。继 2015 年超过零售市场后，比重继续上升，工程市场 2014 年上半年占 38%，2015 年上半年占 55%，2016 年上半年占 68%。由图 2-12 可以看出，市场结构从零售市场为主向工程市场为主发展表现十分明显，太阳能热利用从户用热水系统向工程领域发展，从生活热水向建筑供暖空调、工农业用热等方向发展。

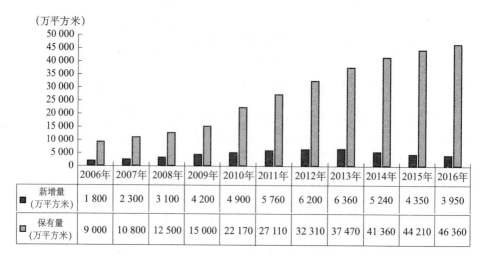

图 2 –11　2006～2016 年我国太阳能热利用产业产量

	2006年	2007年	2008年	2009年	2010年	2011年	2012年	2013年	2014年	2015年	2016年
■ 新增量（万平方米）	1 800	2 300	3 100	4 200	4 900	5 760	6 200	6 360	5 240	4 350	3 950
□ 保有量（万平方米）	9 000	10 800	12 500	15 000	22 170	27 110	32 310	37 470	41 360	44 210	46 360

表 2 –8　　　　　　　　　2016 年全年太阳能集热系统产销量

序号	类别	销量/完成量（万平方米/兆瓦时）	上年同比	占比
1	真空管型集热系统	3 418	下降 9.9%	——
2	平板型集热系统	534	下降 3.1%	——
3	太阳能热利用集热系统	3 952	下降 9.1%	——
4	工程市场	2 689	——	占市场总量 68%
5	零售市场	1 261	——	占市场总量 32%

资料来源：中国新能源产年度报告。

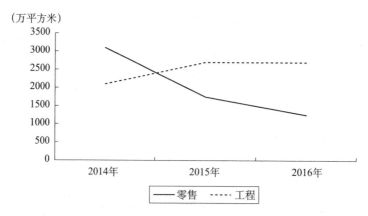

图 2 –12　2014～2016 年太阳能零售市场和工程市场发展

资料来源：中国新能源产年度报告。

2.3 我国太阳能产业发展中的问题

2.3.1 我国太阳能光伏产业发展的问题分析

2.3.1.1 光伏产业弃光问题依然严峻，西北地区尤为严重

2016 年，受"6·30"光伏补贴政策影响，光伏产业纷纷涌入抢装潮，导致当年我国光伏装机量呈现爆发式增长，光伏发电新增装机容量一度达到 34.54 吉瓦，分布式光伏电站新增容量增长率更是超过 200%。然而，受电力消纳市场和生产市场错位，电力系统发展滞后导致的并网问题和电力远距离输送困难等问题的影响，我国太阳能光伏发电一直存在着弃光问题，西北地区最为严重。截止到 2016 年，西北地区弃光电量达到 32.8 亿千瓦时，弃光率 19.7%。其中，新疆、甘肃光伏发电运行较为困难，弃光率分别为 32.4% 和 32.1%。2017 年一季度，新疆弃光率甚至一度达到 52%。整个 2016 年，西部地区平均弃光率达到 20%。造成这种情况的有如下几个原因，一是我国的传统电力管理运行一直以来都是在严密的统一计划安排之下，各部门只需要按计划具体执行就好，而光伏发电由于天气变化发电的稳定性差，这会造成电力体制的不适应。二是西部地区由于土地面积宽广，太阳资源丰富，使得很多的光伏电站都选址于此，每天发电量巨大，但是我国西部地区工业基础较差，电力消化能力有限，需要向其他地区销售，然而，我国的电力消纳市场大部分都在东南部，消纳地和供应地产生错位。三是我国的电力系统建设滞后，光伏发电并网难问题明显。这一系列的原因使得光伏发电在西部弃光现象尤为严重。弃光问题造成了我国在经济方面的巨大损失，仅 2016 年，西北五省区的弃光电量就接近法国 2015 年全年的太阳能发电量，造成的环境和健康损失将近 12 亿元人民币，光伏发电企业的经济损失达 56 亿元人民币。由此可见，我国光伏弃电问题解决迫在眉睫。

2.3.1.2 产业结构矛盾突出，有效产能不足

我国光伏市场起步较晚，成长空间广大，中游组件部分企业较少，利润丰

厚，结合当时国际光伏市场需求旺盛的情况。一批一批的公司与大量的资本开始疯狂涌入这个行业，这批企业大多工艺技术积累不足，分布在光伏产业链的底端，这使得整个产业链的企业分布极度不合理。据统计，我国从多晶硅的生产到光伏组件的光伏制造企业总数已超千家，其中，组件企业数量约占 2/3，光伏组件建成产能达 70 吉瓦以上，2016 年，平均产能利用率不足 50%，半数以上组件生产企业仍陷于亏损状态。另外，2016 年，我国市场多晶硅需求量超过 33.4 万吨，除自产外仍进口 13.6 万吨；组件需求量超过 31.4 吉瓦，产量也无法满足需求，且满足工信部《光伏制造行业规范条件》相关技术要求的产品数量占比更少。总体而言，光伏行业阶段性产能过剩仍然严重，且主要为生产链底端产能过剩。导致产能过剩的主要原因是组件环节技术集中度低、设备折旧慢，通过市场自发淘汰难度较高。

2.3.1.3 技术创新受限，关键工艺与国外先进水平差距较大

随着近几十年我国工业化实践经验的积累，我国的工业制造和技术学习能力快速提升，在光伏产业中，如同我国多数传统产业发展的方式一样，光伏产业关键技术发展延续了"引进"加"国产化"的老路，集中体现通过国外设备和工艺的引进，在应用过程中不断地消化和吸收，快速形成自己独具特色的生产工艺，使得我国部分光伏产业在产品质量、性能上几乎可以和国际水平持平，如通威太阳能、保定英利等。但是，我国在丝网印刷机、高纯银浆等关键设备和材料仍高度依赖进口，国内电池制造环节丝网印刷机约七成为意大利 Baccini 公司生产，而杜邦等国外公司对我国部分光伏辅料也进行垄断。与此同时，作为现代工业基础的半导体物理学、材料化学等基础科研与产业技术创新严重脱节，技术改造成为企业提高技术水平的主要途径。光伏制造业是推动光伏产业技术革新、降低光伏发电成本的核心环节，但目前，我国光伏相关政策及资金扶持等仍偏重于下游应用环节，对上游制造业支持不足，对产业发展推动作用有限。国内光伏应用政策繁多，中央、地方多种补贴政策冗乱、不成体系，在对光伏发电集中补贴的同时，忽略了上游制造业作为技术创新和推动成本下降的核心地位。与此同时，具前瞻性和开创性的基础科学及方法论发展不足，政府及企业均不愿对长期研究项目大量投入。短视行为及基础薄弱导致

我国的光伏产业在技术层面一直都难赶上国外步伐。目前，晶硅组件在我国光伏产品产量中占比超过 99%，大规模产业化转换效率（多晶平均 16%，单晶平均 17%）远低于 SunPower 等技术领先企业水平（单晶平均约 22.5%），同时，薄膜、异质结等其他技术路线发展不利，过大的技术单一性致使产业发展风险剧增，我国的光伏产业创新还有很长的路要走。

2.3.1.4　原料和市场两头在外的格局仍在，产业风险较大

我国光伏产业链条一直都存在发展不协调的问题，上游多晶硅制造业的产能产量一直都在快速增长。然而，由于高纯度多晶硅产业存在很高的技术壁垒，国外的光伏巨头一直都是垄断的，并且国外的多晶硅制造业有几十年的技术积累和改进经验，我国的多晶硅相比起来技术水平明显不足，因此，生产出的多晶硅成本明显偏高，使得我国的光伏市场看似产能高，实际的有效产能偏低，无法满足我国的光伏市场需求，因此，这也解释了为何我国的多晶硅进口量一直居高不下，并以 15% 左右的增长率在增长。截至 2016 年，我国的多晶硅需求量为 33.5 万吨，国内产量仅为 19.4 万吨，进口量高达 14.1 万吨。在光伏产业的下游，我国是世界上最大的光伏产品生产国，但受产品价格和市场空间的限制，加上我国广大公众的消费习惯还没有对太阳能光伏产品消费形成推动力。国内太阳能光伏产品的终端需求十分有限，成为我国光伏产业发展的需求侧瓶颈。这也逼迫我国太阳能光伏产品大量的出口成为典型的出口导向性产业。在整个太阳能产业链上，我国太阳能企业两头在外（上游硅原料生产在国外，下游光伏发电市场在国外，而我国的光伏产业主要集中在中游组件部分，属于劳动密集型产业），一旦上下游波动，中间环节容易受到挤压，出现多晶硅原材料高价进口、产成品出口价格受制于国外的不良局面。例如，2011 年，欧洲各国受欧债危机的影响，纷纷大幅缩减光伏产业补贴额度，与此同时，美国基于金融危机以来经济不景气和中美贸易中的长期逆差等原因，开始展开对我国光伏电池和组件的"双反"调查（如表 2-9、表 2-10 所示），由于欧盟和美国在这之前一直都是国际光伏市场的主要需求国，是我国光伏产品的主要出口对象，向二者的出口占比一度高达 70% 以上。随着欧美因"双反"对我国光伏产品征收高额进口关税，我国的光伏产品成本优势逐渐丧失，出口

数量大幅下降。

表 2 - 9　　　　　　　　　欧盟对华光伏"双反"调查时间表

2012 年 9 月 6 日	欧盟对原产于或托运自中国的晶体硅光伏组件及关键零部件进行反倾销立案调查
2012 年 11 月 8 日	欧盟对原产于或托运自中国的晶体硅光伏组件及关键零部件进行反补贴立案调查
2013 年 12 月 5 日	欧盟委员会对该案作出反倾销和反补贴案终裁
2015 年 12 月 5 日	欧盟发起该双反案日落复审及部分期中复审调查
2017 年 3 月 3 日	欧盟对华光伏双反日落复审终裁：延长实施 18 个月

资料来源：北极星太阳能光伏网。

表 2 - 10　　　　　　　美国对华太阳能电池"双反"初裁结果　　　　　　单位:%

裁定对象	反倾销税	反补贴税	合计
无锡尚德	31. 22	2. 9	34. 12
常州天合	31. 14	4. 73	35. 87
英利、阿斯特、晶澳等 59 家中国公司	31. 18	3. 59	34. 77
其他所有采用中国制造光伏电池的中国公司	249. 96	3. 59	253. 56

资料来源：美国商务部。

2.3.1.5　行业融资难，政策联动落实不足

早期的光伏产业因进入光伏市场的企业少，行业利润较丰厚，一大批的资金涌入，光伏企业仅靠客户预付款和自有资金就可以周转。2004 ~ 2009 年，在政府各种政策优惠扶持下的诸如尚德、英利、赛维纷纷到海外上市获得大量的股权融资，光伏企业一时成为银行首选贷款对象，企业轻易就能获得短期的流动性贷款。但 2009 年后，受"双反"政策与产能过剩的影响，光伏企业的毛利不断下降，甚至本国企业自己在国外打起了价格战，行业陷入低价的恶性竞争，光伏企业的经营开始变得困难起来。同年，银行业为降低自身风险开始对光伏企业抽贷，2010 年，央行也对光伏产业进行了风险提示，银行业融资渠道的受限使得资产负债率已经很高的光伏企业融资更加困难。到了 2011 年，光伏产业的情况愈加艰难，中游企业进入洗牌阶段，老一代的行业龙头如无锡尚德、江西赛维等相继破产，不少银行在这些大型光伏企业的破产重组中损失高达几十亿，金融机构纷纷大幅降低对光伏企业的贷款额度，甚至不对其提供贷款。2012 年后，我国光伏产业上游的硅原料市场，中游的组件市场，下游光伏电站都迅速地稳定发展，为投资者注入了信心，随着光伏行业整合深化以

及电价补贴政策的不断落实，融资情况得到改善。但是，光伏产业资金需求量大，资金需求时间长，加受前期光伏产业贷款坏账影响，金融机构对光伏制造业授信整体压缩状况未根本改善，企业很难获得金融机构的融资支持，或者要担负6%以上甚至超过10%的贷款利率。融资难、融资贵制约了光伏企业研发投入、技术改造和产业转型升级。与此同时，光伏行业管理涉及投资、财政、产业、能源等多个部门，部门利益冲突，特别是对行业管理职能的争夺，在有关政策制定及实施中已有显现，严重影响了政策联动性及实施效率。各地对于光伏制造项目的备案、环评、环保、竣工验收等工作的管理缺乏统一标准，行业规范与投资备案、财政税收、电站建设、补贴发放等政策尚未形成联动，各方政策实施效果均未得到体现。此外，部分地方主管部门不以行业发展全局及当地工商业基本情况为行业管理出发点，单纯考虑税收、就业等政绩，推动当地企业扩大产能规模，或要求电站建设方注册成立当地企业，阻碍了全国统一市场的形成。

2.3.1.6 应用体系不健全，光伏产业配套体系薄弱

《2012—2017年中国太阳能光伏发电行业市场供需与投资前景预测深度研究报告》数据显示，目前，我国光伏电站建设仍以集中式电站为主，2016年，新增装机中集中式电站占比超过87.75%，分布式应用推广受阻。特别是目前采用的光伏电站路条审批、分省区配额等制度带有较强的计划经济性质，不利于形成全国统一市场。与此同时，国际上对于光伏应用的市场化推广已成熟，而我国部分地区还在通过示范项目加以推广。适合我国实际情况的光伏应用商业模式仍未建立，国网对于光伏系统的入网检测形成实际垄断，电站不能及时并网、电价补贴发放滞后等问题尚未得到缓解，以上问题都制约了国内光伏市场的进一步发展。与此同时，虽然现有光伏标准体系在电池及组件环节布局相对完善，但在产业链其他环节仍有大量标准缺失。不到200项的现有标准中，超过半数为老旧标准，对于国际上严格限制的氢氟酸（HF）等危险化学品的保存、运输、使用、处理等标准及相关管理工作仍有较大欠缺。标准化工作对产业的引导规范作用尚未显现，更未得到决策层应有的重视。同时，检测平台建设加速开展，但落后于行业发展需要，国家级产品及应用检测服务平台数量

有限。此外，各界对于标准、检测、认证是标准化工作 3 个独立环节的认识尚不清晰，有关部门及部分业内机构将检测、认证混为一谈，不但有失政策专业性，也阻碍了相关标准化机制的健全。

2.3.2 我国太阳能光热发电产业发展中存在的问题分析

2.3.2.1 市场应用基础条件薄弱，太阳能热发电技术研发不足

目前，我国热发电的重要应用地区西南和"三北"地区仅 8 个气象站点记录多年的太阳直接数据，已开展的场址调查更多的是基于土地、并网条件的调查，这不利于研究人员对于太阳能热发电的应用评估。另外，我国目前还没有设计部门完成过一个完整的太阳能热发电站设计，然而，设计方法、设备可靠性、运行方法均要有实践的过程，经验的总结，当前我国二者缺乏是对国内商业化热发电站建设的巨大挑战。与此同时，由于科技部未启动可再生能源专项，2016 年，全行业投入研发资金比 2015 年"十二五"末期大大减少。尽管通过 863 计划、973 计划、国家自然科学基金以及国家中小企业创新基金等课题对太阳能热发电技术研发提供支持，但我国在关键零部件研发和生产、电站设计、系统集成、电站运行维护、装备制造等环节都缺乏技术支撑。总的来讲，我国的太阳能热发电的科研投入和产业化投入目前处于起步阶段，技术转移和中试的资金不足导致前期推动力度不大，行业发展速度受阻。

2.3.2.2 经验丰富的工程技术人员短缺，产业服务体系不健全

我国太阳能热发电的发展质量和速度很大程度取决于从业技术人员的技术能力。虽然我国在太阳能热发电的聚热吸光、材料制作、储热、发电、系统控制等环节储备了一批技术人才，但距离商业化人才要求还是相差甚远。与此同时，由于缺乏商业化的电站建设和运营经验，且光热发电技术路径又多样，因此，目前国内在太阳能热发电建设相关技术标准和规范制定方面处于空白阶段，对关键设备和产品缺乏检测手段和能力，无法验证我国电站系统集成技术和相关产品可靠性，缺乏对国内产业发展的支持。

2.3.3　我国太阳能热利用产业发展的问题分析

2.3.3.1　产业服务体系不完善，产业制造水平和质量监控需提高

我国的太阳能热利用经过 20 年的发展，包括产业标准方面、检测方面、认证反面、人才培养方面的产业服务体系已基本建立，但标准体系还需要完善和提高，检测能力还需要进一步加强，有效认证性尚需进一步提升，研发和技能型人才短缺问题依然突出，整个产业服务体系尚需进一步完善，以此来支撑整个行业的进步。在产业制造方面，我国的太阳能热利用虽已拥有了完整的产业链条，但相比于外国，整个行业起步较晚，准入门槛底，产业集中度不高，在制造装备、产品质量、产品档次、管理水平等方面都有一定的差距，生产自动化水平需进一步提高，生产过程中的产品质量监控也需要进一步加强。

2.3.3.2　热利用应用市场遭遇瓶颈，市场增长乏力

正如之前在太阳能热利用现状中描述的，虽然我国热利用产业集热面积保有量逐年递增，但新增产量从 2014 年开始一直处于负增长，负增长一度达到 17%，这在一定程度上说明了以太阳能热水利用为主的太阳能热利用应用市场已经进入瓶颈期，太阳能热利用应逐渐改变只提供热水的局面，在太阳能供暖和制冷及太阳能工农业方面发挥更大的能源替代作用，拓宽太阳能热利用的市场空间。

第3章　风能产业发展的现状及面临的问题

3.1　我国风电产业的历史沿革及启示

3.1.1　我国风电产业的历史沿革

风能作为一种可再生的清洁能源，在古代就已经被人们熟知且利用。早期对风能的运用主要集中在风力驱船、驱车以及承重起重等。20 世纪两次工业革命的发生，极大地促进了科技的进步，但对环境也造成了负面影响，这就使得风能这一新能源再次进入人们的视野中，各国的风电产业也都进入了迅速发展的时期。

我国现代的风电行业始于 20 世纪 80 年代，1978 年，钱学森曾致信科技部副部长，提出我国应成立风能研究课题组，进行专门研究工作，由此，我国风力发电实验逐渐兴起。如今，中国现代风电行业发展已 30 余年，其中，以几次重大制度变革和政策实施为契机，历经萌芽、波折、高峰和平稳等发展阶段，是众多新能源产业中发展较完善、较为典型的行业。回顾风电行业的发展历史和发展中的重要节点，不仅有助于确立风电未来的发展方向，同时，对于其他仍处于不同发展阶段的新能源产业也具有重要借鉴意义。

3.1.1.1　风电行业在起步阶段经历低谷（1980～1994 年）

1986 年 5 月，我国首个示范性风电场在山东荣成马兰湾并网发电成功，这标志着我国风电行业进入并网发电阶段。同时，国内许多风场开始进行规模装机，引进国外先进的风电机组，学习国外相对成熟的风电技术，并在此基础上自主创新。虽然在 20 世纪 80 年代末风电行业形成了一定发展势头，但截至 1993 年底，我国风电并网容量仅为 9.7 兆瓦，与当时几百兆瓦的火电机组的发电量相去甚远。

造成风电并网总容量低的主要原因是风电上网电价长期与火电维持在同一水平，相比发展较早、技术也较成熟的火电厂，风电企业各方面成本会更高，发电机效率也无法超过火电厂，这导致风电行业的企业竞争力大大下降，不得不减缓风电机组建设。以 1991 年新疆达坂城风电场为例，当时，风电并网价格只有 0.057 元，全年电费收入仅 20 万元，甚至无法抵扣设备的折旧费用。1991～1993 年，像新疆达坂城风电场一样连年亏损的企业不在少数，资金与人才不断流出风电行业，风电行业在起步阶段就遭遇了低谷。

3.1.1.2　风电产业在政策补贴的助力下回暖（1994～2002 年）

1994 年 4 月 10 日，电力工业部发布《风力发电场并网运行管理规定（试行）》，其中第 7 条规定："风电场上网电价按发电成本加还本付息、合理利润的原则确定"及"高于电网平均电价部分，其价差采取均摊方式，由全网共同负担，电力公司统一收购处理"。这一政策首次打破了风电产业与传统煤电产业"同台竞技"的格局，扭转了风电在电价竞争中的劣势位置。这一政策在一定程度上解决了风电上网电价低的核心问题，对风电企业的激励与补贴效果十分明显。规定出台当年，我国风电场并网容量为 22.6 兆瓦，相较之前一年的 9.7 兆瓦，增幅达到了 133%。

1995 年 1 月 5 日，国务院出台《新能源和可再生能源发展纲要》（1996～2010 年），制定了新能源和可再生能源发展在未来 15 年中的总目标："提高转换效率，降低生产成本，增大在能源结构中所占比例。新技术、新工艺有大的突破，国内外已成熟的技术要实现大规模、现代化生产，形成比较完善的生产体系和服务体系。"要求"其中一些成熟的使用技术，要尽快形成产业，扩大应用，进入市场"。新能源行业发展再次受到关注，其中，风能产业因发展较早，技术更为成熟，得到了更为广泛的关注。

1996 年，国家经贸委实施加强技术改造的"双加"工程，为风电场建设及风电技术研发提供贴息贷款，新疆达坂城风电二场、辉腾锡勒风电场和张北风电场得到重点改造,增加风电装机容量。同时,原国家计委推出"乘风计划",要求"技贸结合",风电机制造商、风电场运营商、建造商等组建合资企业,通过外贸方式引进并消化国外先进风能技术。在政府补贴扶持政策下,自1996年下半年起,越来越多的风电行业公司开展了外贸协作,积极引进国外先进设备和技术,风电行业的技术积累在低谷后逐渐回暖。

2000年,国家经贸委实施"国债风电"项目(第四批国债专项资金项目),确定了"用户牵头,项目依托,风险共担,效益共享"原则,进一步将积累的风电技术投入生产,开发具有自主知识产权的风力发电设备,形成批量生产能力。这一项目促进了我国风力发电的国产化,很多国产发电设备的批量生产诞生于这个阶段,使风力发电设备制造业具备一定国际竞争力。

3.1.1.3 风电发展逐渐进入高峰期(2003~2015年)

2003年,国家发改委实施"风电特许权"项目,项目每年为一期,由风力资源区所在地政府或其授权公司,在对风力资源初步勘测基础上,划定一块有商业开发价值、可安装适当规模风力发电机组的风力资源区,通过招标选择业主。一般特许经营时间为20年以上,在特许经营期间,业主拥有项目的所有权和经营权,政府承诺收购该项目利用风力发出的所有电能,由所在地电网管理部门与开发商签署期限不短于项目经营期的购电合同,电价由投标报价确定。这一重要项目的实施引入了市场机制,令企业间通过竞争来进一步管理成本,进行技术创新,提高了风电行业的发展效率。尽管在前两期的实施中,承诺以最低上网电价者中标的做法带来了上网电价过低,企业项目亏损的问题,但紧接着在第三期中取消了最低价者中标规定,并将价格因素的权重降为40%,解决了之前"只有电价低才能中标"规则下衍生的问题,吸引了多家企业参与投标。并且在2006年第四期项目中,明确提出要求风电机组制造商与开发商捆绑投标,这一要求的意义在于促进了制造商与开发商的合作,使风电产业的规模效应得以良好体现。同时,风电特许权项目从第二期起便明确要求使用的风电机组国产率不低于70%,这一规定契合了风电厂商们通过成本管理来获得价格优势的思路,更多的风电制造商愿意选择国产零部件进行组装。在内外因素的双重影响下,我国风电设备国产化进程得到了有力推进。

2006年1月1日，《中华人民共和国可再生能源法》正式施行，我国首次对于风电等新能源产业的资源调查与发展规划、产业指导与技术支持、推广与应用、价格管理与费用分担、经济激励及监督措施等事项进行了法律规范。

随着政策和补贴的逐渐细化和逐步落实，公众和企业的视线都聚焦到了新能源行业上，许多投资开始涌入较为成熟的风能产业中，华能、大唐、华电、国电和中电五大发电集团也纷纷开始投资风电项目。以此为契机，我国风电行业发展正式迎来高峰期，从2006年起，每年新增风电装机容量成倍数增长，根据全球风能理事会数据统计，2006年，新增风电装机容量1 347兆瓦，2007年，新增风电装机容量3 304兆瓦，2008年为6 300兆瓦，2009年为13 803兆瓦，2010年为18 928兆瓦。在良性的市场与优厚的政策鼓励下，国内逐渐涌现出一批具有国际竞争力的风电设备制造商。以新疆金风科技公司为例，2011年，金风科技新增装机容量3 600兆瓦，占市场份额的20.4%，名列世界第一位，打破了由国外风电机巨头常年占据市场第一的状态；累计装机容量金风科技名列第二，为12 678.9兆瓦，占市场份额的20.3%；在风电机组生产企业安装及出口情况中，金风科技以2 494台、3 789兆瓦的装机容量位列世界第一。

2008年1月1日，《中华人民共和国企业所得税法》出台，在税收优惠上，其中，第三十一条："创业投资企业从事国家需要重点扶持和鼓励的创业投资，可以按投资额的一定比例抵扣应纳税所得额。"第三十三条："企业综合利用资源，生产符合国家产业政策规定的产品所取得的收入，可以在计算应纳税所得额时减计收入。"第三十四条："企业购置用于环境保护、节能节水、安全生产等专用设备的投资额，可以按一定比例实行税额抵免。"企业所得税法的助力使新能源及环保行业的税收激励政策得到进一步深化和加强。

2009年7月20日，国家发改委出台《关于完善风力发电上网电价政策的通知》。通过分资源区制定陆上风电标杆上网电价，一定程度上改善了电价"一刀切"的现象，同时，继续实行风电价格费用分摊制度，继续实行针对风电的财政补贴政策。

2010年4月1日，《中华人民共和国可再生能源法修正案》施行，其中，第十四条增加两款，作为第一、第二款："国家实行可再生能源发电全额保障性收购制度。国务院能源主管部门会同国家电力监管机构和国务院财政部门，依照全国可再生能源开发利用规划，制定全国可再生能源发电量的年度收购指标和实施计划，确定并公布了对电网企业应达到的全额保障性收购可再生能源发电量的最低限额指标。国家电力监管机构负责监管最低限额指标的实施。"该修改对可再生能源发电实施的全额保障性收购制度进行了明确的规定，并确定电网企业的收购最低限额指标，解决了修订前可再生能源发电并网中存在的问题，这一全额保障性收购制度也作为我国目前新能源行业的基本制度。另一重要修改是将第二十四条修改为："国家设立政府基金性质的可再生能源发展基金。来源包括国家财政年度安排专项资金和征收的可再生能源电价附加等。可再生能源发展基金的管理办法由国务院财政部门会同国务院能源、价格等有关主管部门制定。"这一政策制定进一步规范了可再生能源发展基金的设立和来源等相关问题，确立了目前作为新能源产业基本制度之一的专项基金制度。这两项基本制度的确立，及时解决了新能源企业收入端电价补贴和并网电价收入两大问题，维持了包括风电产业在内的新能源行业的良好发展态势。

2014 年，国家发改委发布《关于海上风电上网电价政策的通知》，规定："对于非招标的海上风电项目，区分潮间带风电和近海风电两种类型确定上网电价。鼓励通过特许权招标等市场竞争方式确定海上风电项目开发业主和上网电价。通过特许权招标确定业主的海上风电项目，其上网电价按照中标价格执行，但不得高于以上规定的同类项目上网电价水平。"海上风电作为一项新技术得到了政府的重视，电价政策和特许权项目的引入促进了海上风电产业的发展。

3.1.1.4 风电发展进行优化，维持平稳增速（2015 年至今）

在政策和补贴的多重扶持下，风电规模化的效果明显，近 10 年风电行业装机量与发电量成倍数增长。但随之而来的弃风电问题也逐渐凸显出来。风电消纳与合理利用问题成为了风电行业前进发展的最大阻碍。仅 2016 年上半年，国家发改委、国家能源局便先后出台了若干政策用以管控弃风限电问题，提高风电的利用率。在我国"十三五"规划中明确指出："虽然可再生能源装机特别是新能源发电装机逐年快速增长，但是各市场主体在可再生能源利用方面的责任和义务不明确，利用效率不高，'重建设、轻利用'的情况较为突出，供给与需求不平衡、不协调，致使可再生能源可持续发展的潜力未能充分挖掘，可再生能源占一次能源消费的比重与先进国家相比仍较低。"并且在发展目标中也明确了可再生能源并网运行和消纳指标。这意味着我国在未来一段时期内将不再只着眼于装机和并网目标，而是要着重解决弃风限电问题，利用政策制度和市场效应解决风电发展中已有的种种问题，保持稳中求进的发展状态。

3.1.2　风电产业发展的启示

纵观风电行业近 30 年的发展历史，可以看到，政策的有效性可以极大地影响风电行业的发展。风电行业发展中的几次波折并非仅仅依赖行业内部的周期性而定，而是同时由外部的政策革新产生的影响共同决定，风电行业中技术的引进及积累，批量生产的完成及市场的激活，都离不开政策的支持。可以说，在能源行业中，新兴能源必须同时依靠技术的突破和政策的扶持才能保持企业的竞争力，与传统能源分享市场。若将风电行业比作无限潜力的"千里马"，那么政府的政策支持就是使"千里马"脱颖而出的"伯乐"。

3.2　我国风能产业的发展现状

3.2.1　我国风能资源概况

我国幅员辽阔，地形复杂海岸线长，拥有丰富的风能资源，并具有巨大的风能发展潜力。根据中国气象局 2018 年数据，我国风密度功率达到 200 瓦/平方米的陆地可开发量为 50 亿千瓦，陆地可开发面积为 158.7 万平方公里；风密度功率达到 300 瓦/平方米的陆地可开发量为 28.9 亿千瓦，陆地可开发面积为 101.4 平方公里。2017 年，全国陆地 70 米高度层年平均风功率密度为

233.9 瓦/平方米。全国陆地 70 米高度层平均风速均值约为 5.5 米/秒。其中，平均风速大于 6 米/秒的地区主要分布在东北大部、华北大部、内蒙古大部、宁夏、陕西北部、甘肃大部等地区及云贵高原等山区。[①]

我国的风能资源分布广泛，其中，较为丰富的地区主要集中在东南沿海及附近岛屿、"三北"（华北、东北、西北）地区以及近海的风能资源，内陆地区因一些特殊地形（湖泊）影响，也存在个别风能丰富点。在《中国风电发展报告 2010》中[②]，将中国富集风能的地区分为四个风能丰富带：

沿海及其岛屿地区风能丰富带：沿海及其岛屿地区包括山东、江苏、上海、浙江、福建、广东、广西和海南等省（市）沿海近 10 千米宽的地带，年风功率密度在 200 瓦/平方米以上，风功率密度线平行于海岸线。

"三北"地区风能丰富带："三北"地区风能丰富带包括东北三省、河北、内蒙古、甘肃、宁夏和新疆等省（自治区）近 200 千米宽的地带。风功率密度在 200～300 瓦/平方米以上，有的可达 500 瓦/平方米以上，如阿拉山口、达坂城、辉腾锡勒、锡林浩特的灰腾梁、承德围场等。

内陆风能丰富区：风功率密度一般 100 瓦/平方米以下。一些特殊地区受湖泊和特殊地形的影响，风能资源也较丰富。

近海风能丰富区：东部沿海水深 5～20 米的海域面积辽阔，但受到航线、港口、养殖等海洋功能区划的限制，近海实际的技术可开发风能资源量远远小于陆上。不过，在江苏、福建、山东和广东等地，近海资源丰富，且距离电荷中心较近。

同时，受季风气候影响，我国风能资源的季节性较为突出，一般春、秋和冬季较为丰富，夏季贫乏，与水资源季节分布相补，大规模发展风力发电可以在一定程度上弥补我国水电冬、春两季枯水期发电电力和电量的不足。

[①] 中国气象局风能太阳能资源中心. 中国风能太阳能资源年景公报（2017）[EB/OL], 2018 - 1 - 25.

[②] 李俊峰，施鹏飞，高虎. 中国风电发展报告 2010 [M]. 海口：海南出版社，2010.

3.2.2 我国风能产业发展的基础

新能源行业已经被各国政府和公众重视，其中，风电产业发展较早，技术较为成熟，是当下应用规模最大的新能源行业，发展风电已成为许多国家推进能源转型的核心内容和应对气候变化的重要途径，我国的风电发展也已经超过 30 年，历经了萌芽、发展、低谷和高峰的发展过程，我国目前风电产业发展较为平稳，并成为全球风力发电规模最大、增长最快的市场。

作为新能源中"不稳定性"较大的风能，其发电并网能力是决定一国风电行业发展步伐的重要指标。从 2005 年至今，我国一直在着力解决"风电并网难，消纳难，弃风率高"这一问题，并通过政策、经济等多方面刺激风电行业保持稳定较快的增长。

根据国家能源局近 5 年数据统计（见表 3-1），2013 年，全国新增风电并网容量 1 449 万千瓦，累计并网容量 7 716 万千瓦，同比增长 23%。年发电量 1 349 亿千瓦时，同比增长 34%。风电利用小时数达到 2 074 小时，同比提高 184 小时。平均弃风率 11%，比 2012 年降低 6%。全国新增核准容量 3 069 万千瓦，累计核准容量 1.37 亿千瓦，累计在建容量 6 023 万千瓦。[①]

表 3-1   我国 2013～2017 年风电并网运行数据统计

年份	新增并网容量（万千瓦）	累计并网容量（万千瓦）	弃风电量（亿千瓦时）	弃风率（%）	利用小时数
2013	1 449	7 716	162.31	10.74	2 074
2014	1 981.3	9 637.09		8	1 893
2015	3 297	12 934	339	15	1 728
2016	1 930	14 864	497		1 742
2017	1 503	16 367	419	12	1 948

资料来源：国家能源局。

2014 年，全国来风情况普遍偏小，全国陆地 70 米高度年平均风速约为 5.5 米/秒，比往年小 8%～12%。受此影响，2014 年，全国风电平均利用小时数 1 893 小时，同比下降 181 小时。但风电行业仍旧维持较好发展势头，全

[①] 国家能源局 . 2013 年风电产业继续保持平稳较快发展势头［EB/OL］，2014-3-6.

年风电新增装机容量 1 981 万千瓦，累计并网装机容量达到 9 637 万千瓦，占全部发电装机容量的 7%，占全球风电装机的 27%。2014 年，风电上网电量 1 534 亿千瓦时，占全部发电量的 2.78%。2014 年，弃风限电情况好转，全国风电平均弃风率 8%，同比下降 4%，弃风率达近年来最低值。①

2015 年，全年风电新增装机容量 3 297 万千瓦，新增装机容量创历史新高，累计并网装机容量达到 1.29 亿千瓦，占全部发电装机容量的 8.6%。风电发电量 1 863 亿千瓦时，占全部发电量的 3.3%。新增风电核准容量 4 300 万千瓦，同比增加 700 万千瓦，累计核准容量 2.16 亿千瓦，累计核准在建容量 8 707 万千瓦。风电弃风限电形势加剧，全年弃风电量 339 亿千瓦时，同比增加 213 亿千瓦时，平均弃风率 15%，同比增加 7%，其中，弃风较重的地区是内蒙古（弃风电量 91 亿千瓦时、弃风率 18%）、甘肃（弃风电量 82 亿千瓦时、弃风率 39%）、新疆（弃风电量 71 亿千瓦时、弃风率 32%）、吉林（弃风电量 27 亿千瓦时、弃风率 32%）。②

2016 年，全年新增风电装机 1 930 万千瓦，累计并网装机容量达到 1.49 亿千瓦，占全部发电装机容量的 9%，风电发电量 2 410 亿千瓦时，占全部发电量的 4%。全国风电平均利用小时数 1 742 小时，同比增加 14 小时，全年弃风电量 497 亿千瓦时。全国新增并网容量较多的地区是云南（325 万千瓦）、河北（166 万千瓦）、江苏（149 万千瓦）、内蒙古（132 万千瓦）和宁夏（120 万千瓦），风电平均利用小时数较高的地区是福建（2 503 小时）、广西（2 365 小时）、四川（2 247 小时）和云南（2 223 小时）。全国弃风较为严重的地区是甘肃（弃风率 43%、弃风电量 104 亿千瓦时）、新疆（弃风率 38%、弃风电量 137 亿千瓦时）、吉林（弃风率 30%、弃风电量 29 亿千瓦时）和内蒙古（弃风率 21%、弃风电量 124 亿千瓦时）。③

2017 年，新增并网风电装机 1 503 万千瓦，累计并网装机容量达到 1.64 亿千瓦，占全部发电装机容量的 9.2%。风电年发电量 3 057 亿千瓦时，占全部发电量的 4.8%，比重比 2016 年提高 0.7%。全国风电平均利用小时数 1 948

---

① 国家能源局 2014 年风电产业监测情况 [EB/OL]，2015 - 2 - 12.
② 国家能源局 2015 年风电产业发展情况 [EB/OL]，2016 - 2 - 2.
③ 国家能源局 2015 年风电产业发展情况 [EB/OL]，2016 - 2 - 2.

小时，同比增加 203 小时。全年弃风电量 419 亿千瓦时，同比减少 78 亿千瓦时，平均弃风率 12%，弃风限电形势好转。全国风电平均利用小时数较高的地区是福建（2 756 小时）、云南（2 484 小时）、四川（2 353 小时）和上海（2 337 小时）。弃风现象较为严重地区是甘肃（弃风率 33%、弃风电量 92 亿千瓦时）、新疆（弃风率 29%、弃风电量 133 亿千瓦时）、吉林（弃风率 21%、弃风电量 23 亿千瓦时）、内蒙古（弃风率 15%、弃风电量 95 亿千瓦时）和黑龙江（弃风率 14%、弃风电量 18 亿千瓦时）。①

我国目前弃风限电现象主要集中在"三北"地区，主要原因是其地理特征独特，较早开展大规模的风电场建设，设备增加快，发电效率高。但是，本地消纳能力不足，而配套电网设施的建设一般落后于风电场建设，在本地消纳电荷能力不足的情况下，想通过风电上网将电量输送到用电负荷较大的东南地区也存在困难，因此，"三北"地区弃风率较高。相对地，在风电平均利用小时数上，东南地区因其消纳电荷的能力较强，基本不存在无法消纳的情况，大部分位于东南地区的省市不用担心弃风电问题，其风电平均利用小时数也因此上升。

在过去 10 年间，我国根据风电行业发展现状与国情，开创了风电发展的新模式。如在"十一五"期间采取的"大规模集中开发模式"，集中资源，使风能机组的制造商与风电场开发商紧密合作，迅速加大风电产业的规模化效应，使风电场建设迅速并且高质量地完成，风电机组的技术也在短时间内出现突破，完成了大型风力发电机的跨越式进步。在"十二五"期间采取的"规模化与分布式共同结合的开发模式"，由于之前采用的大规模集中开发模式，虽然出现大型电场，但都集中在风能资源较为丰富的"三北"地区，虽然可以提高效率利于发展，但"三北"地区远离我国东南部电力高消费区域，对电力并网要求较高，当时，我国电网建设尚且无法完全匹配，导致大量弃风电产生，为从根本解决这一问题，国家能源局提出新的风电发展模式："大型风电基地建设为中心，规模化和分布式发展相结合"，在继续规模化的发展同时，在东南部风能较贫乏地区尝试建立低风速风电场，进行分散式开发，避免

---

① 国家能源局.2017 年风电并网运行情况［EB/OL］，2018 - 2 - 1.

风电场的过于集中对电网造成的压力，并就近为东部电力负荷较大的地区供电，缓解电网输配电压力。

国家能源局于 2016 年 11 月发布了风电发展的"十三五"规划①，总结了"十二五"期间风电发展的实践情况，主要有以下三点：

其一，风电成为我国新增电力装机的重要组成部分。"十二五"期间，我国风电新增装机容量连续 5 年领跑全球，累计新增 9 800 万千瓦，占同期全国新增装机总量的 18%，在电源结构中的比重逐年提高。中东部和南方地区的风电开发建设取得积极成效。到 2015 年底，全国风电并网装机达到 1.29 亿千瓦，年发电量 1 863 亿千瓦时，占全国总发电量的 3.3%，比 2010 年提高 2.1%。风电已成为我国继煤电、水电之后的第三大电源。

其二，产业技术水平显著提升。风电全产业链基本实现国产化，产业集中度不断提高，多家企业跻身全球前 10 名。风电设备的技术水平和可靠性不断提高，基本达到世界先进水平，在满足国内市场的同时出口到 28 个国家和地区。风电机组高海拔、低温、冰冻等特殊环境的适应性和并网友好性显著提升，低风速风电开发的技术经济性明显增强，全国风电技术可开发资源量大幅增加。

其三，行业管理和政策体系逐步完善。"十二五"期间，我国基本建立了较为完善的促进风电产业发展的行业管理和政策体系，出台了风电项目开发、建设、并网、运行管理及信息监管等各关键环节的管理规定和技术要求，简化了风电开发建设管理流程，完善了风电技术标准体系，开展了风电设备整机及关键零部件型式认证，建立了风电产业信息监测和评价体系，基本形成了规范、公平、完善的风电行业政策环境，保障了风电产业的持续健康发展。

总的来说，我国风电行业在过去数十年间打下了良好的发展基础，维持着良好的发展势头。在未来的 5 年间，我国风电产业的发展将立足于过去发展的成果，践行"十三五"规划的基本原则：坚持消纳优先，加强就地利用；坚持推进改革，完善体制机制；坚持创新发展，推动技术进步；坚持市场导向，促进优胜劣汰；坚持开放合作，开拓国际市场。这既是我国风电行业发展的基

---

① 国家能源局. 风电发展"十三五"规划 [EB/OL]，2016 - 11 - 29.

础，也是未来发展中的目标。

3.2.3 我国风电机装机状况

3.2.3.1 我国风电机装机情况总览

据全球风能理事会的数据统计，截至 2006 年 12 月 31 日，我国累计风电装机总容量 2 604 兆瓦，截至 2017 年 12 月 31 日，我国累计风电装机总容量 188 232 兆瓦，年复合增长率达到 47.57%，全球累计风电装机总容量的占比从 2006 年的 3.5% 上升至 2017 年的 35%。2010 年，我国累计风电装机总容量达到 44 733 兆瓦，从 2008 年的第四位，2009 年的第二位，上升至 2010 年第一位，并且 2010～2017 年连续 8 年始终维持全球累计风电装机总容量第一位。

截至 2017 年 12 月 31 日，我国全年新增风电装机容量 19 500 兆瓦，占全球新增风电装机容量的 37%，2013～2017 年连续 5 年保持全球第一位，远高于世界平均新增风电装机容量水平，具体数据如表 3 - 2 所示。

表 3 - 2　　　　2006～2017 年我国新增风电装机容量年度数据及年增长率

年份	新增风电装机容量（兆瓦）	年增长率（%）
2006	1 347	
2007	3 304	145.29
2008	6 300	90.68
2009	13 803	119.10
2010	18 928	37.13
2011	17 631	- 6.85
2012	12 960	- 26.49
2013	16 088	24.14
2014	23 196	44.18
2015	30 753	32.58
2016	23 370	- 24.01
2017	19 500	- 16.56

数据来源：CWEA。

根据中国可再生能源学会风能专业委员会（CWEA）各省市新增风电装机容量数据[①]，2016 年，新疆和内蒙古两地区分别以 277 万千瓦和 239.6 万千瓦

---

① 中国可再生能源学会风能专业委员会. 中国风电装机容量统计 ［EB/OL］，2016.

继续领跑全国。云南（195.5万千瓦）、河北（167.5万千瓦）、山东（162.5万千瓦）、山西（145.5万千瓦）、江苏（120万千瓦）和陕西（111万千瓦）位于新增风电装机容量超过100万千瓦的第二批队，另外，河南、湖北、江西、湖南、贵州、广西、四川和青海2016年新增装机容量也超过了50万千瓦。

在区域数据方面，2016年，我国六大区域的风电新增装机容量所占比例分别为西北地区（26%）、华北（24%）、华东（20%）、西南（14%）、中南（13%）、东北（3%）。与2015年数据相比[①]，东北地区新增风电装机容量较之前几年有所下降，处于近5年最低值，占比由6%下降至3%；中南和华东地区新增风电装机容量逐年稳步上升，中南地区占比由9%上升至13%，华东地区占比由13%上升至20%；华北地区新增风电装机容量略有下降，但基本与往年持平，占比由20%上升至24%；西南地区新增风电装机容量略有上升，基本与前一年持平，占比维持在14%；西北地区经历2015年新增风电装机容量的高峰后，转移行业重心在解决弃风电问题上，降低了风电装机规模和速度。与2015年相比，新增风电装机容量下降接近一半，占比由38%下降至26%，但数值上仍旧高于其他地区的新增风电装机容量。

截至2016年12月31日，根据累计风电装机容量数据统计，"三北"地区风电装机容量远高于其他区域，其中，内蒙古为唯一一个累计风电装机容量超过2500万千瓦的地区，新疆（1902.1万千瓦）、甘肃（1306.7万千瓦）、河北（1270.5万千瓦）和山东（1118.5万千瓦）累计风电装机容量超过1000万千瓦。我国东南部地区累计风电装机容量平均值为230万千瓦左右。

"三北"地区的风电装机容量增幅放缓在计划之内，近年，我国平均弃风率居高不下，虽在2015年弃风率达到15%的高峰之后有所控制，但依旧在10%上下，远高于欧美国家3%的指标。而"三北"地区由于远离东南部电力负荷区域，本地消纳也远远不够，近年来一直是弃风限电问题的"重灾区"，为此，国家能源局也多次发出"红色警告"，在弃风限电问题得到妥善解决之前，"三北"地区新增风电装机容量必定会大幅下降并维持较低增速。相对

---

① 中国可再生能源学会风能专业委员会.中国风电装机容量统计［EB/OL］，2015.

的，东南部地区的风电建设已全面启动，虽受地理条件限制目前部分地区只能建设低速风电场，但由于靠近电力负荷中心，可以很好地解决消纳问题，所以未来几年中，东南部地区的风电建设都将维持稳定增速。

在海上风电装机方面，上文已论述我国存在沿海及其岛屿地区和近海地区两大风能丰富带，但因为受地理因素、人文因素和科技因素制约，未能大规模开发。近5年这一情况有所改变，山东、江苏、上海、浙江、福建、广东等临海省市均开始着力开发近海风电装机技术，2016年，中国海上风电新增装机154台，容量达到59万千瓦，同比增长64%，累计海上风电装机容量达到162.7万千瓦。位于东南沿海的海上风电场也与东南部地区的低速风电场一样接近我国东南部地区的电力负荷较大地区，不存在消纳难的问题，在未来一段时间内，海上风电技术的发展和海上风电场的建设将是风电行业发展的核心之一。

3.2.3.2　我国风电机组机型统计情况

目前，我国发电机制造技术已经较为成熟，对于1.5兆瓦、2兆瓦、4兆瓦及6兆瓦等大型发电机已经可以完成制造到装机的过程。根据中国可再生能源学会风能专业委员会对于我国风电机组机型统计数据，2016年，我国新增装机的风电机组平均功率1 955千瓦，与2015年的1 837千瓦相比，增长6.4%。累计装机的风电机组平均功率为1 608千瓦，同比增长2.9%。

如图3-1所示，新增风电机组中，2兆瓦风电机组装机占全国新增装机容量的60.9%，与2015年相比，2兆瓦机组所占市场份额上升11%，1.5兆瓦机组的市场份额下降了16%，至17.8%，1.5兆瓦机组和2.0兆瓦机组的合计市场份额达到78.7%。2.1兆瓦~2.9兆瓦机组的市场份额达到15.2%，3兆瓦~3.9兆瓦机组（3兆瓦和3.6兆瓦）的市场份额为2.6%，4兆瓦及以上机组（包括4兆瓦、4.2兆瓦、5兆瓦和6兆瓦等机型）的占比达到1.9%。

如图3-2所示，累计风电机组装机中，1.5兆瓦的风电机组仍占主导地位，占总装机容量的50.4%，同比下降约5%，2.0兆瓦的风电机组市场份额上升至32.2%，同比上升约5%。从2012年起，2.0兆瓦风电机的生产及装机有了较大增长，而1.5兆瓦风电机在2012年后维持相对稳定的装机量。目前，

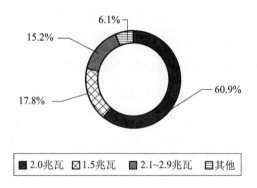

图 3-1　2016 年中国不同功率风电机组新增装机容量比例

资料来源：CWEA。

两种风电机都是风电市场主力机型，总占比达到 82.6%。随着风电机制造技术的发展，高功率风电机的发电技术更加稳定，其市场需求也随之增加，预计在未来几年，2.0 兆瓦风电机的累计装机容量比例可能会与 1.5 兆瓦风电机基本持平。

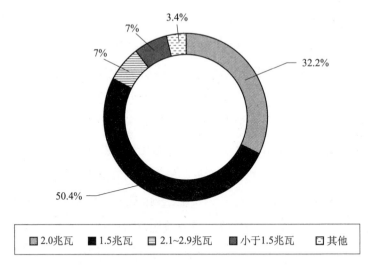

图 3-2　2016 年中国不同功率风电机组累计装机容量比例

资料来源：CWEA。

在海上风电机组装机方面，截至 2016 年 12 月 31 日，海上风电机累计装机 162.7 万千瓦，其中，采用 4 兆瓦机型的容量有 74 万千瓦，占比 45.5%，为目前海上风电装机的主力机型。2.5 兆瓦机型（18.8 万千瓦），3.0 兆瓦机型（22.8 万千瓦）和 3.6 兆瓦机型（19.8 万千瓦）也分别占比 11.5%，14%和 12.2%。

3.2.3.3　我国风电机组制造商装机情况

根据中国可再生能源学会风能专业委员会风电机组制造商装机数据统计，2016 年，中国风电有新增装机的整机制造商共 25 家，新增装机容量 2337 万千瓦。其中，金风科技新增装机容量达到 634.3 万千瓦，市场份额达到 27.1%，位列第一名；远景能源、明阳风电、联合动力和重庆海装分列第二至第五名（见图 3 - 3）。

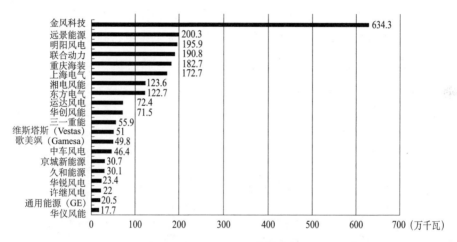

图 3 - 3　我国 2016 年风电机组制造商新增装机容量

资料来源：CWEA。

截至 2016 年 12 月 31 日，全国累计装机容量 1.69 亿千瓦。有 5 家整机制造企业的累计装机容量超过 1 000 万千瓦，5 家市场份额合计达到 55.9%，其中，金风科技累计装机容量达到 3 748 万千瓦，占国内市场的 22.2%。

从数据看，我国国内风电机制造商占据了大部分市场份额，国外风电机制造商巨头维斯塔斯（Vestas）和通用能源（GE）已在前十名开外，侧面反映了我国国内基础风电机制造技术近年发展较快。目前，国内风力发电机组发电机、齿轮箱、主轴、变桨偏航轴承、驱动电机等大型机械元件基本都由国内自己生产，并且大部分国内风电厂商都采用国产件，带动我国风电制造市场不断发展，逐渐趋于成熟。结合风电机出口数据来看，截至 2015 年 12 月 31 日，我国出口风电机组累计容量达到 2 035. 75 兆瓦，主要出口目的地为美国、澳大利亚、瑞典和巴基斯坦等国，其中，向美国出口的风电机组容量最多，累计达 394. 75 兆瓦，占出口总容量的 19. 4%。我国在 2013 年达到风电机出口高峰，发运容量 692. 35 兆瓦，之后在 2014 年发运 368. 75 兆瓦，同比下降 46. 7%，在 2015 年发运 274. 5 兆瓦，同比再度下降 25. 6%。可以说，国内风电机制造企业的国际竞争力尚且不够全面，除风电机制造技术还有提升空间外，核心部件的制造与核心技术的创新都是需要实现重点突破的环节。

3.2.3.4 我国风电机组国内市场集中度情况

根据中国可再生能源学会风能专业委员会统计的行业集中度数据看，我国风电整机制造商的市场份额集中度略有上升，整个风电行业市场份额趋于集中，根据 2013～2016 年的数据，排名前五的风电机组制造企业市场份额由 2013 年的 54.1% 增加到 2016 年的 60.1%，排名前十的风电制造企业市场份额由 2013 年的 77.8% 增长到 2016 年的 84.2%（见图 3－4）。

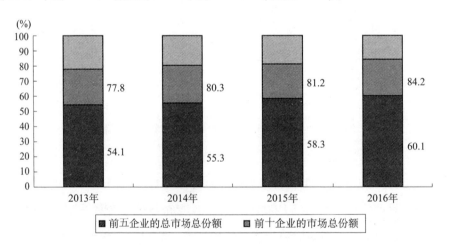

图 3－4　2013～2016 年中国风电整机制造商国内市场集中度变化情况

资料来源：CWEA。

相较风电发展位于世界前列的美国来说，我国的市场集中度依然不算高。2016 年，美国前三位的风机制造商分别是维斯塔斯（Vestas）、通用能源（GE）和西门子（Siemens）。前三大风机制造商占有 95% 的风电新增装机市场，其中，维斯塔斯占据 43% 的市场份额、通用能源占据 42% 的市场份额、西门子占 10% 的市场份额。而国内总装机容量前三家风电机组制造商的市场占有率还未超过 45%。

　　行业集中度低意味着资源的分散，包括人力、物质材料、信息技术及资金的分散。分散的资源无法整合，反倒在中小企业间催生出无休止的竞争，部分甚至存在恶性竞争。这种竞争将进一步消耗分散的资源，使资源无法流入科技研发与创新环节，无法支持人才选用环节，无法建立起有效率的规模经济。所以行业集中度的提升，是我国风电行业企业优化结构、提升国际竞争力的一条必经之路。在国外较成熟行业中，例如水泥、石膏板、玻璃、钢铁等行业，都只有寥寥几家大公司占据九成以上的市场份额，其较高的行业集中度足以将资源在行业内合理分配、再利用，既是对资源的节省，也是对效率的提升。具体地说，在科技创新方面，减少信息不对称和资金不对称问题，使创新不仅仅是局部的创新，而是纵览整个行业实际情况进行的有针对的创新，其创新结果往往带来的是整个行业的革新，或是生产方式的转变。在人力资本化方面，分散的市场和不对称的信息资源将导致人才的选用具有极大的局限性，集中的行业资源可以针对性地进行识人、选人、用人、育人和留人等环节，加强人才管理。在资金方面，如果行业分散、企业规模小，现金流是较大隐患，只有实施必要的资产整合，提升行业集中度，才可有效地优化现金流，加速其周转使用率。同时，由于行业集中度高、企业整体实力强，有利于吸引具备资金和技术实力的战略投资者进入。在监管方面，高行业集中度利于政府进行监管和对于行业的宏观调控，防止行业内的恶性竞争，缓冲来自行业外部的经济性冲击。可以说，行业集中度的提高意味着行业实现规模经济和成本控制的能力变强，创新发展潜力加深，等等，标志着一个行业的成熟度逐渐提升。

　　依上文数据分析，目前，我国风电行业的行业集中度虽然趋于集中，但 2013～2016 年行业集中度却没有明显提升，行业排名前五和前十的企业排名也有所微调，这意味着我国风电行业的行业集中度在短时间内可能仍将趋于稳定，不会出现较大上升。其中制约因素较多，主要原因为我国风电产业这一新兴产业目前属于特殊的发展阶段，在过去的短时间内实现了爆发式发展，许多大型企业与中小型新企业纷纷将投资对准风电产业，形成"百舸争流"的现象，同时出现的相同规模的企业数不胜数，而国内风电行业的技术又存在发展空间，一些生产规模化不占优势的企业可以依靠技术上的优势维持竞争力，但又迫于企业规模无法向外扩张，在技术与生产上水平相当的企业占据主体，也就理所当然地形成了竞争，限制了这些企业的资产整合，发生了资源分散而无法集中的情况。

根据产业经济学理论，行业集中度不会一直维持较低数值。随着行业发展的不断深入，当技术达到瓶颈无法实现突破式创新时，竞争的核心就会变为对于成本的控制，只有能实现规模经济的企业才具有竞争力。较大规模的企业会不断扩大，直至达到规模经济最大的状态。故而最终行业趋于成熟的时候，行业集中度总归会上升至较高的程度。目前，我国风电行业的竞争现象仍将持续，这也侧面印证了我国风电行业市场仍有很大发展空间。

3.3 我国风能产业发展存在的问题及政策建议

3.3.1 弃风限电问题严重

3.3.1.1 弃风限电问题的产生原因

弃风限电问题一直是我国风能产业发展存在的巨大问题，根据国家能源局数据统计，我国弃风率一直维持在 10% 左右，峰值在 2015 年达到 15%。如前文所论述，这一数据远高于欧美国家的 3% 弃风率指标，在风能资源的有效利用问题上形成了一个巨大的窟窿。为此，我国在 2015 年由国家能源局印发《关于进一步完善风电年度开发方案管理工作的通知》（以下简称《通知》）明确提出，弃风限电比例超过 20% 的地区不得安排新的建设项目，年度开发方案完成率低于 80% 的省（区、市），下一年度不安排新建项目。具体地，根据《通知》，出现弃风限电问题的省（区、市），须对本地区风电开发建设和并网运行情况进行深入分析评估，科学制定本年度风电开发建设的规模和布局，同时，要编制相关分析评估报告，提出保障风电并网运行的措施和预计风电运行指标。要求电网企业要根据各省（区、市）年度开发方案中项目核准和投产的时间，编制配套的风电接入电网工作方案，根据风电项目的建设进度协调落实好配套电网建设工作，确保风电项目建成后及时并网运行。

可以说，弃风限电问题是限制我国风电产业发展的一个严重问题，尽管在《通知》发布后，我国平均弃风率得到控制，但根据国家能源局统计的2016年和2017年数据，部分省市及地区的弃风率仍旧居高不下（新疆2016年弃风率38%、弃风电量137亿千瓦时，2017年弃风率29%，弃风电量133亿千瓦时；甘肃2016年弃风率43%、弃风电量104亿千瓦时，2017年弃风率33%、弃风电量92亿千瓦时；吉林、内蒙古等地区弃风率也超过20%）。其中，"三北"地区因为多种因素共同作用，导致弃风限电问题较为严重。但更加令人担忧的是，弃风限电现象不仅仅发生在"三北"地区，2018年，我国东南部着力建设小型低速风电场，为缓解东南部地区用电负荷高的问题，在消纳并不困难的东南部地区，在其水资源充沛的时间周期内，也会产生弃风限电问题。可见，弃风限电问题目前仍旧是一个急待解决的普遍问题。

弃风限电问题之所以会普遍出现并且难以解决，究其原因主要有以下几点。

（1）我国电力需求增速放缓。

对于我国已经持续高速发展了数十年的经济现状，其增速的放缓是可以预期的，这一增速的放缓体现在电力需求上即是电力需求的增速放缓。根据国家能源局的数据统计，2009年，全国全社会用电量36 430亿千瓦时，同比增长5.96%；2010年，全年全社会用电量41 923亿千瓦时，同比增长15%；2011年，全社会用电量累计达46 928亿千瓦时，同比增长11.7%；2012年，全社会用电量累计达49 591亿千瓦时，同比增长5.5%；2013年，全社会用电量累计53 223亿千瓦时，同比增长7.5%；2014年，全社会用电量55 233亿千瓦时，同比增长3.8%；2015年，全社会用电量55 500亿千瓦时，同比增长0.5%；2016年，全社会用电量59 198亿千瓦时，同比增长5.0%；2017年，全社会用电量63 077亿千瓦时，同比增长6.6%（见表3－3）。

表3－3　　　　　　　　　　我国2009~2017年全国全社会用电量

年份	全国全社会用电量（亿千瓦时）	同比增长（%）
2009	36 430	5.96
2010	41 923	15.00
2011	46 928	11.70

年份	全国全社会用电量（亿千瓦时）	同比增长（%）
2012	49 591	5.50
2013	53 223	7.50
2014	55 233	3.80
2015	55 500	0.50
2016	59 198	5.00
2017	63 077	6.60

资料来源：国家能源局。

2009 年全球经济危机后，全社会用电量呈现低迷启航、企稳向好、逐月回暖、加速增长的特点。全国全社会用电量快速增长，代表电力需求的快速增长。在 2012 年后电力需求增速逐渐放缓。据中电联 2016 年电力工业统计快报统计，全国 6 000 千瓦及以上电厂发电设备平均利用小时 2012～2016 年连续 5 年下降。2016 年，全国发电设备平均利用小时为 3 785 小时，同比降低 203 小时，是 1964 年以来的最低水平；2017 年，全国发电设备平均利用小时为 3 786 小时，与 2016 年基本持平。从数据来分析，我国电力需求的增幅在近 5 年中已经明显放缓，未来也将保持这一水平匀速增长。

然而，我国一直在进行的规模化风电场开发建设，其规划性导致风电场的建设无法完成精确地实时调整，换句话讲，已经开始的风电场建设将继续进行直至完成，无论电量需求的增大或减少。一批在 2010 年、2011 年开始建设，于 2015 年建成的项目没有预测到我国电力需求的增幅放缓问题，2015 年风电场建成，导致发电量溢出，这部分溢出的资源只能被放弃掉，造成了弃风限电问题。

（2）我国风电并网面对全新的困难。

在风电并网问题上，国外风电产业有很多发展经验可以借鉴，但我国的风电并网面对的是一个独特的问题，例如，从数量级上讲，欧美国家的大规模风电场对应的是几十万千瓦级别的电场，而我国的大规模风电场往往都在千万千瓦级别以上，这与我国发展初期采用"大规模建设，大规模输出"的思路有关，虽然这种思路加快了风电规模化、技术规模化，但在并网阶段，巨大的风电电量对电网造成的负担是十分棘手的问题；从距离上讲，欧美国家的远距离输送一般在几十或者上百公里左右，而我国的风电输送距离往往以百公里起步,有可能达到上千公里,这其中涉及储能等多方面技术的攻克,我国在这方面的技术仍然亟待发展。反观国外风电发展一般采用的是"分散接入,就地消纳"的方式,丹麦作为风电发展领先世界的国家,2006 年数据就已有超过七成的机组接入 10~30 千伏配电网和低压网络,其他欧美国家也基本是照这个"分散式"的思路进行发展。当然,这种发展思路对电网用户侧的智能化要求很高,欧美国家也在这方面进行了大量的技术创新。不过,这种"分散式"接入的方式有效地缓解了风电不稳定性对于电网的冲击,降低了低负荷和超负荷状态下对电网的损害。我国这种分布式风力发电系统的建设尚不完善,依旧依靠大规模电量并网输送,而风电并网面临上述种种特殊困难无法完成,也就造成了弃风限电问题。

(3) 风电的波动性导致风电调峰难,应用效率低。

风电作为新能源的一种,其实现程度受自然条件约束,而以目前我国的技术还无法打破这种约束,通俗地讲,即是"何时刮风,刮多大的风,刮多久的风"是无法人为改变的,这也就导致了风电的波动性、间歇性和不稳定性。以美国加州风电场在 2005 年每天平均输出功率看,每天最大和最少发电量相差 40~50 倍。从一天内的输出功率变化看,风电在 24 小时内仍处于非常不稳定状态,输出功率在 0~100 兆瓦之间随机波动。而常常在夜晚用电负荷处于低谷时段风电发电出力往往较大,这种波动性结合我国大规模输出电量的特点,如 (2) 所分析会对电网造成巨大的冲击,若损坏电网则后果不可预计。所以需要动用其他发电方式来进行调峰。简言之,就是在风电发电量较大时,降低其他发电厂 (例如火电、水电) 的发电量,使风电接入,满足用电量的高峰值。水电由于其调节相对较容易,也不存在成本和时间延迟问题,在我国常常用于调峰,但是水电在我国始终受地域限制,无法覆盖全国,部分地区的调峰只能由火电来完成。火电在我国的主要应用是煤电,占据我国发电量一半以上,是我国应用最普遍的发电方式。其特征是开机与关机需要几个小时的时间来准备,而调峰过程中需要在短时间内不断地进行开关机和调节调速器来控制汽轮机出力,煤电并不能良好胜任。相对的,欧美国家燃气、燃油火电及水电的普及较高,调峰能力较好,另外,如 (2) 所论述,其风电分散式接入电网的负荷较小,所以可以有效地对风电的波动性进行调峰。而以我国的发电分布现状及技术现状，还不能良好地对风电进行调峰，也就导致了在用电高峰期可能风能出现不足，或是在用电低峰时风能溢出，导致风电发电量溢出，出现弃风限电问题。

（4）蓄电储能设施不足，技术不够成熟。

目前，蓄电储能技术中，单以蓄电池方式来蓄电比较普遍，然而，蓄电池的技术虽在不断完善，但都存在较大缺陷。例如铅酸电池，是当今最古老、也是最成熟的蓄电池技术。这种低成本的通用储能技术，可用于电能质量调节和独立电源技术等。然而，由于这种蓄电池的最大缺陷是寿命较短，对于长期、持续应用的领域来说局限明显，也因此限制了其在能量管理领域中的应用。常见的锂离子电池，与其他蓄电池相比，其优点是储能效率高和寿命较长，也因此近些年发展较快，在几年之内锂电池已经占有小型移动设备电源市场份额的五成以上。但大容量锂离子电池的生产与小型锂离子电池区别较大，有很多核心技术尚未突破，主要表现在特殊的原材料、包装和配备必要的内部过充电来保护电路等方面，这些就导致了大型锂离子电池的成本一直居高不下。其他新型蓄电池的技术也都尚不成熟，例如，对于环境无害的新型蓄电池金属—空气（Metal – air）电池，其结构是已有的电池中最为紧凑的，并且有望成为生产成本最低的蓄电池，但其最大的缺点是这种电池的充电相较其他电池困难，充电效率也较低。而将大型蓄电池技术应用我国风电场中，受技术因素影响，制造、安装及维护等成本都较高，在补贴政策尚未完全转向用户侧之前，高额的蓄电池支出并不能提升发电量，这使很多风电场开发商拒绝这种方案，导致风电机的蓄电储能设施配套建设欠缺较大。

3.3.1.2　改善弃风限电问题的方法及政策建议

风能作为新能源产业，其从开发阶段到发展阶段最后到成熟阶段，都需要政府的调控手段和政策支持，才能与发展较早、技术、成本都更成熟的传统能源产业进行竞争。风能产业目前仍旧有很大发展空间，处于投入市场发展阶段，更需要政府积极出台政策进行调控。在面对弃风限电这一问题上，相关政策的引导和支持更是必不可少的。

针对上述四个造成弃风限电问题的主要原因，改善方法具体总结为以下几点。

（1）降低部分地区的新增项目建设规模，设置国家最低保障收购小时数。

面对我国经济增速放缓、用电需求也随之放缓的实际情况，风能产业已经处于相对产能过剩状态，弃风率居高不下，如果继续扩大投资，扩大风电建设规模，即便项目建成投入应用，实际发电量的应用率也会受弃风限电问题制约无法提升，致使风电行业遭受效率和资源的双重损失。而通过设置国家最低保障收购小时数，保障风电企业的平均利用小时数。换言之，风电产业这块"蛋糕"已经足够大了，通过提升其体积来增加价值已经不具有效率，只有丰富其"内容"，提升其已有部分的价值才是具有效率的方式。

从过去已经实施的政策经验看，在 2016 年初，我国弃风率达到了 26%，政府为降低弃风率，提升风电平均利用率，在数月内连续出台数个政策进行治理。其中，2016 年 3 月 17 日，国家能源局下达 2016 年全国风电开发建设方案的通知，其中明确指出："考虑到 2015 年吉林、黑龙江、内蒙古、甘肃、宁夏、新疆（含兵团）等省（区）弃风限电情况，暂不安排新增项目建设规模，待上述省（区）弃风限电问题有效缓解后另行研究制定。"2016 年 3 月 24 日，国家发展改革委出台《可再生能源发电全额保障性收购管理办法》，规定："电网企业（含电力调度机构）根据国家确定的上网标杆电价和保障性收购利用小时数，全额收购规划范围内的可再生能源发电项目的上网电量。"2016 年 5 月 27 日，国家发改委、国家能源局共同出台《关于做好风电、光伏发电全额保障性收购管理工作的通知》，规定："根据《可再生能源发电全额保障性收购管理办法》，综合考虑电力系统消纳能力，按照各类标杆电价覆盖区域，参考准许成本加合理收益，现核定了部分存在弃风、弃光问题地区规划内的风电、光伏发电最低保障收购年利用小时数。最低保障收购年利用小时数将根据新能源并网运行、成本变化等情况适时调整。"这些政策在 2016 年虽然未能完全解决弃风限电问题，但也暂时缓解了弃风率过高的现象。现今，这些政策应该继续保持或加大力度，扭转企业过分重视"蛋糕体积"的问题，给解决弃风限电问题一个外部的政策基础。

（2）加大风电的本地消纳。

前文已论述过风能作为新能源之一，自然特性的限制导致风电存在消纳难的问题。要加大风电的本地消纳，一种直接有效的方式就是通过市场化交易手段，扩大风电的需求，进而解决消纳难的问题。根据 2016 年 4 月 5 日国家发展改革委办公厅出台的《关于同意甘肃省、内蒙古自治区、吉林省开展可再生能源就近消纳试点方案的复函》，其中对于加大新能源产业的本地消纳给出了合理的建议：一是要使风电优先上网，也就加大了风电的应用率；二是通过市场化交易手段，来扩大风电的消纳能力；三是实行发电权替代，计划并安排风电替代大型企业的自备电厂发电，加大风电的消纳能力；四是在一些特殊地区，开展风电与集中式电采暖企业的直接合作，以热能消耗的方式加大风电的消纳能力。这些政策引导的方法在各个省市都具有一定可行性，是目前较有效地加大本地风电消纳能力的手段。

（3）加快电网配套设施的建设。

我国目前电网的配套设施建设不够健全是妨碍风电消纳能力扩大的一大难题，不仅不利于风电在本地的消纳，也不利于区域间的跨区输电。为解决这一问题，政府应该加快整合电网行业，统一管理地方政府指定建设电网设施的供电企业，加快行业的发展，使之与风电行业发展几乎持平。另外，在电网建设重点方面，目前，中央政府和地方政府都将重心放在用于远距离输电的特高压（UHV）电网建设上，放缓了风电上网常用的 110 千伏、220 千伏等高压（HV）和超高压（EHV）电网设施的建设，这导致很多地区的输电线路不足。政府应投入更多资源和精力在高压和超高压的电网设施建设上，至少要使配套输电设施不落后于发电设施，才能有助于解决部分由于风电并网难而出现的弃风限电问题。

（4）加大对于引进、开发和创新技术的财政补贴和税收减免。

技术的革新对于新兴产业的重要性不言而喻，例如，上述风电的调峰问题，可以通过光伏风电互补机制进行改进；蓄电储能问题，除了改进蓄电池的制造与使用技术，还可以发展如飞轮储能、压缩气体储能等其他储能技术，使储能效率更高、安装成本更低。这些问题均可以依靠技术的革新与突破解决。目前，《中华人民共和国企业所得税法》在税收优惠方面已经给予多重税收优惠，例如，第三十条第（一）项规定：企业为开发新技术、新产品、新工艺发生的研究开发费用，未形成无形资产计入当期损益的，在按规定实行 50%

扣除基础上，按研究开发费用的 50% 加计扣除；形成无形资产的，按无形资产成本的 150% 进行摊销。以及按照《高新技术企业认定管理办法》，风能产业属于新能源及节能领域，减按 15% 的税率征收企业所得税。这一类税收优惠政策也的确给予了风能企业在起步与发展阶段良好的环境。更进一步的，政府应该给予企业技术开发更多的资金补贴，例如，直接给予企业技术开发补贴，给予开发并形成无形资产的企业资金补贴；放宽技术开发项目的银行贷款，降低该类项目的银行贷款利息，间接为企业提供资金进行科技研发项目；对于从外引进技术项目用于科研或创新活动的企业，给予税收减免政策，鼓励企业引进外国先进技术并创新；给予人才培养项目更多资金支持，实施多种福利政策，鼓励企业员工深造或赴国外学习等。

相应的，政府需要加大政策的监管和实施力度，除了保障逐渐放宽的政策激励制度顺利运行外，也是为了消除过去存在的种种"专钱不专用"的行为。加大监管力度，要从完善多种考核机制着手，建立良好的反馈机制，严格的监督机制和检查机制，严肃的处理机制，等等，避免企业以创新科研为借口发生"专钱不专用"的行为，确保资金落到实处，确实激励企业在技术科研上的创新与突破。

（5）财政补贴的考核指标应从生产侧逐步向用户侧转移。

作为完善考核机制的一部分，过去我国对风电企业发放财政补贴的考核指标是依据风电企业的装机容量制定的，这种考核指标在当时产生了一种不良现象：企业投资建设风电场，进行风电机组的制造和装机，建设完成之后并不使用该装置，导致只有风电装机容量逐年增加，风电的发电量却不增加。修改后的考核指标是依据风电企业的发电量制定，但这种考核指标也依旧存在弊端，最大的弊端就是居高不下的弃风率问题，企业可以通过完成发电指标获得补贴，而发电量中有多少真正可以应用于实际中，单靠这一依据发电量制定的指标无法约束。这也是目前财政补贴的考核指标亟待改革的原因。

将财政补贴考核指标由风电企业的发电量，转向电网用户侧的电荷使用量，可以将企业的注意力集中到如何提高风电利用率上，以内生力量从源头解决弃风限电问题。但这一政策的改变需要监测电荷使用量的来源，这一过程需要依赖成熟完备的电网用户端智能化管理技术才能实现。相对欧美国家长期实施分散式电网接入策略,用户端智能化技术较成熟,我国这方面的技术开发和引入还相差较远,还不具备相应条件。所以为适应我国技术发展现状,应采用逐步过渡的形式,实行双重补贴考核标准,在对风电企业继续发放基于发电量的补贴的同时,对有能力监测来源的用户端电量也实行补贴,以此鼓励企业提高风电应用率。

这一财政补贴考核指标的变动也会促进蓄电储能技术的应用,如前文分析,现在蓄电储能技术尚不成熟,引入蓄电储能的成本较高,对企业来讲,引入蓄电储能技术不会增加发电量,也不会影响财政补贴,只是徒增成本,故而许多开发商企业拒绝引入蓄电储能技术。在将财政补贴的考核指标转移到用户侧后,蓄电储能技术的引入将使风电的应用率大大提高,届时,对于寻找提升风电应用率方法的企业来说,蓄电储能技术有足够的吸引力。蓄电储能技术的引入,既分别带动了风电产业与蓄电储能产业的发展,也促进了风电产业与蓄电储能产业的合作,会给两个产业都带来更多的创新机会与贸易机会。

3.3.2 风电上网电价制度问题

3.3.2.1 我国采用的电价制度及其利弊

纵观我国风电产业近30年的发展历史,风电上网电价制度经历了多次改革,先后出现过多种上网电价制度。在20世纪90年代风电产业发展之初,由于大部分设施、技术及资金都依靠国外捐助,风电机装机少,上网电量少,国家没有对其价格进行严格规定,采用完全竞争的电价,风电上网电价与当时已经发展很久的煤电处于同一水平。

至2003年风电特许权项目启动,通过招标选择可再生能源的开发者,中标企业与项目所在地的主管电力公司签订长期购电合同,依据合同决定上网电价。这种通过招标确定风电上网电价的方式是当时风电产业发展的最佳选择。当时,我国尚不具备对风电进行准确固定定价的技术实力,再加之我国幅员辽阔,每个地区自然条件相差甚远,每个地区的风电产业发展状况也是千差万别,准确核定每个地区每家企业的风电发电成本是一个极难完成的过程,所以国家没有选择固定定价,而是选择了这种招标决定的上网电价。这种招标电价的优势明显：通过引入竞争，使上网电价尽量贴近真实成本。同时，为了发展国内风机制造产业，通过招标压低的中标价格会刺激风电企业选择国产的风机零件，也会加快技术的发展，加大成本控制等。其弊端也较为明显，竞争的引入会引起恶性竞争、压价竞争等问题，使风电开发商在报价的时候无法完全基于成本去进行规划，这也导致连续几年风电项目的中标电价往往低于合理电价，大部分中标开发商都是微利状态进行开发，很多项目拖延半年、一年或更久还迟迟未开始建设。故而在 2006 年 1 月，随着《可再生能源法》正式实施，国家发改委也于 2006 年 1 月出台了《可再生能源发电价格和费用分摊管理试行办法》，其中明确规定："风力发电项目的上网电价实行政府指导价，风电电价由招标方式产生，电价标准由国务院价格主管部门按照招标形成。"这一规定结合了招标电价和核准电价，在招标电价基础上进一步确定电价标准。在一定程度上改善了招标电价的弊端，但招标电价无法完全适应我国风电产业发展的趋势。

2009 年 7 月，国家发展改革委发布了《关于完善风力发电上网电价政策的通知》，对风力发电由招标定价改为实行标杆上网电价政策。依据分资源区制定陆上风电标杆上网电价的原则，按风能资源和工程建设条件将全国分为四类风能资源区，制定了不同的四种电价并配套财政补贴政策，对于风电电价高于标杆电价的部分，由国家的可再生能源发展基金给予相应补贴。这种标杆上网电价政策优点在于给予了风电投资方较为确定的利润计算方式，如果不规定风电上网价格并给予补贴，那么风电产业相较传统煤电产业，其较高的成本势必带来上网时的较高价格，在价格上缺乏竞争力，会导致风电的需求减少，进一步压缩风电产业发展的空间。而制定标杆电价并给予相应资金补贴，使风电的价格降低保持竞争力，维持了对于风电的需求，同时，通过资金补贴保障企业利润，使投资回报较为明确，吸引外部资金的进入，扩大风电产业的发展能力。而在弊端方面，采用标杆上网电价后，电价的压低导致售电利润不足以支撑风电企业的日常运营，这也就导致了风电企业十分依赖财政补贴的实施。这部分财政补贴主要通过在全国范围对销售电量征收可再生能源电价附加筹集，每次调整手续繁复，历时周期长，这导致财政补贴的收集和拨付始终具有滞后性，与风电行业的发展现状无法匹配。目前，我国在这补贴方面存在明显缺口，结合上述风电产业利润不足以覆盖成本的现状，许多风电项目都存在资金断裂的隐患。在宏观角度，标杆上网电价类似"固定上网电价"，未引入市场机制的定价会导致价格无法准确反应市场的供需情况，间接导致产能过剩等问题，而目前我国风电产业已经面临产能过剩这一严峻问题。

总的来讲，标杆上网电价未应用市场定价机制，从而导致资源配置效率不高、产能过剩、供需不均衡，而单靠政府的补贴来进行调控并不足以弥补这一问题。这使得引入市场定价机制迫在眉睫。

3.3.2.2 引入市场机制的电价制度

如上文论述，如果直接在风电市场及其他新能源市场直接引入市场定价机制，由于风电产业的技术发展、成本控制不如传统能源产业（如煤电产业等）发展成熟，会导致价格上不具备竞争力。但仔细探究，除了技术领先外，煤电产业还具有一大特点就是其负外部性，换句话讲，目前，煤电的价格并不是其完全成本的体现，其负外部性未能体现在成本价格之中。同理，风电产业的正外部性也未能体现在价格之中，这就造成了风电产业在价格竞争上的巨大劣势，仅依靠技术基本很难抹平这一差距。对于市场价格无法体现的外部性问题，目前，我国政府只能通过财政补贴等手段将这部分正外部性价值补偿给企业。若要抛开补贴，引入市场定价机制，那么最核心的问题就是解决外部性价值问题。

通过借鉴和研究国际上对于市场化电价制度的经验，绝大部分国家都采用了可再生能源配额制度配合绿色电力证书交易机制。就风电产业举个例子，首先需要规定煤电电力供应商在他们的零售负荷当中有一个最低的风电电力的比例，同时，给予风电企业一个可通过市场交易的绿色电力证书，类似于"证明通过风电设施发电，造成了正外部性，尽到了环境保护义务责任"。这时电力供应商可以有两种方法完成风电的配额：一是自己建设风电场，开展风力发电项目，在零售中加入风电电力，以此完成配额；二是按照配额比例，通过市场交易购买来风电企业手中的绿色电力证书，以此完成配额。"绿色电力证书"在整个过程中起到类似将外部性具体化的作用：风电企业通过卖出绿色电力证书这一"正外部性"，来获得收益；传统煤电企业通过买入绿色电力证书来抵消自己生产中的"负外部性"。

对于风电企业来讲，绿色电力证书的收入可以弥补电价的不足，同时，由于绿色电力证书市场的存在，风电企业也需要不断进行技术创新和成本控制，以期用更低的成本发更多的电来获得可交易的绿色电力证书，既弥补了风电在价格上的竞争力不足，又激励企业不断发展。对于煤电企业来讲，绿色电力证书的购买成本提升了煤电的成本，降低了其在价格上因"负外部性"而带来的优势，如果继续扩大产量提升利润，一方面，受到挤占的风电电力市场会提高绿色电力证书的价格，增加煤电产业成本，另一方面，更多的煤电供电量，对应着更高的风电电力配额，仍旧需要花费更多成本购买更多的绿色电力证书。处于两难境地的煤电企业只有缩减煤电发电量，转而发展风电电力或与风电企业进行合作，才能维持或扩大利润能力。

可以说，可再生能源配额制度配合绿色电力证书交易机制的混合制度，通过市场机制，不仅使风电与煤电企业的成本、利润和竞争条件都趋于公平合理，同时，大力推进了可再生能源产业的发展，并限制了煤电产业发展中出现的产能过剩问题。

虽然配额制和绿色证书交易制度经过世界各国多年实践，已经被证明是一种行之有效、能够借助市场化手段促进可再生能源可持续发展的长效机制，但其在我国落地仍具有重重困难，在未来的配额制相关政策实施中应注意以下几点。

（1）配额度的设置需要合理、平稳。

2016 年 4 月 22 日，国家能源局出台了《关于建立燃煤火电机组非水可再生能源发电配额考核制度有关要求的通知》，明确提到：将对火电机组强制实行非水可再生能源的配额考核机制。2020 年，国内所有火电企业所承担的非水可再生能源发电量配额，需占火电发电量的 15% 以上。我国目前各产业的庞大程度已经位于世界前列，且产业复杂程度非常高，对于电价制度的更改将对产业格局及发展态势都产生极大影响。过于激进的配额度设置要求会导致能源产业总体发展的波动以及下游产业的波动，过小幅度的改变又难以改变市场现状。所以对于配额度的设置需要由弱渐强，从引导为主逐渐转向强制性实施，给予能源产业缓冲空间，保障绝大部分产业的平稳过渡。

（2）完善监管和处罚机制。

美国是最早一批实行配额制的国家，现在共有 30 个州实行了配额制和绿色电力证书交易制，实行配额制期间，各州都出现了不同程度的违规问题，但是美国没有很好地对这些问题进行处罚。遵守并完成配额制的要求是配额制实行的前提，如果没有科学的处罚机制，那么企业可以选择不完成配额制，承担罚款后依旧可以继续通过传统能源产业的运营进行盈利，这种情况也会使绿色电力证书交易制毁于一旦。所以科学、有弹性的监管和处罚机制是保障配额制高效施行的前提。

（3）解决好不同新能源之间的协调问题。

对于绿色电力的定义不仅限于风电电力，光伏电力、生物质能电力及其他新能源电力同属绿色电力范畴。而不同新能源产业的发展状态不同，也就造成了发电技术上、成本上的差异。如果相同发电量来给予相同的绿色电力证书，则发电效率较高、成本较低的新能源产业会获得很大优势，进而造成行业发展不均、资源配置不合理等问题。美国目前解决方式是引入证书倍数方法，比如，每购买 1 单位电能，风电只能相当于 1 份证书，而生物质能电力可以相当于 3 份证书。这一机制仍旧有待完善，相同的政策在不同新能源之间具有不同的激励效果，政府需要通过确实的激励目标来配套合理的激励方式，才能解决好激励过程中的协调问题。

3.3.3　发展分散式接入风电

分散式接入风电这一概念于 2010 年《可再生能源发展"十二五"规划》规划中首次出现。与"十一五"期间明确采用的"大规模建设，大规模输送"的思路相对，"十二五"规划明确提出可再生能源的开发应坚持集中开发与分散利用相结合，形成集中开发与分散开发、分布式利用并进的可再生能源发展模式，对于未来风电的发展要在加快千万千瓦级风电基地建设同时，积极推进内陆分散的风能资源利用。概念一经推出便受到了业内多方面的关注，国家先后出台了《国家能源局关于分散式接入风电开发的通知》《国家能源局关于印发分散式接入风电项目开发建设指导意见的通知》等政策通知，具体规定了分散式接入风电项目的定义、接入电压等级、项目规模等，并对项目建设管理、并网管理、运行管理等进行了严格的规定。2016 年，《电力发展"十三五"规划》和《可再生能源发展"十三五"规划》明确了我国未来风电设施的开发建设要转变为规模与分散并举、优先就地消纳的思路。

分散式接入风电一般是指建设在风能并不丰富的地区的低速风电场，这些低速风电场利用低速、分散的风能进行发电，特点是发电量小、规模小、以分散的方式分别接入电网供电。一般来讲，分散式接入风电相较大规模开发的风电场有以下优势：

紧邻电荷消纳中心，容易消纳。分散式接入风电场大部分位于我国中部、中南部和东南部地区，这些地区经济发展较好，产业链完善，生产企业较多，是我国电荷消纳的核心地区，需要大量的电力供应，分散式接入风电有极大的消纳空间，几乎不会出现弃风限电问题。

输送距离短，输送效率高。由于靠近电荷消纳中心，相对于"三北"地区对东南部地区的"千里送电"现象，分散式接入风电场拥有距离短的优势。利用短距离输电线路电压稳定、能量损失小的特点，分散式接入风电的效率要远高于"三北"地区的集中式风电场。

电场的开发建设可以因地制宜，对基础设施依赖程度较小。对于大规模风电场来说，集中输送电力需要配套完善的电网设施、输电线路等。而规模较小的分散式接入风电场对于基础设施建设要相对简单易行，同时，对地理条件要求较低，以利用低速风能发电为主。

分散式接入风电的广泛采用，可以增加电网安全性。分散式接入风电的规模建设降低局部电网对大电网的依赖，降低事故概率。相比"大规模输送"的风电场发生故障会引起电网全网的重大事故，分散式接入风电场发生故障，只引起局部电网故障，可以及时切除，保证事故造成损失较小，同时，可以通过分布式发电支撑重要负荷，减小损失。

目前，分散式接入风电场发展面临的主要困境是引进的投资较少，建设规模较低。原因是分散式接入风电场的发电量小，不具备规模效应，而维护又较为复杂，属于利润较低的投资行业，许多电力公司不愿意将资金投入分散式风电场的开发当中，资金支持的缺乏也进一步拖慢了分散式接入风电场的技术发展。为解决这一困难，在分散式接入风电场起步阶段，政府应当充分考虑吸引民间企业投资分散式接入风电场，无论规模还是盈利能力，民间企业都十分适合分散式接入风电场的项目投资。为此，政府需要进一步放宽分散式风电场项目的审批条件，降低其审核难度，同时，给予投资方企业相应政策补贴和纳税减免，维持分散式接入风电场的获益稳定，使其平稳度过起步阶段，形成一定规模来吸引更多的投资。

第 4 章　我国生物质能发展的现状及面临的问题

4.1　生物质能概述

4.1.1　生物质能的概念

生物质是指一切生物及其遗体的有机物质，包括植物、动物和微生物三大类。生物质能就是蕴藏在这些生物质中的化学能。简而言之，地球上除了水、空气、化石能源以外，大多数物质都属于生物质能的范畴，主要包括各种农林植物及其废弃物、动物及其粪便、城市生活垃圾、工业有机废弃物等。根据世界自然基金会的估算，地球上每年可利用的生物质能源约折合 115 亿吨标准煤①，是继煤炭、石油、天然气之后的世界"第四大能源"。2016 年，我国共消耗约 27 亿吨②标准煤，而我国每年可利用的生物质能源约折合 4.6 亿吨标准煤③，占整个能源消耗的 17% 以上。此外，生物质能源还具有可再生、低污染的特点，若能充分利用这些生物质能源，则能在一定程度上减少我国煤炭能源的使用，减少大气污染，改变我国的能源消耗结构。因此，大力发展生物质能是我国未来能源发展的一个方向。

---

① 王久臣，戴林，田宜水. 中国生物质能产业发展现状及趋势分析［J］. 农业工程学报，2007 (9).

② 中国统计局. 能源消费总量［DB/OL］. 2017 - 3 - 1.

③ 国家能源局. 生物质能发展"十三五"规划［DB/OL］. 2016 - 12 - 6.

4.1.2 生物质能源的分类

生物质能源通常可按原料分类，也可按产品类别分类：

按原料可将生物质分为四大类：一是农林植物及其剩余物。主要包括玉米、木薯、甘蔗、各农作物秸秆、树皮、树叶、木屑等。二是动物及其粪便。主要包括各种畜禽及其粪便。三是城市生活垃圾。主要包括各种塑料、餐余垃圾、废纸屑、布料等。四是工厂有机废弃物。主要包括各类食品加工厂废料、酒厂酒糟、造纸厂污水等。

以生物质为原料生产的能源产品大体可分为：生物质电力；生物质气体燃料；生物质成型燃料；生物液体燃料。

4.2 我国生物质能总体情况

4.2.1 我国生物质能资源现状

我国每年可利用的生物质能源约折合4.6亿吨标准煤，主要包括农林剩余物、畜禽养殖剩余物、城市生活垃圾和工厂有机废弃物等。2015年，我国实际利用的生物质能源约折合3 500万吨标准煤，其中，可商品化的生物质能利用量约折合1 800万吨标准煤①，生物质能实际利用量占整个生物质资源总量的比例不足8%，商品化利用量占整个生物质资源总量的比例不足4%。因此，无论是从实际利用量角度还是从商品化利用量角度，都说明我国生物质资源利用率低，生物质资源待开发量丰富。

为了指导我国的生物质能发展，国家能源局先后出台了《生物质能发展"十二五"规划》和《生物质能发展"十三五"规划》，并对我国可再生利用的生物质资源总量进行了估算。从两次"规划"文件中可看出，我国生物质

---

① 生物质能发展"十三五"规划。

能资源总量近几年基本维持不变，均折合为 4.6 亿吨标准煤。在农业剩余物方面，近年来，我国主要农作物种植种类基本不变，农作物产量小幅增长，预计未来几年，我国农业剩余物资源产量将持续小幅增长；在林业剩余物方面，随着我国退耕还林政策的不断推进，植树造林面积逐年增多，我国林业资源逐年增多，但受林业资源砍伐限制，林业资源的增长并不能同时促进可能源化的林业资源增长，预计未来几年，我国林业剩余物资源产生量会有小幅增长；在畜禽养殖剩余物方面，根据国家统计局数据显示，近年来，我国畜禽养殖量基本不变，根据不同畜禽单位量产生的剩余物，可相应估算出畜禽剩余物总量基本不变，但考虑到我国畜禽养殖规模化逐步扩大，剩余物的收集会越来越便利，收集成本也会随之降低，可能源利用化的畜禽剩余物会有所增加；在城市生活垃圾方面，随着我国城镇化进程的推进，城镇人口越来越多，城镇产生的生活垃圾也越来越多，预计未来几年，我国可能源利用化的生活垃圾类生物质资源将逐年增加；在有机废水废渣方面，随着我国节能环保力度的不断增大，环保税法的实施，预计工业企业会减少废水废渣的排放，废水废渣的利用率会有所提高。

4.2.1.1　农业剩余物

农业剩余物主要包括各类农作物秸秆、稻谷壳、花生壳、坚果壳、玉米芯、甘蔗渣、各类植物茎叶等，其中，各类农作物秸秆是最主要的农业剩余物。随着我国农作物产量的逐年增加（见图 4-1），我国农作物秸秆产量也逐年增长。据统计测算，2014 年，我国农作物秸秆资源总量约为 9.81 亿吨，可收集利用的农作物秸秆总量约为 7.65 亿吨。[①] 2015 年，我国农作物秸秆资源总量约为 10.4 亿吨，年增长近 0.6 亿吨；可收集利用的农作物秸秆总量约 9.0 亿吨，年增长近 1.35 亿吨；实际利用农作物秸秆总量约 7.21 亿吨，实际利用量占可收集量的 80.11%，相较于 2014 年 78%[②]的秸秆综合利用率，2015 年，秸秆综合利用率提升了近 2%。根据《“十三五”生态环境保护规划》要求，2020 年，我国秸秆综合利用率须达到 85%，若秸秆综合利用率按年 2% 的增长速度增长，到 2018 年即可实现《“十三五”生态环境保护规划》目标。我国

---

① 中国农业年鉴 2015.
② 中国农业年鉴 2016.

农作物秸秆的利用方式有很多种，并非百分之百用作燃料，还被广泛运用于农作物施肥、畜禽养殖、菌菇生长基、工业加工品中。2015年，53.93%的农作物秸秆被用于生产农田肥料，23.42%的农作物秸秆被用于畜禽养殖的饲料，4.98%的农作物秸秆被用于制作菌菇培养的基料，3.40%的农作物秸秆被用于生产纸浆、纸盒、快餐盒等，仅有14.27%的农作物秸秆被用作燃料。[①] 可见，肥料化、饲料化是农作物秸秆利用的主要方式，燃料化利用水平较低。

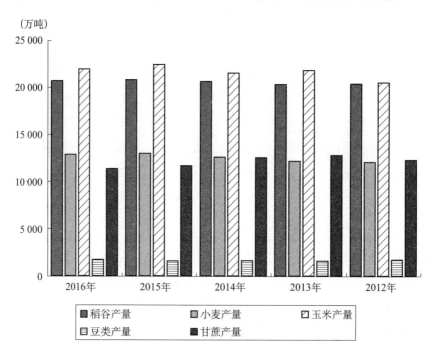

图4-1 2012～2016年我国主要农作物产品产量

4.2.1.2 林业剩余物

林业剩余物主要包括森林采伐产生的剩余物、造林剩余物、生产加工木制产品产生的剩余物。根据近20年的全国森林资源清查结果显示，我国森林资源总量整体上呈上升趋势（见图4-2）。本书采用森林面积、活立木总蓄积

---

① 石祖梁，贾涛，王亚静，王久臣，孙仁华，李想，王飞，毕于运. 我国农作物秸秆综合利用现状及焚烧碳排放估算 [J]. 中国农业资源与区划，2017，38（9）：34-36.

量、森林蓄积量三个指标来说明 2004～2016 年我国森林资源的变化情况（见图 4-3 和图 4-4）。根据第六次全国森林资源清查结果显示，2005 年，我国森林面积 17 490.92 万公顷，森林蓄积量 124.56 亿立方米，活立木总蓄积量 136.18 亿立方米。根据第七次全国森林资源清查结果显示，2008 年，我国森林面积 19 545.00 万公顷，森林蓄积量 124.56 亿立方米，活立木总蓄积量 136.18 亿立方米。根据第八次全国森林资源清查结果显示，截至 2014 年初，全国森林面积 20 769.00 亿公顷，森林蓄积 151.37 亿立方米，活立木总蓄积 164.33 亿立方米。2005～2014 年，全国森林面积扩大了 3 278.08 万公顷，增长了近 18.74%；全国活力木总蓄积量净增长 28.15 亿立方米，增长了近 20.67%。我国林业剩余物主要有三种用途，一是原料化利用，直接作为生产纤维板、人造复合板材、木制工艺品、一次性木筷、药材、生物质粘胶、纸浆、活炭类等产品的原料；二是能源化利用，直接或间接作为生产生物质电力、沼气、生物质固体燃料、乙醇、生物柴油的原料；三是肥料、饲料化利用，直接利用林木果叶生产绿肥或饲料。其中，林业剩余物主要用于生产纸浆、人造板等，能源化利用次之，肥料化、饲料化利用最少。按照目前"十三五"期间年森林采伐限额的规定，全国合计每年可采伐的森林资源 25 403.6 万立方米[①]，按照大约 40%[②]的林业剩余物产生比例，"十三五"期间我国每年产生 10 161.44 万立方米的林业剩余物。

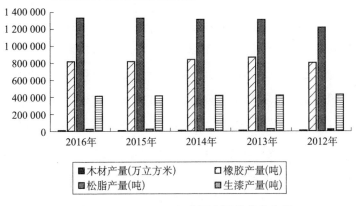

图 4-2 2012～2016 年我国主要林产品产量

---

① 国务院关于全国"十三五"期间年森林采伐限额的批复。
② 刘曼红.林业"三剩物"的开发利用现状和前景概述 [J].林业调查规划，2010，35 (3)：62.

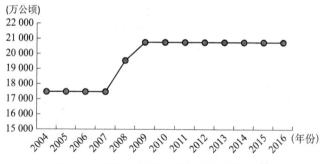

图 4 – 3 　2004 ~ 2016 年我国森林面积现状

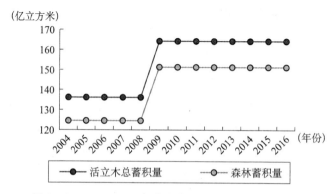

图 4 – 4 　2004 ~ 2016 年我国森林、活力木蓄积量现状

4.2.1.3　畜禽粪便

畜禽粪便主要来自圈养的鸡、鸭、鹅、猪、牛、羊。根据国家统计局数据显示（见图 4 – 5），2014 年，我国牛期末数量为 10 578.04 万头、猪期末数量为 46 582.74 万头、羊期末数量为 30 314.93 万只、山羊期末数量为 14 465.92 万只、绵羊期末数量为 15 849.00 万只，以此畜禽数量估算的粪便实物量为 13.4 亿吨，规模化畜禽养殖场粪便资源每年约 8.4 亿吨。2016 年，我国牛期末数量为 10 667.90 万头、猪期末数量为 43 503.71 万头、羊期末数量为 30 112.02 万只、山羊期末数量为 13 976.94 万只、绵羊期末数量为 16 135.08 万只，相比 2014 年畜禽数量，2016 年，畜禽数量总量减少 3 394.98 万头（只），按照 2014 年的粪便产生系数，2016 年，粪便实物量约为 13.01 亿吨。畜禽粪便主要的用途包括生成有机肥还田、发酵产生沼气等，若全部都用来生产沼气，按照平均每吨畜禽粪便发酵产沼气 50 立方米计，生产沼气潜力约为

400 亿立方米，约折合 2 800 万吨标准煤。①

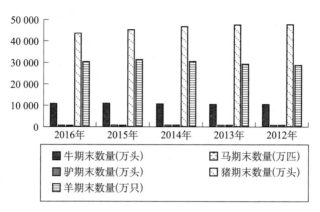

图 4 - 5　2012 ~ 2016 年我国畜牧饲养量

4.2.1.4　生活垃圾

根据国家统计局数据显示（见图 4 - 6），2012 年，我国垃圾清运量 1.723 8 亿吨，其中，50% 可作为焚烧发电的燃料或垃圾填埋气发电的原料，可替代 1 200 万吨标准煤。随着我国城镇化进程的不断推进，城市人口数量的不断增多，2016 年，我国生活垃圾清运量 2.036 2 亿吨，净增加 0.312 4 亿吨生活垃圾，若按照 2012 年 50% 的垃圾发电利用率，2016 年，我国生活垃圾可替代 1 527.15 万吨标准煤。从省份分布来看，广东、江苏、山东、浙江和辽宁的城市生活垃圾清运量位居全国前五，分别达 2 391 万吨、1 562.3 万吨、1 466.3

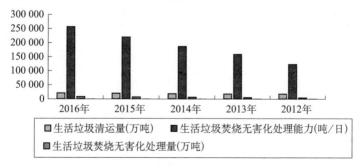

图 4 - 6　2012 ~ 2016 年城市生活垃圾清运和处理情况

---

① 王仲颖，任东明，秦世平．中国生物质能产业发展报告 2014 ［M］．北京：中国环境出版社，2014：11.

万吨、1 433.5 万吨和 933.1 万吨，其次为河南、四川、湖北、北京、河北，
分别为 915.4 万吨、886.7 万吨、880.1 万吨、872.6 万吨和 725.2 万吨，其余
省、直辖市生活垃圾清运量均未超过 700 万吨（见表 4 - 1）。垃圾清运量前五
名的省份主要集中在东南沿海地区，占全国垃圾清运量的 38.24%，西部地区
垃圾清运量最少。

表 4 - 1　　　　　　　　　各省城市生活垃圾清运量　　　　　　单位：万吨

地区	2016 年	2015 年	2014 年	2013 年	2012 年
广东省	2 391	2 320.4	2 214.2	2 092.1	2 136.9
江苏省	1 562.3	1 456.1	1 352.4	1 202.7	1 210.1
山东省	1 466.3	1 377.5	958.5	1 007.4	1 062.4
浙江省	1 433.5	1 332.6	1 229.1	1 123.3	1 055
辽宁省	933.1	933.2	917.1	927.1	929.9
河南省	915.4	891.8	832.8	805.6	795.8
四川省	886.7	823.6	780	750.7	702.8
湖北省	880.1	832.2	739.3	745.8	716.6
北京市	872.6	790.3	733.8	671.7	648.3
河北省	725.2	635.9	614.1	585.3	577.4
湖南省	681.6	638.2	600.8	616.8	565.4
福建省	657	608.1	598.9	551.8	493.8
上海市	629.4	613.2	608.4	735	716
黑龙江省	541.9	523	553.4	581.9	710
安徽省	540	491.9	464.8	455.9	442.1
吉林省	534.1	490.3	504.6	485.4	508.6
陕西省	532.8	522.7	517.9	437.3	433.1
重庆市	494.1	440	399.4	349.8	335.3
山西省	469.4	447	445	394.6	392.4
云南省	432.1	371	349.5	324.1	306.7
广西壮族自治区	411.2	385.5	338.9	302.3	266.2
江西省	399.5	329.3	308.5	339	327.2
新疆维吾尔自治区	378.7	380	360.6	352.3	352.7
内蒙古自治区	345.3	329.1	324.6	350.1	385.9
贵州省	294	268.3	273.8	248.4	235.7
天津市	269	240.7	215.9	200	185.8
甘肃省	257.2	262.7	253	272.8	270.5
海南省	188.7	160.1	144.2	125.3	110.2
宁夏回族自治区	112.2	132.2	118.4	106	116.2
青海省	82	82.2	77.6	74.1	66.3
西藏自治区	46.1	32.9	30.8	24.1	25.6

资料来源：国家统计局。

4.2.1.5　废水废渣

根据国家统计局数据显示，2012 年，我国废水排放总量约 684.8 亿吨，2016 年，我国废水排放总量约 711.1 亿吨，净增加 26.3 亿吨废水。按照 1 亿吨工业有机废水可生产 6.22 亿立方米沼气的比例，2016 年，我国工业有机废水可生产 291.7 亿立方米沼气，可替代 2 077 万吨标准煤。据统计，2001 年，我国工业固体废物产生量 8.874 6 亿吨，2015 年增长到 37.92 亿吨，年均增长率为 10.2%。随着我国工业化进程的不断推进，工业固体废物的产生量将持续增长，预计 2021 年将产生 98 亿吨工业固体废物，根据《"十三五"生态环境保护规划》要求，2020 年，全国工业固体废物综合利用率须提高到 73%，预计 2021 年，我国可综合利用的工业固体废弃物达 71.54 亿吨。[①]

4.2.2　我国生物质能产业总体现状

生物质能被誉为继煤炭、石油、天然气之后的第四大能源，相较于风能、光能等新能源产业的发展，我国生物质能的发展起步较晚。生物质资源能源化利用方式主要包括生物质电力、生物质液体燃料（乙醇、生物柴油等）、生物质气体燃料（沼气、生物燃气）、生物质成型固体燃料。据统计，我国每年可作为能源利用的生物质资源约折合 4.6 亿吨标准煤，2010 年，我国共利用生物质资源约折合 2 400 万吨标准煤，利用率为 5.22%。2015 年，我国共利用生物质资源约折合 3 500 万吨标准煤，利用率为 7.61%。[②] 相比 2010 年生物质资源的使用量，2015 年，多使用了约折合 1 100 万吨标准煤的生物质资源，2010 ~ 2015年，我国生物质资源的开发利用虽有所增加，但是整体利用率仍然较低，都未超过 10% 的利用率。随着我国经济的发展，能源消耗量的增多，人们对节能减排的要求也越来越高，生物质能产业已成为缓解能源紧张、减少化石能源消耗、改善大气环境的必要举措，生物质能产业已被列为我国"十三五"国家战略性新兴产业。

---

① 前瞻产业研究院. 2021 年我国工业固废产生量有望突破 98 亿吨［EB/OL］. 2016 - 8 - 5.
② 生物质能发展"十三五"规划。

4.2.2.1 生物质发电

据国际可再生能源协会数据显示，2005～2016 年，我国生物质发电并网装机容量整体上呈上升趋势。2005 年，我国生物质并网发电总装机容量 2 000 兆瓦，截至 2016 年底，我国生物质并网发电总装机容量 12 140 兆瓦，其中，生物质固体燃料发电总装机容量 11 790 兆瓦，生物质气体燃料发电总装机容量 350 兆瓦，2016 年，生物质并网发电总装机容量是 2005 年的 6 倍。生物质发电主要包括农林生物质发电、垃圾焚烧发电、沼气发电三种，生物质发电技术呈现多元化特点，各技术目前已基本成熟。

4.2.2.2 生物质成型燃料

在北欧地区，生物质成型燃料主要被用于供热，其中，瑞典生物质成型燃料供热占整个瑞典供热能源消费的 70%。我国生物质成型燃料经过近几年的发展，已初具规模，被广泛运用于城镇供暖和工业供热等方面。2010 年，我国生产生物质成型燃料 300 万吨，约折合 150 万吨标准煤，截至 2015 年底，我国生产生物质成型燃料 800 万吨，约折合 400 万吨标准煤，5 年间生物质成型燃料产量增长近 3 倍，规模化日趋成熟。此外，生物质成型燃料相关的机械设备制造、燃料燃烧等技术也日趋成熟。随着我国"百个城镇"生物质热电联产县域清洁供热示范项目的建设开展，生物质成型燃料的需求将得到迅猛增长，生物质成型燃料产业规模化、产业化将进一步扩大。

4.2.2.3 生物质燃气

我国生物质燃气最主要的是沼气，少部分是以 CO 为主要成分的生物质燃气。据统计，2010 年，我国农村户用沼气 4 000 万户，年产沼气理论上 130 亿立方米，大型沼气工程 5 万处，理论上年产沼气 10 亿立方米，理论上合计年产沼气 140 亿立方米，约折合 1 000 万吨标准煤。截至 2015 年底，我国农村户用沼气 4 380 万户，理论上年产沼气约 140 亿立方米，大型沼气工程 10 万处，理论上年产沼气约 50 亿立方米，理论上合计年产沼气 190 亿立方米。2010～2015 年，沼气产量整体上呈上升趋势，户用沼气数量增长较为缓慢，大型沼气工程数量增长较快，2015 年，大型沼气工程数量是 2010 年的 2 倍，我国沼气生产正逐渐由小型户用沼气工程向大型沼气工程转变，整个沼气产业正处于转型升级关键阶段。

4.2.2.4　生物质液体燃料

生物质液体燃料主要包括乙醇和生物质柴油两种，我国生物质乙醇占整个生物质液体燃料的 65% 以上。经过近几年发展，我国生物质液体燃料产量整体上呈上升趋势。据统计，2010 年，我国生物质乙醇年产量超过 180 万吨，生物质柴油年产量约 50 万吨。截至 2015 年底，生物质乙醇年产量近 210 万吨，生物质柴油年产量约 80 万吨。2015 年相较于 2010 年，生物质乙醇和生物质柴油都净增 30 万吨，但生物质柴油增长比例较大。目前，生物质柴油正处于产业发展初期，我国自主研发的以植物性油脂、餐饮废油为原料的生物航空煤油已成功运用于跨洋商业飞行，生物航空煤油生产技术已成熟。生物质乙醇生产技术经过这几年的研发突破，第 1 代、第 1.5 代乙醇生产技术已成熟，并实现产业化，纤维素燃料乙醇生产技术还处于产业化初级阶段，关键技术还需改进（见表 4 - 2）。

表 4 - 2　　　　　　2010 年与 2015 年底全国生物质能利用现状[①]

2015 年全国生物质能利用现状					
利用方式	利用规模		年产量		折标煤
	数量	单位	数量	单位	万吨/年
1. 生物质发电	1 030	万千瓦	520	亿千瓦时	1 520
2. 户用沼气	4 380	万户	190	亿立方米	1 320
3. 大型沼气工程	10	万处			
4. 生物质成型燃料	800	万吨			400
5. 生物燃料乙醇			210	万吨	180
6. 生物柴油			80	万吨	120
总计					3 540

2010 年全国生物质能利用现状					
利用方式	利用规模		年产量		折标煤
	数量	单位	数量	单位	万吨/年
生物质发电	550	万千瓦	330	亿千瓦时	1 020
户用沼气	4 000	万户	130	亿立方米	930
大型沼气工程	50 000	处	10	亿立方米	70
生物质成型燃料	300	万吨			150
生物燃料乙醇			180	万吨	160
生物柴油			50	万吨	70
总计					2 400

① 生物质能发展"十二五"规划和生物质能发展"十三五"规划。

4.3 生物质发电现状及面临问题

生物质发电主要包括农林生物质发电和垃圾发电两种，农林生物质发电是以农林剩余物为原料，垃圾发电是以工业有机废弃物和生活垃圾为原料。农林生物质发电有直接燃烧、混合燃烧、气化三种方式，垃圾发电有焚烧、填埋气化两种方式。经过近 20 年的发展，目前，我国生物质发电产业规模化不断扩大，农林生物质直燃、混燃、气化技术装备制造，垃圾焚烧、填埋气化技术装备制造都已实现国产化，并建成投产了万吨级示范项目。

4.3.1 生物质发电装机规模及分布

"十二五"时期，我国生物质发电技术进步明显，装机规模成倍扩大，相比 2010 年末，2015 年，我国农林生物质直燃发电装机容量增长了 1.35 倍，城市生活垃圾发电装机容量增长了 1.1 倍。农林生物质直燃发电和城市生活垃圾发电是我国生物质发电的最主要方式，2015 年，我国生物质发电总装机容量 1 032万千瓦，其中，农林生物质发电占比 51.40%，装机容量约为 530.4 万千瓦，垃圾发电占比 45.38%，装机容量约为 468.3 万千瓦，其他生物质发电占比 3.22%，装机容量约为 33.1 万千瓦，生物质年总发电量达到 527 亿千瓦时。到 2016 年底，我国生物质发电并网装机容量 1 214 万千瓦（不含自备电厂），年增长 17.64%，生物质发电量 647 亿千瓦时，年增长 22.77%，增长速度迅猛。由此可见，农林生物质发电和垃圾发电各占我国生物质发电的半壁江山，我国生物质发电产业发展迅速，已成为我国电力供给中的重要力量。[①]

截至 2016 年底，全国共有 30 个省（区、市）投产了 665 个生物质发电项目，其中，农林生物质发电项目投产了 254 个，分布在 23 个省（区、市），主

---

① 任东明，张庆分."十二五"期间生物质能产业发展回顾［EB/OL］.2017 - 12 - 21.

要集中在东北、华北、华东和华中地区，装机容量 636 万千瓦，约占全国生物质直燃发电装机总量的 94%，年发电量 333 亿千瓦时，年平均利用小时数 5 835 小时；垃圾焚烧发电项目共投产了 273 个，分布在 27 个省（区、市），其中，前 10 位的省份分别是浙江 35 座、江苏 30 座、山东 24 座、广东 24 座、福建 14 座、四川 14 座、湖北 12 座、安徽 11 座、河北 10 座、云南 8 座，主要集中在经济发达、城市人口密集的华南、华东、华北地区，全国垃圾发电装机容量 543 万千瓦，年发电量 299 亿千瓦时，年利用小时数 5 981 小时；沼气发电项目共投产 138 个，分布在 26 个省（区、市），装机容量 35 万千瓦，年发电量 15 亿千瓦时，年利用小时数 4 320 小时。[①]

生物质发电并网装机容量前 3 名的省份分别是山东省（179.4 万千瓦）、江苏省（125 万千瓦）和浙江省（118.2 万千瓦）；农林生物质并网装机容量前 3 名的省份分别是山东省（117.1 万千瓦）、安徽省（65.6 万千瓦）和黑龙江省（48.9 万千瓦）；垃圾焚烧发电并网装机容量前 3 名的省份分别是浙江省（99.2 万千瓦）、江苏省（79.1 万千瓦）和广东省（61.5 万千瓦）。

2017 年，我国生物质发电并网装机容量新增 274 万千瓦，年增长 22.6%。山东（37 万千瓦）、浙江（36 万千瓦）、广东（33 万千瓦）和安徽（24 万千瓦）四省分别位列新增装机前 4 位。在可再生能源中，装机容量增长速度仅次于光伏发电，全年生物质发电量较上年增长 147 亿千瓦时，年增长 22.7%。山东（107 亿千瓦时）、江苏（91 亿千瓦时）、浙江（83 亿千瓦时）和安徽（70 亿千瓦时）四省分别位列全国生物质发电量前 4 位。[②]

4.3.2　生物质发电技术装备

利用农林生物质发电的三种技术中，农林生物质直燃发电技术最为成熟，并已实现规模化和产业化。利用垃圾发电的两种技术中，焚烧发电技术更为成熟，且规模也较大。

---

① 国家能源局 . 2016 年度全国生物质发电监测评价报告 ［EB/OL］. 2017－7－21.
② 国家能源局新闻发布会介绍 2017 年新能源并网运行情况等。

4.3.2.1 农林生物质发电的技术现状

（1）生物质直燃发电。

生物质直燃发电是指全部采用生物质为原料，在生物质专用发电锅炉中燃烧，产生的蒸汽驱动蒸汽轮机，带动发电机发电的技术[①]。该技术主要设备包括原料输送系统、生物质专用锅炉及辅机系统、汽轮发电机系统、变配电系统、除尘和灰渣收集系统等。其中，生物质专用发电锅炉是生物质直燃发电工程的核心设备，目前，我国使用的生物质锅炉从燃烧方式上看主要有水冷振动炉排锅炉、循环流化床锅炉和联合炉排锅炉三大类型。我国生物质锅炉生产制造经过了先从国外引进消化吸收再到自主研发的过程。2005年，我国从丹麦引进了水冷振动炉排生物质直燃发电锅炉设计技术，锅炉由国内生产，少量关键零部件直接从丹麦采购，并于2006年在我国山东单县建成我国首个生物质直燃发电厂。该锅炉采用高温高压参数，出力分为130吨/时和48吨/时两种规格，分别配置30兆瓦和12兆瓦的汽轮发电机组，锅炉效率约为88%～92%。与此同时，国内一批发电锅炉制造企业也开始积极研发水冷振动炉排炉生物质发电锅炉，目前，已研制出次高温次高压和中温中压两种参数水冷振动炉排锅炉，分为110吨/时和75吨/时两种规格，分别配置25兆瓦和12兆瓦的汽轮发电机组，其中，华光锅炉有限公司研发的110吨/时次高温次高压水冷振动炉排锅炉产品运行良好，技术已基本成熟。水冷振动炉排锅炉具有燃烧效率高的优点，但也存在不能燃用多种生物质燃料的弊端。为适应我国农作物多样化的特点，研发出调节性能好、燃料适应性广的锅炉成为我国生物质锅炉技术攻坚的主要方向。经过近几年的技术研发，我国已成功研制出耐高低温腐蚀、防积灰、燃烧效率高、燃料适应广的循环流化床锅炉和联合炉排锅炉。其中，济南锅炉集团与中科院工程热物理研究所联合研发的循环流化床发电锅炉技术是国际上最先进的循环流化床发电锅炉技术，已出口泰国、马来西亚、印度尼西亚、巴基斯坦等国。此外，济南锅炉集团自主研发的联合炉排生物质锅炉克服了从国外引进的水冷振动炉排锅炉定向燃料的弊端，不受原料市场变化

---

① 王仲颖，任东明，秦世平. 中国生物质能产业发展报告2014 ［M］. 北京：中国环境出版社，2014：40.

的制约，更适合我国农林生物质多样化的情况。

在整个生物质直燃发电系统中，除了发电锅炉这个核心设备外，原料输送系统对整个生物质发电厂的稳定运行也至关重要。目前，针对不同的燃料特性，直燃电厂分别采取不同的给料方式。对于含水量低、木质纤维素和半纤维素含量高的木本秸秆，宜采取风干粉碎机械（例如螺旋输送）或者冷空气气力输送；对于含水量高、纤维素含量高的草本秸秆，宜采取烘干压缩打包链式输送。此外，国外还有固态处理的办法（即生物质固态成型燃料加工），将生物质加工成固态颗粒供燃烧炉使用。这种固态处理能减少生物质含水量，提高生物质的燃烧效率，并使得生物质颗粒可直接在改造的燃煤锅炉中燃烧使用。但是，这种固态处理的成本相对较高，目前，我国山东十里泉电厂已成功改造中小型燃煤发电机组掺烧生物质固体燃料，开创了我国燃煤电厂改造掺烧固体生物质燃料的先河。此外，合肥工业大学等单位联合研制的生物质成型燃料超焓燃烧发电锅炉，采用高温高压参数，燃烧温度可达 1 000℃ 以上，高出普通锅炉燃烧温度 300℃ 左右，燃烧效率高达 92% 以上，很好地解决了秸秆的"收储运"等技术难题，各项技术指标均处于国际领先水平。

我国可能源利用的农林生物质主要有草本秸秆、木本秸秆和木材三种，不同类型的生物质燃料需要配备不同类型的生物质专用燃烧锅炉，否则就会造成燃烧效率低下，锅炉腐蚀严重等问题。我国首个生物质直燃发电厂（山东单县国能发电厂）建立的是以木本秸秆为燃料的水冷振动炉排锅炉。2007 年，我国首例以草本秸秆（小麦秆、玉米秆、稻谷秆）为燃料的循环流化床锅炉直燃发电厂在河南浚县建成，并发电并网成功。相比木本秸秆，我国草本秸秆资源量更大，露天焚烧造成的环境污染和资源浪费更为严重，因此，研发推广建立以草本秸秆为燃料的生物质直燃发电厂更有意义。2011 年，我国在广东湛江建成以桉树皮、桉树枝等木材为燃料的生物质直燃发电厂，是目前世界上最大的纯燃生物质发电厂。至此，我国已成功掌握了以草本秸秆、木本秸秆、木材为原料的生物质直燃发电技术。已建成的生物质直燃发电厂有山东单县生物质直燃发电厂（建设规模为 1×25 兆瓦汽轮机组和 1×130 吨/时直燃锅炉）、江苏宿迁生物质直燃发电厂（2×12 兆瓦汽轮机组和 2×75 吨/时直燃锅炉）、河北晋州生物质直燃发电厂（2×12.5 兆瓦汽轮机组和 2×75 吨/时直燃锅炉）、江苏如东生物质直燃发电厂（1×25兆瓦汽轮机组和1×110吨/时直燃锅炉）、内蒙古奈曼旗林业生物质直燃发电厂（2×12兆瓦汽轮机组和2×75吨/时直燃锅炉）等。

（2）生物质混燃发电。

生物质混燃发电又称燃煤耦合生物质发电，是指在常规燃煤发电厂的燃料中掺入一定比例的农林生物质原料，利用煤—生物质混合燃烧发电的技术。[①]生物质混燃发电又分为两种模式：直接混燃模式（DirectCo – firing）与并联混燃模式（ParallelCo – firing）。直接混燃模式是将经过预处理的生物质与煤炭在锅炉中混合共同燃烧产生蒸汽发电（见图4 – 7）。并联混燃模式是建立两个锅炉，一个纯烧生物质的锅炉，一个生物质—煤混燃的CFB锅炉（循环流化床锅炉），将二者产生的蒸汽混合带动发电机组发电（见图4 – 8）。目前，国内农林生物质混燃发电正常运行的仅有国电荆门发电厂的640MW机组。[②]

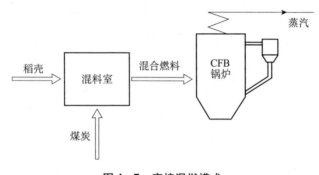

图4 – 7　直接混燃模式

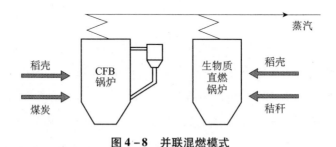

图4 – 8　并联混燃模式

在我国，直接混燃模式和并联混燃模式都曾有过运用，但是两者在投资成

---

① 王仲颖，任东明，秦世平. 中国生物质能产业发展报告2014 ［M］. 北京：中国环境出版社，2014：40.

② 中国生物质能源产业联盟. 农林生物质与燃煤混燃发电研究报告 ［EB/OL］，2017 – 10 – 13.

本、原设备利用、掺烧比例等方面有所不同。在原设备利用上，直接混燃模式
能充分利用烧煤电站原有的发电设备和基础设施，将进料系统进行相关的技术
改造即可，而并联混燃模式必须另外建设专用的生物质燃料锅炉，因此，并联
混燃模式投资成本相对较高，是直接混燃模式投资成本的近 7 倍①；在锅炉使
用效率上，生物质与煤炭混燃会造成原锅炉效率下降，采用并联混燃模式，生
物质与煤炭分别在两个锅炉燃烧，锅炉效率高，设备可持续使用长；在掺烧比
例上，由于直接混燃模式直接利用 CFB 锅炉（循环流化床锅炉），生物质与煤
掺烧比例（质量比）需要控制在 20% 以下，而并联混燃模式掺烧比例（热值
比例）可达 80%，生物质利用规模更大；在生物质灰、煤炭灰利用上，直接
混燃模式导致生物质灰和煤炭灰混合形成复合灰渣，复合灰渣难以分离，难以
再次利用，而并联混燃模式，生物质灰与煤炭灰分离，都可二次利用；在积灰
处理上，直接混燃模式所用的锅炉中生物质燃烧比例较少，生物质中的钠、钾
等碱性金属元素形成的沾污积灰较少，而并联混燃模式中，纯烧生物质的锅炉
中沾污积灰较多，容易影响锅炉使用。目前，华能清洁能源研究所设计的机械
接触清灰装置能较好解决燃用稻壳的 CFB 锅炉尾部受热面碱金属腐蚀、锅炉
底积灰以及水冷壁结焦等问题。

（3）生物质气化发电。

生物质气化发电是指采用气化技术，将生物质原料转化为可燃气体，可燃
气体供燃气内燃发电机组发电的技术。② 从发电规模上可分为小型（发电功率
在 2 千瓦~160 千瓦）、中型（发电功率在 500 千瓦~5 兆瓦）、大型（发电功
率在 5 兆瓦~10 兆瓦）三种生物质气化发电系统。③ 目前，我国已建成 20 多
座生物质气化发电厂④，大多以中小型、固定床、低热值气化技术为主，存在
燃气热值低、燃气内燃机的效率低、装机容量小、发电转化效率低（一般只
有 12%~18%）、气化气体中的焦油含量高、二次污染严重等普遍问题。整个

---

① 何张陈，袁竹林，耿凡. 农作物废弃物与煤混燃发电的技术经济性——基于江苏省混燃案例的
调研［J］. 能源技术，2008（12）：359.
② 王仲颖，任东明，秦世平. 中国生物质能产业发展报告 2014［M］. 北京：中国环境出版社，
2014：41.
③ 黄达其，陈佳琼. 我国生物质气化发电技术应用及展望［J］. 热力发电，2008（10）.
④ 谢家敏. 浅谈我国生物质能发电发展［J/OL］. 2016 - 6 - 18.

生物质气化发电技术还需在焦油处理、积灰去除、气化效率、发电转化效率等方面实现突破。

4.3.2.2　垃圾发电

垃圾发电的技术方式主要有两种：垃圾焚烧发电和垃圾气化发电。垃圾焚烧发电是将燃烧值较高的垃圾放在焚烧炉中高温焚烧产生高温蒸汽推动涡轮转动，带动发电机产生电能。垃圾气化发电是先将垃圾压制成块，然后将垃圾块装填汽化炉中，利用高温蒸汽将其气化又不至于燃烧，最终同一定比例的空气进入燃气轮机燃烧发电。垃圾焚烧发电主要设备有：焚烧锅炉、汽轮机、烟气除尘设备、渗滤液处理设备、锅炉补给水设备等。其中，焚烧锅炉是垃圾焚烧发电设备的核心，其技术水平直接决定了垃圾焚烧处理的效果及后续污染产生情况，汽轮机设备可适用煤炉发电相关设备。目前，我国垃圾焚烧锅炉有机械炉排炉、流化床炉、回转窑炉和热解气化焚烧炉四种，分别对应层状燃烧、流化床燃烧、旋转燃烧、气化熔融燃烧四种焚烧技术。我国垃圾焚烧发电厂普遍采用的是机械炉排焚烧锅炉（数量占比73%）和流化床焚烧锅炉（数量占比21%），回转窑炉和热解气化焚烧炉使用较少，仅占6%。四种锅炉分别具有不同的特点，其中，最具有发展前景的是热解气化焚烧炉，该设备垃圾处理更彻底、过程更洁净、资源回收利用率也更高，但该技术目前还处于研究实验阶段。普遍使用的两种锅炉中，机械炉排炉的环保性要优于流化床锅炉，其炉膛温度较高、垃圾焚烧更为充分、灰渣热灼减率也较低、二噁英产生量较小，此外，其装填垃圾不需预处理，单炉处理能力大，运行成本也较低。但是，机械炉排炉一次性投资较大，管理水平要求较高，流化床焚烧炉一次性投资成本相对较小。[①]

经过十几年的科技研发，我国垃圾焚烧锅炉制造企业也走出了一条从国外引进先进技术消化吸收再自主创新的道路。1998年，我国通过技术引进消化吸收，第一台循环流化床焚烧锅炉在杭州余杭成功投运，经过十几年的发展，截至2014年，我国循环流化床焚烧锅炉已基本全部实现国产化，具备自主研发的实力（见表4-3）。炉排炉生产制造经过技术引进消化吸收，目前，光大

---

① 李慕白，垃圾焚烧发电技术概述［J］. 河南科技. 2017（12）：2-2.

国际、深圳能源、绿色动力、上海环境、重庆三峰等锅炉制造企业也都相继拥有了炉排炉技术的自主知识产权，具备自主生产的能力。两种锅炉国产化技术基本成熟，总体运行状况正常，但是，年利用时间还有待提高，设备故障率还有待降低。

表 4 – 3　　　　　　　　生活垃圾焚烧设备的引进及国产化

类型	项目数量（个）	引进技术（项）	国产设备（台）	规模（吨/日）	炉子数量（个）
炉排炉	76	9	39	74 730	169
流化床	45	—	43	35 270	115
其他	6	—	—	5 010	21
合计	127	9	82	115 010	305

4.3.3　生物质发电存在的问题

4.3.3.1　农林生物质发电存在的问题

（1）产业布局不合理。

我国秸秆资源总量丰富，但是资源分散，道路交通不便，收集运输成本高。目前，我国农林生物质发电厂数量最多的是江苏、山东、安徽、广东四省，粮食生产总量前五的省份依次是黑龙江省、河南省、山东省、吉林省、四川省，但是，粮食产量前五的省份除了山东省农林生物质发电厂较多外，黑龙江、河南、吉林、四川四省农林生物质发电厂数量均未列入全国前五，农林生物质资源分布与产业布局不合理，这会加大农林剩余物的收集、运输费用，降低农林生物质的回收利用效率。因此，在原料丰富的地区，应加强农林生物质发电产业建设，充分利用农林剩余物资源，减少煤炭使用。

（2）生物质热电联产投资资金不足。

2017 年末，国家能源局发布《关于开展"百个城镇"生物质热电联产县域清洁供热示范项目建设的通知》，严禁只发电不供热项目。这一项目能积极促进生物质热电联产的发展，但是后期技改投资非常巨大。以河北省为例，河北作为北方供暖的主要省份，也是全国雾霾最为严重的省份，发展生物质热电联产、解决居民清洁供暖、改变依赖燃煤供暖的局面是当务之急。但是据测算，整个河北省共 136 个示范项目，仅河北省广宗县就有 21 个生物质热电联产项目入选，预计总投资高达 72.4 亿元①，投资金额巨大，采用何种运营模式吸引民间资本投资是推进生物质热电联产技改的重要问题。放眼当下，虽然我国 PPP 运营模式在多种大型公共基础设施投资中成功运用，但是生物质热电联产与其他大型公共基础设施有差异，后续的经营维护成本高，营利能力有限，往往导致民间资本望而却步。

（3）直燃受限，混燃缺管。

目前，我国农林生物质发电主要以农林生物质直燃发电为主，生物质混燃发电厂相对较少。2017 年，国家能源局出台了《关于开展"百个城镇"生物质热电联产县域清洁供热示范项目建设的通知》《关于促进生物质能供热发展的指导意见》和《关于开展燃煤耦合生物质发电技改试点工作的通知》等文件。这些文件极大促进了我国生物质发电产业的发展，但是文件也指出"大力推进农林生物质热电联产，从严控制只发电不供热项目"。因此，生物质直燃单纯发电将被限制，绿色低碳、清洁环保、经济可靠、综合利用的生物质热电联产和燃煤耦合生物质发电将成为生物质发电的主要方式。但是，我国燃煤耦合生物质混燃发电基础薄弱。现阶段，国内仅有国电荆门发电厂的 640 兆瓦机组正常运行，技术还处于探索阶段，能源利用效率低于热电联产，并且尚未盈利，在县域推广混燃纯发电项目，经济效益较差，补贴缺口逐年扩大；此外，混燃发电监管难度较大，面临掺煤骗补的风险。我国混燃发电的补贴政策是只有生物质掺烧量（按燃料的热值）达到 80% 的混燃机组才能享受上网电价补贴。但是，目前我国未开发出适合我国国情的在混燃电厂监测和核查生物质消耗量的技术设备和系统，能否享受上网电价补贴没有监测标准。②

4.3.3.2 垃圾发电存在的问题

（1）邻避效应突出。

邻避效应是指民众虽然对垃圾焚烧处理方式和社会效益表示认可，但由于担心项目建设会对身体健康、环境质量和资产价值等带来负面影响而不愿项目

---

① 曹智. 河北将建 21 个生物质热电联产县域清洁供热示范项目 [N]. 河北日报, 2018-2-17.
② 李定凯. 对芬兰和英国生物质–煤混燃发电情况的考察 [J]. 电力技术, 2010, 1 (2): 8.

在自家附近建设。目前，我国垃圾焚烧发电厂有 200 多个，其中，部分发电厂在建设运营的过程中受到当地居民的强烈反对，这是由于垃圾焚烧项目选址不当、污染防治措施不健全、焚烧废气及恶臭气体等污染物排放超标、运行管理水平较差等原因造成的。2017 年，国家发改委出台了《关于进一步做好生活垃圾焚烧发电厂规划选址工作的通知》，文件要求地方政府要科学合理规划建厂地址，全面公开环评信息，鼓励居民广泛参与监督。

（2）受垃圾分类的制约较大。

根据垃圾焚烧发电项目的运行经验，垃圾分类情况对垃圾焚烧处理具有至关重要的影响。垃圾分类不完善易造成大量不宜燃烧的垃圾混入燃烧炉中，导致垃圾焚烧热值变低，一些垃圾发电厂为了提高燃烧热值，就会在焚烧炉中掺煤或喷油辅助燃烧，这就使得垃圾发电演变为"小煤电、小油电"。同时，由于掺烧了不易燃烧的垃圾，炉内焚烧温度不宜控制（难以达到 850℃），二噁英等污染物的控制效果也将明显降低。此外，一些重金属电子垃圾如果未经分拣进入焚烧炉内，会导致焚烧废气中的重金属含量增多，腐蚀锅炉。然而，目前我国垃圾分类的处理情况不尽人意，实行垃圾分类的城市寥寥无几，居民垃圾分类的意识薄弱。城市生活垃圾分类主要靠人力，缺乏规范和约束，机械化分拣水平低，不能满足垃圾分类处理的要求，致使垃圾在捡拾、收集、运输、加工过程中造成严重的二次污染。不加以分类的垃圾对锅炉使用寿命造成严重的影响，对控制污染物排放造成更大困难。

（3）运行处理成本较高。

一座日处理 1 000 吨的垃圾焚烧发电厂投资巨大，其建成后处理成本也是垃圾填埋处理的数倍。由于建设、运行成本较高，单纯依靠发电收益难以维系其正常运营。因此，相对于垃圾填埋，实施垃圾焚烧发电受区域经济发展水平和财力保障能力的制约更为明显。若财政能力不足，垃圾焚烧发电项目的正常稳定运行就有可能受到影响。

（4）财税扶持政策的标准难以有效衡量。

目前，我国针对垃圾发电实施了价格扶持政策，一是上网电价由价格主管部门按照有利于促进可再生能源开发利用和经济合理的原则确定；二是 2006 年及以后获得批准或者核准建设的垃圾焚烧发电项目，且发电消耗热量中常规能源不超过 20%，上网电价试行政府定价的，电价标准由各省（自治区、直辖市）2005 年脱硫燃煤机组标杆上网电价加补贴电价（补贴标准为每千瓦时 0.25 元）组成，发电项目自投产之日起，15 年内享受补贴电价。但是，其中关于发电消耗热量中常规能源不超过 20% 的标准规定难以衡量。目前，我国技术难以监测企业发电消耗热量中常规能源是否超过 20%，有些企业为了降低成本，申报的是垃圾发电项目，并享受财政补贴，但在实际发电中，为了降低成本，大量使用煤炭，常规能源使用量超过 20%，垃圾使用量减少。因此，我国应加强对享受财税政策支持的垃圾焚烧发电企业的运行监管，研发出热值比监测技术，对垃圾实际使用量、垃圾用量占发电燃料的比重进行实时监控，保证垃圾真的"变废为宝"。

（5）补贴资金缺口大。

据统计，2016 年，全国生物质发电项目电价附加补助资金需求 24.13 亿元，而实际获得补助资金 20.41 亿元，补贴资金缺口 3.7 亿元。随着我国城镇化进程的不断推进，清洁示范省在各省之间的角逐也越来越激烈，许多省市为了争创清洁示范省，申报了一批垃圾发电项目，但是囿于土地、资金供应，许多垃圾发电厂在实际建设中"搁浅"。

（6）大型垃圾焚烧发电锅炉技术还望突破。

虽然目前我国已拥有炉排炉锅炉和流化床锅炉的自主知识产权，实现了国产化，但是我国生产的焚烧炉在自动化程度、运行稳定性和污染物处理能力上与国外先进炉排锅炉技术还有差距，不能很好地适应大城市大规模集中焚烧处理城市垃圾的需求。如果全部进口国外的设备和技术，又会产生较高的运行成本，增加了地方政府的财政压力。因此，我国大型垃圾焚烧发电锅炉技术还望突破。

4.4 生物质气体燃料现状及面临的问题

根据生物质气体燃料的有效成分将生物质气体燃料分为两种：一种是利用农林废弃物、食用菌渣、牛羊畜粪等有机质生物质为原料，在厌氧条件下被厌氧菌利用产生的沼气，主要有效成分是 CH_4；另一种是利用农林废弃物等生物质原料，在高温缺氧条件下使生物质发生不完全燃烧和热解，通过热化学方法将生物质气化产生的可燃气体，即生物质气化燃气，有效成分是 CO、H_2 等。[1]由于生物质气化燃气常用于燃烧发电，即生物质发电系统的燃料生产环节，因此，生物质气体燃料主要以沼气为主。

4.4.1　沼气发展现状

根据规模大小、沼气的生产和利用主要分为三个档次：农村户用沼气、利用禽畜粪便的大中型沼气工程和规模化大型沼气工程（见表 4 - 4）。我国沼气建设始于 20 世纪 60 年代末 70 年代初，为了解决农村用能问题，利用农村养殖废弃物生产沼气，由于当时我国养殖业主要以农村分散养殖为主，点多面广，沼气工程的建设主要以农村户用沼气池为主，这一时期农村户用沼气池达到 700 万户；20 世纪 70 年代末 80 年代初，随着我国规模化养殖的发展，畜禽粪便规模化利用成为可能，依托大型畜禽养殖场的大中型沼气工程得到发展，这一时期大中型沼气池建设约有 1 000 多处。[2] 进入 21 世纪，我国进一步深化沼气发展，先后实施了"农村沼气建设国债项目""生态家园富民计划"等，这个时期建设农村户用沼气达 4 193 户，大中型沼气工程近 11 万处，形成了以农村户用沼气、养殖小区和联户集中供应沼气、生活污水沼气净化池、秸秆沼气工程、大中型沼气工程等共同发展的多元化格局。鉴于我国"多煤少气贫油"的资源禀赋现状，发展沼气工程对优化我国能源结构、填补天然气缺口，增强国家能源安全保障能力有重大意义。截止到 2015 年，全国沼气年生产能力达到 158 亿立方米，约为全国天然气消费量的 5%，每年可替代化石能源约 1 100 万吨标准煤。[3]

---

[1]　王仲颖，任东明，秦世平. 中国生物质能产业发展报告 2014 [M]. 北京：中国环境出版社，2014：63.

[2]　昊进，雷云辉，程静思，刘刘，邱坤. 我国农村沼气事业的发展模式探索 [J]. 西南石油大学学报，2017（11）：16 - 17.

[3]　全国农村沼气发展"十三五"规划。

表 4-4   沼气工程规模分类指标和配套系统①

工程规模	日产沼气量 Q（m²/d）	厌氧消化装置单体容积 V_1（m²）	厌氧消化装置总体容积 V_2（m³）	配套系统
特大型	Q≥5 000	V_1≥2 500	V_2≥5 000	发酵原料完整的预处理系统；进出料系统；增温保温、搅拌系统；沼气净化、储存、输配和利用系统；计量设备；安全保护系统；监控系统；沼渣沼液综合利用或后处理系统
大型	5 000 > Q≥500	2 500 > V_1≥500	5 000 > V_2≥500	发酵原料完整的预处理系统；进出料系统；增温保温、搅拌系统；沼气净化、储存、输配和利用系统；计量设备；安全保护系统；沼渣沼液综合利用或后处理系统
中型	500 > Q≥150	500 > V_1≥300	1 000 > V_2≥300	发酵原料的预处理系统；进出料系统；增温保温、回流、搅拌系统；沼气净化、储存、输配和利用系统；计量设备；安全保护系统；沼渣沼液综合利用或后处理系统
小型	150 > Q≥5	300 > V_1≥20	600 > V_2≥20	发酵原料的计量、进出料系统；增温保温、沼气净化、储存、输配和利用系统；计量设备；安全保护系统；沼渣沼液综合利用系统

2000～2016 年，在中央投资带动下，经过各地共同努力，农村沼气发展进入了大发展、快发展的新时期。截至 2016 年底，全国户用沼气达到 4 161.14万户，户用沼气池总产气量 1 178 696.49 万立方米、年户均产气量 368.1 立方米。由中央和地方阶段投资支持建成各类型沼气工程达到 95 820 处。其中，处理工业废弃物沼气工程 258 处，年末累计年产气量 27 123.53 万立方米；处理农业废弃物沼气工程 113 182 处（大型沼气工程 7 265 处，中型沼气工程 10 734 处，小型沼气工程 95 183 处），年末累计年产气量 242 755.66 万立方米；生活污水净化沼气池年末累计池数 191 967 户（村级处理系统年末累计池数 70 032 处，学校年末累计池数 7 827 处，其他公共场所年末累计池数

① 中国能源网．沼气工程规模分类标准 [EB/OL]．2016-10-10.

114 108 处）。[1]

目前，我国小型沼气生产技术已处于世界领先水平，在规模化沼气生产关键技术上也有一些突破。在秸秆生物气化技术上，北京化工大学资源与环境研究中心对秸秆高效厌氧消化技术进行了比较深入的研究，并在山东泰安建成了利用秸秆生产沼气的第一个农业部示范项目，获得了预期的效果。该技术的成功研发可为沼气的工业化大规模生产和沼气的产业化提供保障[2]；在沼气净化提纯技术上，我国科技专家符放中研制的"三相内循环沼气池"和"粪草混合连续发酵零排渣沼气制取新技术"可通过特种设备将沼气提纯为汽车燃气。[3]

4.4.2　沼气面临的问题

4.4.2.1　农村户用沼气弃用严重

根据《中国农村统计年鉴》数据显示，2014 年，我国各地区农村沼气池产气总量 1 550 395.4 万立方米，其中，沼气工程产气 225 762.5 万立方米，生活污水净化沼气池 210 719 个；2015 年，我国各地区农村沼气池产气总量 1 539 353.3 万立方米（不含港澳台地区），其中，沼气工程产气 250 286.7 万立方米，生活污水净化沼气池 202 039 个；2016 年，我国各地区农村沼气池产气总量 1 448 575.7 万立方米，其中，沼气工程产气 269 879.2 万立方米，生活污水净化沼气池 191 967 个。通过对近 3 年的数据分析，不难发现，2014 ~ 2016 年，农村沼气池产气总量呈下降趋势，但其中，沼气工程产气量呈上升趋势，农村户用沼气池建设数量呈上升趋势，这说明农村户用沼气池弃用严重，农村户用沼气池产气量逐年下降。随着社会主义新农村建设步伐的加快，乡村城镇化程度越来越高，清洁、方便高效的能源获取也变得越来越便利，亲自上料出料生产沼气获取能源的方式也逐渐被农村居民弃用，分散式户用沼气

[1]　中国农业统计资料/农村能源/沼气使用 . http：//zdscxx. moa. gov. cn：8080/misportal/public/dataChannelRedStyle. jsp.
[2]　庞云芝，李秀金 . 中国沼气产业化途径与关键技术［J］. 农业工程学报 . 2006（12）：55 - 56.
[3]　新型沼气技术令沼气可提纯为汽车燃气［N］，湖南日报，2013 - 3 - 21.

难再发挥其应有的作用。因此,将户用沼气并入天然气管道,方便居民获取是未来沼气产业发展的方向。

4.4.2.2 市场化、产业化发展困难重重

目前,中国沼气仍以户用小沼气为主,大、中型沼气工程所占比例较少,随着我国畜牧养殖产业规模的不断扩大、城镇一体化进程的不断推进,规模化、产业化沼气工程将迎来新的发展。根据《全国农村沼气发展"十三五"规划》要求,沼气不能只局限于农户和农村的发展模式,要向规模化生产和城市、工业、交通领域高值化应用方向转变。规划要求到 2020 年我国沼气规模化水平要显著提高,需新建规模化生物天然气工程 172 个、规模化大型沼气工程 3 150 个、中型和小型沼气工程 25 500 个。但是,目前我国规模化、产业化沼气工程发展还面临着很多困难。首先,在原料利用方面,农作物秸秆、畜禽粪便、餐厨剩余物、工业废渣和废液等都可作为沼气生产的原料,而我国沼气生产原料利用主要以禽畜粪便为原料,畜禽粪便的获取又受限于规模化养殖。因此,原料利用的单一性在一定程度上制约了我国沼气规模化、产业化发展,应实现原料单一性利用向多元化利用方向转变;其次,在沼气利用上,我国主要是户用沼气,主要为农户供能,是一种低值利用,要实现沼气生产的市场化、产业化,沼气必须提升自我价值,走出农业、走出农村,向城市、向工业发展,将其利用到车用燃料、城市燃气和工业生产用气等高附加值产品上。再次,在经济效益方面,无论是户用沼气还是沼气工程,都需要政府在资金上大力支持。然而,我国大多沼气工程初始投资大,运行成本高,经济效益低,很难吸引社会资本投入,市场化发展困难;另外,在政策支持上,目前,我国只对沼气发电并网有补贴,对原料生产、收运,沼气终端使用等环节没有经济政策支持。前期,沼气池建设财政补贴 3 000 ~ 5 000 元不等,许多用户在沼气池建设中偷工减料,建成不合格的沼气池骗取补贴,后期又弃用,根本没有生产沼气,这种在沼气产业上游进行的财政补贴政策不利于沼气产业的发展。沼气产业由原料、生产、产品用户等多个环节构成,要保障产业的可持续发展,必须就整个产业链中各个环节进行有力的政策支持,任一环节都不能欠缺。借鉴国外经验,对沼气产业的补贴应采取"轻"供给"重"消费的策略,在消

费端发力实行价格补贴，刺激沼气消费需求。总之，实现沼气的规模化、产业化，就需要建立从生产到用户使用的全方位财政税收支持政策。最后，在技术装备上，我国小型沼气技术虽然走在了世界前列，但是大型沼气工程技术还有待突破，设备与工艺不配套，设备质量不高，经常发生故障，难以保证长期稳定运行。

4.5　生物质液体燃料现状及面临的问题

生物质液体燃料主要包括燃料乙醇和生物柴油，其中，燃料乙醇已形成产业，生物柴油产业化还处于成长期。截至 2016 年，中国燃料乙醇产能为 271 万吨/年，燃料乙醇消费量为 260 万吨，乙醇汽油占全国汽油消费总量的 1/5。根据"十三五"规划，2020 年，中国燃料乙醇年利用量将达到 1 570 万吨，考虑到开工率，产能缺口约为 1 275 万吨/年[①]；根据《中国生物工业投资分析报告 2016》显示，中国生物柴油总产能为 300～350 万吨/年，2015 年产量约 33.6 万吨。[②] 报告指出，中国生物柴油产业发展处于成长期，但由于受到原料供应的限制，生产装置开工率不足，尚无法满足巨大的市场需求。因此，目前我国生物质液体燃料主要以燃料乙醇为主，生物柴油产量小，还处于成长期。

4.5.1　生物质液体燃料发展的现状

4.5.1.1　燃料乙醇生产规模

2001 年，为解决陈化粮问题、改善大气及生态环境质量和调整能源结构，中国启动了"十五"酒精能源计划，推广使用燃料乙醇，发展至今，研发生产使用燃料乙醇已有 17 个年头。2001～2016 年，除 2012 年受国家财税政策、国际油价的影响，燃料乙醇产能、消费量有所减少外，其他年度我国燃料乙醇

---

①　费华伟，王利宁，赫春燕，陈芯. 中国燃料乙醇发展现状及对石油行业的影响 [J]. 国际石油经济，2017，25（11）：40-44.
②　我国生物柴油产业发展状况 [J]. 能源化工，2016，37（5）：46.

产能、消费量均逐年增长（见图4-9、表4-5①）。

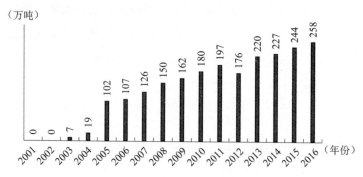

（万吨）

图4-9　2001~2006年度我国燃料乙醇产能

表4-5　　　　　　　　2011~2016年度我国燃料乙醇消费量

年份	2011	2012	2013	2014	2015	2016
消费量（万吨）	177	162	170	190	230	310
年均增长率（%）	2.7	-6.2	4.9	11.8	21.1	34.7

4.5.1.2 燃料乙醇生产技术

目前，世界上以生物质为原料制取燃料乙醇的主要生产技术有三种：以玉米、小麦等淀粉类陈化粮为原料的燃料乙醇生产技术（第1代燃料乙醇技术）；以非粮的淀粉和糖类为原料的燃料乙醇生产技术（第1.5代燃料乙醇技术）；以纤维质农林废弃物为原料的燃料乙醇生产技术（第2代燃料乙醇技术）。经过十几年的发展，我国生产燃料乙醇的技术不断进步，目前已成熟掌握第1代燃料乙醇技术和第1.5代燃料乙醇技术，第2代燃料乙醇技术有所突破，但与技术发达国家相比还有差距，还处于实验向中试过渡阶段。运用以陈粮为原料的第1代燃料乙醇生产技术所生产的乙醇约占整个生物质制乙醇总量的77%，生产厂家有中粮生化（安徽）股份有限公司（以玉米为原料，年产能45万吨）、中粮生化能源（肇东）有限公司（以玉米为原料，年产能25万吨）、河南天冠集团（以小麦、玉米为原料，年产能50万吨）、吉林燃料乙醇有限公司（以玉米为原料，年产能60万吨）、辽源市巨峰生化科技有限公司（以玉米为原料，年产能30万吨）；运用以甜高粱茎秆和木薯等非粮作物为原

---

① 王佳臻，赵广，郭旭青. 国内燃料乙醇的发展现状及展望［J］. 山西化工，2017（5）：67-69.

料的第 1.5 代燃料乙醇生产技术所生产的乙醇占比约 20%，生产厂家有广西中粮生物质能源有限公司（以木薯为原料，年产能 20 万吨）、浙江舟山燃料乙醇公司（以木薯为原料，年产能 30 万吨）、中石化江西东乡（以木薯为原料，年产能 10 万吨）、湖北天冠生物能源（以木薯为原料，年产能 10 万吨）、广东湛江（以木薯为原料，年产能 30 万吨）、中粮生化（安徽）股份有限公司（以木薯为原料，年产能 10 万吨）；运用以纤维素和其他废弃物为原料的第 2 代燃料乙醇生产技术所生产的乙醇占比约 3%[1]，生产厂家有中兴能源（内蒙古）有限公司（以甜高粱秸秆为原料，年产能 10 万吨）、山东龙力生物股份有限公司（以玉米芯、玉米秸秆为原料，年产能 5 万吨）、河南天冠集团（以秸秆为原料，年产能 5 万吨）。为了避免生产乙醇造成"与民争粮，与粮争地"的情况，未来燃料乙醇的生产主要以第 2 代燃料乙醇生产技术为主。

4.5.1.3　燃料乙醇产业相关最新政策

一个产业的发展离不开国家政策的支持，世界上能源消耗大国都实行了相应的计划，例如，美国的"能源农场计划"，巴西的"生物燃料乙醇和生物柴油计划"，法国的"生物质发展计划"，日本"新阳光计划"，印度"绿色能源"工程等。2017 年，国家发展改革委、国家能源局、财政部等 15 个部门联合印发《关于扩大生物燃料乙醇生产和推广使用车用乙醇汽油的实施方案》：到 2020 年，全国范围内将基本实现车用乙醇汽油全覆盖。截至 2018 年，我国已有 13 个省市推广使用乙醇汽油，到 2020 年，全国范围内推广将极大促进我国燃料乙醇产业的发展，预计未来几年，燃料乙醇产业将迅猛发展。

《高新技术企业认定管理办法》规定非粮生物液体燃料（包括非粮的甜高粱、薯类原料生产的乙醇，以及用非食用油原料生产的生物柴油）生产技术、大中型生物质能利用技术为高新技术。认定为高新技术企业需具备的生产能力标准为甜高粱燃料乙醇厂生产能力≥5 万吨/年，薯类燃料乙醇厂生产能力≥10 万吨/年，生物柴油厂生产能力≥3 万吨/年。根据《中华人民共和国企业所得税法实施条例》规定，高新技术企业减按 15% 的税率征收企业所得税。根

① 王佳臻，赵广，郭旭青. 国内燃料乙醇的发展现状及展望［J］. 山西化工，2017（5）：67－69.

据《国家税务总局关于提高科技型中小企业研究开发费用税前加计扣除比例有关问题的公告》，科技型中小企业开展研发活动中实际发生的研发费用，在2017年1月1日至2019年12月31日期间，未形成无形资产计入当期损益的，在按规定据实扣除的基础上，再按照实际发生额的75%在税前加计扣除；形成无形资产的，按照无形资产成本的175%在税前摊销。

《国家税务总局关于发布〈税收减免管理办法〉的公告》《财政部国家税务总局关于提高成品油消费税税率后相关成品油消费税政策的通知》规定：2010年12月31日前，航空煤油暂缓征收消费税。对用外购或委托加工收回的已税汽油生产的乙醇汽油免征消费税；用自产汽油生产的乙醇汽油，按照生产乙醇汽油所耗用的汽油数量申报纳税。对外购或委托加工收回的汽油、柴油用于连续生产甲醇汽油、生物柴油的，准予从消费税应纳税额中扣除原料已纳消费税税款。汽油、柴油价格继续实行政府定价和政府指导价。

4.5.2 生物质液体燃料发展面临的问题

4.5.2.1 原料不足

无论是生产燃料乙醇还是生物柴油，我国都面临着原料不足的问题。目前，我国生产燃料乙醇的主要技术是第1代和第1.5代乙醇制取技术，第1代技术原料为玉米，第1.5代技术原料为木薯，这两种农作物都存在后续供应不足的问题。虽然目前我国有2亿吨的陈化粮可供生产乙醇，但是随着燃料乙醇需求的不断增加，陈化粮库存量减少，第1代技术难以保障未来燃料乙醇的生产供应。据测算，我国木薯年产量700万吨左右[①]，并且生产量将逐年下降。随着国际能源紧张，进口木薯价格节节攀升，进口木薯也不是解决木薯供应的长久之计。此外，另一种原料甜高粱茎秆获取易受季节影响，导致原料供给时间变短，乙醇生产受限，生产设备闲置，生产成本变高。因此，以第1.5代技术生产乙醇也不能满足乙醇供应。最后，虽然我国有丰富的纤维素资源，但去

---

① 张彩霞，谢高地，徐增让等. 中国木薯乙醇的资源潜力及其空间分布［J］. 生态学杂志，2011，30（8）：1726-1731.

除农民焚烧填埋和生物质直燃消耗等去处之后，可供生产燃料乙醇的纤维素资源仅剩约 3 亿吨，加之我国小农耕作的特点，秸秆收集困难，可供利用的纤维素资源会更少。

生物柴油是以植物油脂、动物油脂、餐饮垃圾油等为原料生产而成。欧盟、美国、巴西生物柴油的主要原料是大豆、双低菜籽油等植物油脂，而鉴于我国"不能与粮争地""不能与人争粮""不能与人争油""不能污染环境"的"四不"政策，我国提炼生物柴油的原料只能用油料作物或者地沟油，而地沟油的收集是一个难题，餐厨垃圾大多混杂于生活垃圾，难以分类收集。此外，我国油料作物资源也并不丰富。

4.5.2.2　监管不严

我国燃料乙醇推广采用"核准生产、定向流通、封闭推广"模式，但是，消费者对乙醇汽油的误解导致市场乙醇汽油接受度不高。2016 年，有调查人员走访了山东济南近 20 家包括中石化、中石油以及部分民营在内的加油站，结果没有发现一家出售乙醇汽油。乙醇汽油宣传力度不足、市场监管不严使得乙醇汽油推广受阻。

4.5.2.3　相应配套设施不全

乙醇汽油、生物柴油的推广不仅仅是解决生产技术、原料供应问题，还涉及相应配套设施的建设与改进。乙醇汽油的保质期短，且对储存、运输各环节的要求特别高。若普及乙醇汽油，当前汽油储存设施、管道、油库都需要更新改造，升级费用将高达数百亿元。

4.5.2.4　财税政策不合理

当前，生物质液体燃料的税收优惠主要包括加计扣除研发费用、高新技术企业所得税减免、对符合条件的生物质乙醇实行增值税即征即退政策。自 2005 年起，对国家批准的定点企业生产销售的变性燃料乙醇实行免征消费税政策，但是，受生产技术和原料成本的限制，生物质液体燃料的生产企业大多处于亏损状态，企业所得税的税基少，享受的相应减免也就大打折扣。因此，财税政策应更多设计在研发扣除和财政补贴上，为企业盈利创造条件。

4.5.2.5 受国际油价波动影响大

乙醇汽油是以 90% 的汽油混加 10% 的无水乙醇，实施政府指导定价。但是，当国际油价降低时，汽油价格降低，相应乙醇汽油价格也会降低，然而乙醇生产成本并没有改变，混合的乙醇汽油却相应拉低了乙醇的销售价格，乙醇销售利润降低。尽管实施政府指导定价，但是在未来实现市场化的条件下，乙醇汽油相较其他成品油成本较高，缺乏价格优势，容易影响燃料乙醇的推广应用①，抑制生物液体燃料产业的投资。

4.5.2.6 生产成本较高，技术仍有待提高

目前，我国对第 2 代生物燃料技术研发的只有河南天冠集团等少数几家企业，运营规模还非常小。以第 1 代技术生产乙醇的成本约为 2.7 元/升，但以第 2 代技术生产乙醇的成本约为 3.6~7.2 元/升，生产成本太高。因此，必须通过可行的技术降低纤维乙醇的生产成本，实现第 2 代生物燃料技术的经济性。

4.5.2.7 存在环境污染

第 1 代乙醇生产技术污染较少，但由于是以玉米和小麦等粮食类淀粉质为原料，其发展易受限于原料供应。而第 1.5 代和第 2 代乙醇生产技术不以粮食作物为原料，却都存在废液污染问题。木薯生产燃料乙醇的高浓度有机废水不仅不能像粮食作物生产燃料乙醇的废水那样可作为饲料，还会污染土壤。未来，纤维素燃料乙醇是主要的发展方向，但是纤维素燃料乙醇发酵浓度较低，污水处理成本高、难度大，液态发酵中的废水处理技术还未突破，污染比较严重。②

---

① U. S. Department of Energy. Alternative aviation fuels: over view of challenges, opportunities and next steps [R]. Washington DC: Office of Energy Efficiency and Renewable Energy, 2017.
② 刘莉，孙君社，康利平等. 甜高粱茎秆生产燃料乙醇 [J]. 化学进展，2007，19（7，8）：1109 - 1115.

第5章　新能源汽车发展的现状及存在的问题

5.1　新能源汽车发展的现状

5.1.1　新能源汽车概述

汽车工业作为国民经济的重要支柱，是现代社会不可或缺的组成部分。然而，进入21世纪以来，传统汽车技术不断成熟的同时，销量也在不断攀升，加速了石油资源的枯竭。在全球环境污染加剧的今天，大量传统汽车的尾气排放又进一步加剧了环境的污染，汽车能源与环境问题成为21世纪全球汽车工业面临的巨大挑战。目前，全球汽车工业发展进入转型期，集新能源与环境保护于一身的新能源汽车成为未来汽车工业的发展方向。

5.1.1.1　新能源汽车的概念及种类

（1）新能源汽车的概念。

国际上并没有关于新能源汽车统一的标准定义。在维基百科中关于绿色（环保）汽车的定义为：完全或部分使用替代能源，或使用比汽油或柴油碳密度低的能源的车辆。

我国对于新能源汽车的定义来源于国家公布的政策性文件。2007年10月17日，由国家发改委出台的《新能源汽车生产准入管理规则》，首次提出了关于新能源汽车的定义。新能源汽车是指：采用非常规的车用燃料作为动力来源（或使用常规的车用燃料、采用新型车载动力装置），综合车辆的动力控制和驱动方面的先进技术，形成的技术原理先进、具有新技术、新结构的汽车。

2012 年 6 月 28 日，国务院印发《节能与新能源汽车产业发展规划（2012—2020 年)》（以下简称《发展规划》），进一步指出，新能源汽车是指采用新型动力系统，完全或主要依靠新型能源驱动的汽车。

2017 年 1 月 16 日，工业和信息化部印发《新能源汽车生产企业及产品准入管理规定》（以下简称《管理规定》），其关于新能源汽车的定义与《发展规划》中的定义相同，从而明确了新能源汽车的定义。

（2）新能源汽车的种类。

上述《管理规定》中指出，新能源汽车包括插电式混合动力（含增程式）汽车、纯电动汽车和燃料电池汽车等。

①插电式混合动力（含增程式）汽车。混合动力汽车（hybrid electric vehicle，HEV）通常拥有两套驱动系统，即同时拥有电动机和发动机，能相互切换或同时工作为汽车提供动力。混合动力汽车分为普通混合动力汽车、插电式混合动力（含增程式）汽车。普通混合动力汽车，即非插电式混合动力汽车，能源驱动主要以传统车用能源（汽油、柴油等）为主，电力为辅，不符合我国对新能源汽车的定义。

插电式混合动力汽车（plug - in hybrid electric vehicle，PHEV）车载动力电池可以通过插座进行充电，电池相对比较大，而普通混合动力汽车的电池相对较小。车辆运行时，可以使用纯电动模式行驶，待电池电量耗尽后再以混合动力模式行驶，并适时向电池充电（见图 5 - 1）。

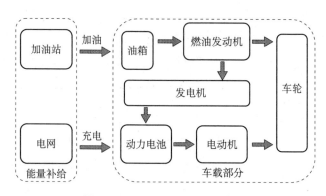

图 5 - 1　PHEV 工作原理示意图

增程式电动汽车（extended - range electric vehicles，EREV）配置较小容量动力电池，附加小型发电机或发电机组，为动力电池补充电能，增加续驶里程，从而使得车体重量较轻，制造成本较低，且具有纯电动汽车的良好特性，是纯电动汽车的过渡车型（见图 5 - 2）。

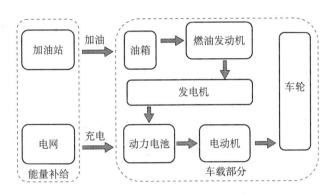

图 5 - 2　EREV 工作原理示意图

PHEV 和 EREV 的区别在于：PHEV 的发动机工作状态与汽车行驶速度有关，且两套驱动系统可独立运行；EREV 的发动机一直处于最佳工作状态，排放小、效率高，当动力电池电量消耗到一定程度时，发动机启动为动力电池提供能量，对动力电池进行充电，燃油发动机仅起到为动力电池发电的功能，并不能作为独立的驱动系统对车辆进行驱动。

②纯电动汽车。纯电动汽车（battery electric vehicle，BEV）是指使用储存在动力电池中的电能作为驱动力，并且用电动机和电动控制器代替内燃机进行推进的电动车辆（electric vehicle，EV）（见图 5 - 3）。

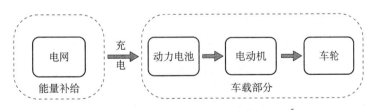

图 5 - 3　BEV 工作原理示意图

这类车型能够实现整个行驶过程零排放，是最环保的车型之一，并且行驶相同里程所耗用的电量成本，无论是制造还是购买成本，都要远远小于传统汽车所耗用的汽油成本。同样，发电过程中所排放的污染物，也远远低于石油提炼过程所排放的污染物。并且，纯电动汽车的动力系统和内部结构比传统汽车相对简化，更加易于保养和维护。

目前，动力电池比能量较之前有了长足的进步，但是依然较低。导致纯电动汽车续航里程短。此外，电池的稳定性和使用寿命也是需要攻克的技术难题。对于纯电动汽车而言，电池技术及配套充电设施的建设，影响并决定着其产业化进程。这需要企业和政府部门联合发力，纯电动汽车才会有大规模推广的机会。

③燃料电池汽车。燃料电池汽车（fuel cell vehicle，FCV）是指使用空气中的氧气和压缩的氢气等，通过燃料电池发生化学反应后，产生电能来为电机供电，并由电机驱动汽车行驶的车辆。

一方面，大多数燃料电池汽车为仅排放水和热量的零排放车辆，且燃料电池能量转换过程效率高，无噪音，无污染物排出。另一方面，燃料电池的能量补充是通过加燃料的方式，与加油的时间和距离相近，燃料电池汽车即可快速完成燃料补充（见图5-4）。

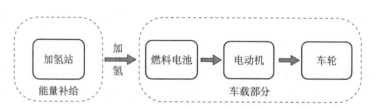

图 5 - 4 FCV 工作原理示意图

虽然，燃料电池的转换效率明显高于普通内燃机，但是由于氧气还原反应的效率低下，低于普通锂电池的转换效率，并且车辆、燃料成本高，燃料供应基础设施的极度缺乏，成为阻碍燃料电池汽车发展的障碍。

5.1.1.2　新能源汽车的发展进程及发展战略

（1）"十五"，创造性提出"三横三纵"，完成原始集成创新（2000 ~ 2005 年）。

我国电动汽车重大科技专项始于本世纪初。2000 年，时值国家"十五"

科技发展规划启动，为了迅速抢占一批 21 世纪科技制高点，力争取得重大关键技术突破和实现产业化。

2001 年，我国启动了"863 计划"① 中最大项目之一"电动汽车重大科技专项"，以纯电动、混合动力和燃料电池汽车这 3 类电动汽车为"三纵"，多能源动力总成控制、驱动电机、动力蓄电池为"三横"，建立"三纵三横"的开发布局。同年 10 月，斥资 8.8 亿元②设立的电动汽车重大科技专项启动会召开，开始了中国新能源汽车研发与产业推动的进程。

（2）"十一五"，强化示范平台带动作用（2006～2010 年）。

2006 年春天，结合"十五""三纵三横"的发展成果，以科技部部长万钢提出的"依托骨干研发与产业化基地，集成培育关键零部件体系，形成电动汽车动力系统技术平台核心技术，面向市场支撑各类电动汽车整车产品开发"这一观点为主线，编制完成了《"十一五"863 计划节能与新能源汽车重大项目实施方案》。"863 计划"国拨经费 11 亿元。

2008 年奥运期间，595 辆新能源汽车累计行驶 371.4 万公里，载客 441.7 万人次，彰显了北京奥运"绿色、科技、人文"三大理念，并为我国政府"节能减排"的基本国策做出了重大贡献。奥运新能源汽车示范应用取得圆满成功。

2009 年元月，由科技部、财政部、发改委、工业和信息化部于共同启动"十城千辆节能与新能源汽车示范推广应用工程"，简称"十城千辆"。通过提供财政补贴，计划用 3 年左右的时间，每年发展 10 个城市，每个城市推出 1 000 辆新能源汽车开展示范运行，涉及这些大中城市的公交、出租、公务、市政、邮政等领域，力争使全国新能源汽车的运营规模到 2012 年占到汽车市场份额的 10%。

2010 年，新能源汽车在上海世博会示范运营的 184 天，1 300 余辆新能源

---

① 国家高技术研究发展计划（863 计划）是中华人民共和国的一项高技术发展计划。这个计划是以政府为主导，以一些有限的领域为研究目标的一个基础研究的国家性计划。

② 贾婧. 风驰电掣驶向未来——863 计划支持电动汽车及相关研究纪实［N］. 科技日报，2011 - 4 - 14（008）.

汽车在上海世博会上集中示范使用，载客1.25亿人次。新能源汽车总行驶里程达到近3 000万公里，其中，混合动力汽车2 000多万公里，纯电动车接近70万公里，燃料电池汽车达到90万公里，在示范运行中积累了大量的经验。[1]

2010年9月，《国务院关于加快培育和发展战略性新兴产业的决定》发布，正式将新能源汽车产业作为加快培育和发展的七大战略性新兴产业之一。并对新能源汽车发展的方向和主要的任务做了详细的介绍，有了更加明确的战略规划（见图5-5）。

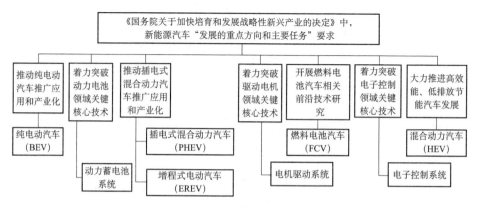

图5-5　新能源汽车发展的重点方向和主要任务[2]

经过两个五年计划的科技攻关以及奥运、世博、"十城千辆"示范平台的应用拉动和示范运营，中国新能源汽车从无到有，技术持续进步，初步建立起了具有自主知识产权的新能源汽车全产业链技术体系。同时，科技创新为我国新能源汽车战略性新兴产业的形成奠定了良好基础。

（3）"十二五"期间，新能源汽车进入产业化初期阶段（2011～2015年）。

面向"十二五"，为落实国务院关于加快培育和发展新能源汽车战略性新兴产业的决定，2012年4月，科技部编制完成了《电动汽车科技发展"十二五"专项规划》（以下简称《专项规划》），确定建立"三横三纵三大平台"

---

① 李晓辉. 多种技术路线示范运行3000万公里 [N]. 中国证券报，2011-8-2.
② 甄子健等. 新能源汽车发展战略研究 [M]. 北京，科学出版社，2016.

战略布局,将科技创新引领与战略性新兴产业培育相结合,创新环境,铺设电动汽车发展"绿色通道",致力于国家电动汽车科技发展。"863 计划"国拨经费 8.5 亿元。

2012 年 6 月,国务院印发《节能与新能源汽车产业发展规划(2012—2020 年)》明确以纯电驱动为新能源汽车发展和汽车工业转型的主要战略取向,当前重点推进纯电动汽车和插电式混合动力汽车产业化,推广普及非插电式混合动力汽车、节能内燃机汽车,提升我国汽车产业整体技术水平。到 2020 年,纯电动汽车和插电式混合动力汽车生产能力达 200 万辆,累计产销量超过 500 万辆。[①]

2014 年 5 月,习近平总书记在上海汽车集团技术中心调研时说,汽车行业是市场很大、技术含量和管理精细化程度很高的行业,发展新能源汽车是我国从汽车大国迈向汽车强国的必由之路,要加大研发力度,认真研究市场,用好用活政策,开发适应各种需求的产品,使之成为一个强劲的增长点。

2014 年 7 月,为了进一步全面贯彻落实《节能与新能源汽车产业发展规划(2012—2020 年)》,国务院办公厅印发《关于加快新能源汽车推广应用的指导意见》(以下简称《意见》),《意见》在充电设施建设、创新商业模式、加强公共服务领域推广、完善政策体系、破除地方保护、加强技术创新和质量监管等方面提出 30 条具体政策措施(见图 5 - 6)。

2015 年 5 月,国务院印发《中国制造 2025》明确提出了节能与新能源汽车为 2015 ~ 2025 年国家重点发展的 10 个领域之一;提出纯电动和插电式混合动力汽车、燃料电池汽车、节能汽车、智能互联汽车是国内未来发展的方向,并分别提出了 2020 年、2025 年的发展目标;继续支持电动汽车、燃料电池汽车发展,掌握汽车低碳化、信息化、智能化核心技术,提升动力电池、驱动电机、高效内燃机、先进变速器、轻量化材料、智能控制等核心技术的工程化和产业化能力,形成从关键零部件到整车的完整工业体系和创新体系,推动自主

---

① 国务院关于印发节能与新能源汽车产业发展规划(2012—2020 年)的通知 http://www. gov. cn/zwgk/2012 - 07/09/content_ 2179032. htm.

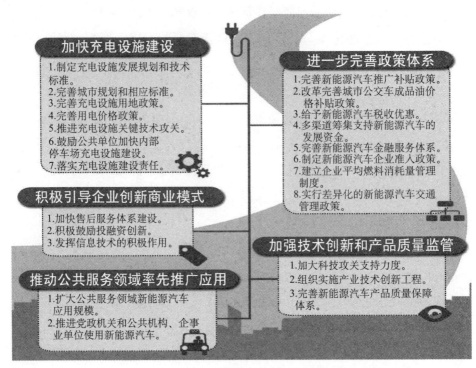

加快充电设施建设
1.制定充电设施发展规划和技术标准。
2.完善城市规划和相应标准。
3.完善充电设施用地政策。
4.完善用电价格政策。
5.推进充电设施关键技术攻关。
6.鼓励公共单位加快内部停车场充电设施建设。
7.落实充电设施建设责任。

积极引导企业创新商业模式
1.加快售后服务体系建设。
2.积极鼓励投融资创新。
3.发挥信息技术的积极作用。

推动公共服务领域率先推广应用
1.扩大公共服务领域新能源汽车应用规模。
2.推进党政机关和公共机构、企事业单位使用新能源汽车。

进一步完善政策体系
1.完善新能源汽车推广补贴政策。
2.改革完善城市公交车成品油价格补贴政策。
3.给予新能源汽车税收优惠。
4.多渠道筹集支持新能源汽车的发展资金。
5.完善新能源汽车金融服务体系。
6.制定新能源汽车企业准入政策。
7.建立企业平均燃料消耗量管理制度。
8.实行差异化的新能源汽车交通管理政策。

加强技术创新和产品质量监管
1.加大科技攻关支持力度。
2.组织实施产业技术创新工程。
3.完善新能源汽车产品质量保障体系。

图5-6　图解国务院《关于加快新能源汽车应用的指导意见》[1]

品牌节能与新能源汽车同国际先进水平接轨。[2]

"十二五"期间,中国新能源汽车市场推广初见成效,新能源汽车进入产业化初期阶段。2015年,新能源汽车销量突破33万辆,占全球新能源汽车销量近60%的份额,标志着中国已经成为全球最大的新能源汽车市场。

新能源汽车技术取得重大进步,动力电池性能大幅提升,电动汽车成本下降明显。新能源汽车产业链不断完善,关键零部件配套能力不断提高。初步建立较为完备的新能源汽车政策支持体系,涵盖技术研发、生产制造、市场推广以及充电环境等产业链环节。新能源汽车的商业模式持续创新,新型商业模式不断涌现。

---

① 中国政府网.图解:《关于加快新能源汽车应用的指导意见》http://www.gov.cn/xinwen/2014-07/21/content_2721005.htm.
② 国务院关于印发《中国制造2025》的通知.http://www.gov.cn/zhengce/content/2015-05/19/content_9784.htm.

（4）"十三五"，在"新时代"继续前行。（2016～2020 年）。

伴随新能源汽车技术的不断成熟、市场的不断发展、政策的不断完善，2016 年 12 月，国务院印发《"十三五"国家战略性新兴产业发展规划》，实现新能源汽车规模应用，到 2020 年，实现当年产销 200 万辆以上，累计产销超过 500 万辆，整体技术水平保持与国际同步，形成一批具有国际竞争力的新能源汽车整车和关键零部件企业；全面提升电动汽车整车品质与性能，到 2020 年，电动汽车力争具备商业化推广的市场竞争力；全面提升电动汽车整车品质与性能，到 2020 年，动力电池技术水平与国际水平同步，产能规模保持全球领先。

2017 年 9 月，工信部公布《乘用车企业平均燃料消耗量与新能源汽车积分并行管理办法》，简称"双积分"办法，于 2018 年 4 月 1 日起施行。这标志着国家促进新能源汽车发展进入"新时代"。

从"十五""十一五"开始，完成新能源汽车最基本的科技技术创新和战略规划，并且在奥运、世博会示范运营，为新能源汽车市场和新能源汽车产业化发展奠定了良好的技术和市场基础。在"十二五"期间，新能源汽车产业初见成效，新能源汽车市场蓬勃发展，销量大幅度提升，相关技术不断成熟，如：动力电池比能量大幅提高，充电基础设施建设更加完善，初步建立起完整的新能源汽车产业链。中国新能源汽车产业经历了概念提出到产业落地的过程，而且制定了《节能与新能源汽车产业发展规划（2012—2020年）》等相关政策，目标到 2020 年，实现当年产销 200 万辆以上，累计产销超过 500 万辆；推动自主品牌新能源汽车同国际先进水平接轨。到正在实行的"十三五"，"双积分"办法的实行，将会从根本上推动企业发展新能源汽车，也必将推动新能源汽车进入发展快车道，建立起推动节能与新能源汽车发展的长效机制。

5.1.2 我国新能源汽车产业发展的现状

5.1.2.1 新能源汽车市场状况及分析

（1）新能源汽车销量逐年快速增长，稳居全球第一。

"从产业规模上来说，中国已经连续三年位居全球新能源汽车产销第一大国。"① 2018年3月5日，全国人大代表，工业和信息化部部长苗圩在经过人民大会堂"部长通道"时说到。

从2011年开始，我国新能源汽车销量进入快速增长阶段。在2011年，实现销售0.619万辆，同比增长1 189.38%。随后，在2013年启动了第二轮新能源汽车推广应用，连续两年同比增长超过300%，实现快速增长。2014年，我国新能源汽车销售占汽车销售比例突破1%，标志着我国新能源汽车进入产业化初期阶段。2015年，新能源汽车销量突破33万辆，占全球新能源汽车销量近60%的份额，标志着我国已经成为全球最大的新能源汽车市场。2016年和2017年同比增幅有所放缓，回归理性增长，但2016年一年销量超过2010～2015年连续6年的新能源汽车销售总量，2017年，新能源汽车销量依然稳居全球销量第一（见图5-7）。在《"十三五"国家战略性新兴产业发展规划》中，提出"十三五"结束，实现当年产销200万辆以上，累计产销超过500万辆的目标。

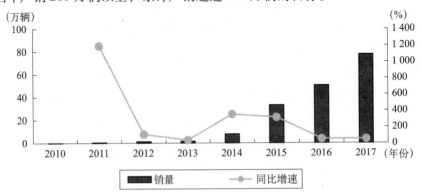

图5-7　2010～2017年新能源汽车销量及增速

资料来源：国家信息中心，中国汽车工业协会。

① 王政. 新能源汽车　跑得挺带劲［N］. 人民日报，2018-4-17（009）.

（2）新能源汽车产品结构不断完善。

"十二五"之初，中国新能源汽车发展战略导向是以纯电动汽车为发展的主要着力点。2011年，BEV销售0.558万辆，PHEV销售仅为0.061万辆，PHEV销售量所占比重为10%左右。随着研发资金不断投入、技术研发的突破，PHEV快速发展，新能源汽车产品结构不断优化完善，2014年，PHEV同比增长达到882%，占比超过1/3。随后两年，PHEV增速有所放缓。截至2017年末，PHEV销售12.5万辆，BEV销售65.2万辆，PHEV销量所占比重仍然较低，BEV仍然是新能源汽车的主力，但新能源汽车产品结构不断完善，符合短中期优先发展纯电动汽车的战略规划。从长远期来看，FCV也必将占领新能源汽车一席之地（见图5-8）。

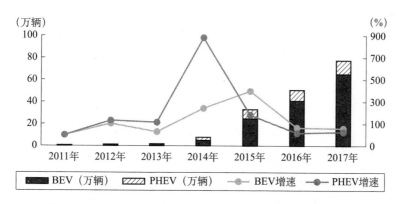

图5-8　中国纯电动和插电式混合动力汽车销量及同比增速

资料来源：国家信息中心，中国汽车工业协会。

（3）新能源商用车与乘用车销量同步增长，新能源乘用车快速发展。

2011年，新能源乘用车销售0.32万辆，占51.24%；商用车销售0.30万辆，占48.76%。两者所占新能源汽车销售比重基本相同。随后，乘用车突飞猛进式的发展，2014年，新能源乘用车销售6.03万辆，所占新能源汽车销售比重达到75.64%，达到最近7年中最高。随后两年，所占比重有所回落。截至2017年末，新能源乘用车销售57.90万辆，占74.52%，成为目前新能源汽车的主力军（见图5-9和表5-1）。

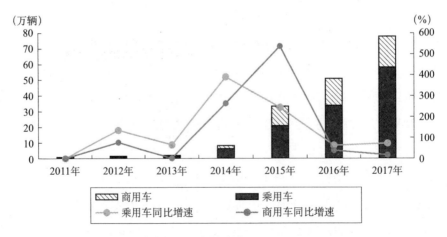

图 5 - 9　2011 ~ 2017 年乘用车、商用车销量及增速

资料来源：国家信息中心，中国汽车工业协会。

表 5 - 1　　　　　　　　　　新能源乘用车与商用车所占比重表　　　　　　　　　单位：%

年份	2011	2012	2013	2014	2015	2016	2017
乘用车	51.24	58.46	69.75	75.64	62.64	66.27	74.52
商用车	48.76	41.54	30.25	24.36	37.36	33.73	25.48

资料来源：国家信息中心，中国汽车工业协会。

　　主要有三种重要的市场驱动力，推动着新能源乘用车的增长。第一，新能源乘用车补贴政策，让购车消费者感到实惠；第二，非补贴政策的作用越来越大，不限行、不摇号等政策措施，使得新能源汽车比传统汽车更加有优势，方便人们特别是大城市人群的出行；第三，油耗法规、"双积分"办法对厂家倒逼的作用越来越大。这些政策，促使企业不得不加大对于新能源汽车的研发和生产力度。此外，新能源轿车舒适性的提升，以及基础设施的不断完善和蓄电池蓄电量的不断增大，也成为了新能源乘用车快速增长的重要推动力。

5.1.2.2　充电基础设施

（1）公共类充电设施保有量全球第一。

　　2017 年，中国继续保持电动汽车世界销量第一的市场地位，与此同时，中国充电基础设施公共类充电设施保有量也继续保持全球第一。截至 2017 年末，新能源汽车销量达到 77.7 万辆，同比增长 53.25%，工信部新能源纯电动乘用车公告车型 363 款，其中，大于 300 公里续航的车型 79 款，占比

21.76%，200～300 公里之间车型 108 款，占比 29.75%，200 公里以上车型占比超过 50%，300 公里以上续航里程车型相比 2016 年翻了两番。这两大特征都对充电基础设施建设与运营产生重要影响。2017 年，公共类充电桩快速发展公共类充电桩总计达到 213 903 个，比 2016 年的 141 254 个增长 51.43%；相较于 2015 年末的 4.9 万个净增长 3 倍（见图 5－10）。

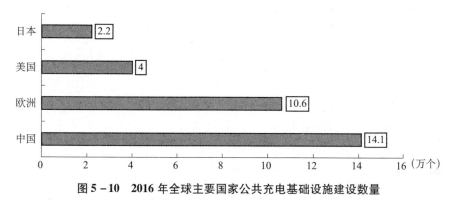

图 5－10　2016 年全球主要国家公共充电基础设施建设数量

资料来源：国家能源局《中国电动汽车充电基础设施促进联盟年报》。

从分省的建设情况来看，建设速度较快的省份主要分布在东部地区，相对而言，中部、西部地区建设较为缓慢。2017 年，各省市充电桩总量前十名中，东部省份占 9 个，中部省份仅有 1 个，西部省份数量为 0。并且前十名的充电桩数量，占到总数量的 80.05%。结合新能源汽车保有量的相关数据来看，东部地区新能源汽车推广较快，且保有量高，对于充电桩的基础设施需求较大，从而使得东部地区充电桩建设数量明显高于中部和西部地区。从 2017 年全国公共类充电桩数量分布图中（见图 5－11），可以明显看出，充电桩数量建设不充分，分布不均匀的情况明显存在。

（2）产业基础逐渐完善。

在政策和市场的双重推动下，公共类充电桩产业呈现出新的姿态。2015 年以来，新能源汽车的销量快速增加，同时，也刺激充电基础设施企业发展的积极性，逐步形成"以桩促车，以车带桩"的产业格局。各种类型企业的加入，大大增强了产业的活力，形成国营、民营、混合所有制不同类型所有制企业并存的产业格局。在国家电网、普天、万帮、特来电前四大运营商中，国有、民营各占一半，其中，国家电网公司投资额最大达到 63.3 亿元，占到

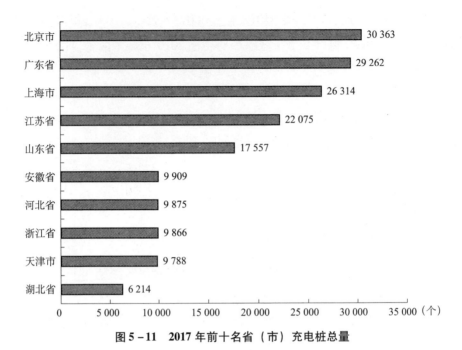

图 5 – 11   2017 年前十名省（市）充电桩总量

资料来源：国家能源局《中国电动汽车充电基础设施促进联盟年报》。

61%，其余基本由民营企业建设，达到 40.3 亿元，占到 49%（见图 5 – 12）。四家企业所占市场份额达到 85% 左右。并且在前十五名中，民企占主导地位，真正发挥社会资本对建设公共类充电桩基础设施的积极作用。主要运营商间呈现既竞争又合作的发展势头，持续提高用户充电便利性和充电设施利用率，在发展实践中积累的经验为提高充电设施建设和运营水平奠定了较好基础。

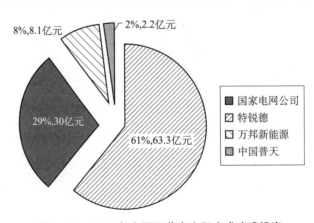

图 5 – 12   2016 年主要运营商实际完成建设投资

（3）充电基础设施政策分析。

充电基础设施的快速发展得益于政策的促进。自 2012 年国务院颁布实施《节能与新能源汽车产业发展规划（2012 - 2020 年）》以来，发展新能源汽车作为国家战略，中央政府推出了一系列促进车辆、基础设施发展政策，纲领性指导意见、发展指南、建设规划、奖补政策相继发布，为我国新能源汽车产业基础设施建设和运营的发展创造了有利的财税政策环境。

2015 年 10 月发布纲领性的指导意见，国务院办公厅颁布《关于加快电动汽车充电基础设施建设的指导意见》，意见中指出到 2020 年，基本建成适度超前、车桩相随、智能高效的充电基础设施体系，满足超过 500 万辆电动汽车的充电需求。随后，发改委等四部委发布《电动汽车充电基础设施发展指南（2015 ~ 2020 年）》提出到 2020 年，新增集中式充换电站超过 1.2 万座，分散式充电桩超过 480 万个，以满足全国 500 万辆电动汽车充电需求的目标。明确了发展的总体目标以及不同区域和场所的建设目标。充电基础设施相关政策及主要内容详见表 5 - 3。

在奖补政策方面。2016 年 1 月，财政部等部门发布《关于"十三五"新能源汽车充电基础设施奖励政策及加强新能源汽车推广应用的通知》，加快形成适度超前、布局合理、科学高效的充电基础设施体系。

表 5 - 3　　　　　　　　充电基础设施相关政策及主要内容

序号	成文日期	相关政策	主要内容
1	2014 年 7 月 22 日	关于电动汽车用电价格政策有关问题的通知	对经营性集中式充换电设施用电实行价格优惠，执行大工业电价，并且 2020 年前免收基本电费。居民家庭住宅、住宅小区等充电设施用电，执行居民电价。电动汽车充换电设施用电执行峰谷分时电价政策，鼓励用户降低充电成本
2	2014 年 11 月 18 日	关于新能源汽车充电设施建设奖励的通知	提出了中央财政对充电基础设施建设奖励的对象、标准和相关要求
3	2015 年 9 月 29 日	国务院办公厅关于加快电动汽车充电基础设施建设的指导意见	到 2020 年，基本建成适度超前、车桩相随、智能高效的充电基础设施体系，满足超过 500 万辆电动汽车的充电需求

续表

序号	成文日期	相关政策	主要内容
4	2015 年 11 月 18 日	电动汽车充电基础设施发展指南（2015~2020 年）	提出到 2020 年，新增集中式充换电站超过 1.2 万座，分散式充电桩超过 480 万个，以满足全国 500 万辆电动汽车充电需求的目标，并将目标分区域、分领域、分场所和时间段分解，对如何达成该目标做了重要任务指示
5	2015 年 12 月 7 日	关于加强城市电动汽车充电设施规划建设工作的通知	要求各地区要重视并部署充电设施规划和建设工作，要求简化审批并合理布局
6	2016 年 1 月 11 日	关于"十三五"新能源汽车充电基础设施奖励政策及加强新能源汽车推广应用的通知	2016~2020 年，中央财政将继续安排资金对充电基础设施建设、运营给予奖补
7	2016 年 7 月 25 日	关于加快居民区电动汽车充电基础设施建设的通知	进一步落实地方政府主体责任，充分调动各有关方面积极性，切实解决当前居民区电动汽车充电基础设施建设难题
8	2017 年 1 月 15 日	关于统筹加快推进停车场与充电基础设施一体化建设的通知	推进停车场与充电基础设施协调发展

在建设规划方面。明确要求，在新建住宅配建停车位应 100% 建设充电设施或预留建设安装条件。

中国是目前世界上充电基础设施政策支持最全面、政策力度最好的国家，对调动全社会相关资源促进充电基础设施发展起到至关重要的作用。

首先，极大地促进了充电基础设施发展，同时促进了新能源汽车的销售和推广。2017 年，公共类充电桩快速发展，公共类充电桩总计达到 213 903 个，比 2016 年的 141 254 个同比增长 51.43%；相较于 2015 年末的 4.9 万个净增长 3 倍。充电桩作为电动汽车的配套基础设施，可以进一步关系到新能源汽车的销量。由于电动汽车充电难、充电慢、充电贵，以及续航里程短、高速公路充电基础设施不完善，使得公众不敢驾车远距离行驶。从这一方面讲，即使有不限号、不摇号的其他政策措施，公众依然不敢、不想去购买新能源汽车，从而使得车企无法获得进一步的研发资金来改善目前的状况，形成恶性循环。国家对于充电基础设施的财政补贴或者专项资金的投入，增加了公众对于新能源汽车的信心，从而进一步促进新能源汽车的普及。根据《中国新能源汽车产业发展报告（2016）》，在 2015 年 1 月完成世界上第一条充电高速公路——京沪高速，至 2020 年，基本建成"七纵四横两网络"，全面建成京津冀鲁、长三角地区所有城市和其他地区主要城市的高速公路快充网络，总计覆盖 202 个城市，总里程达到 3.6 万公里，在北京、天津、上海、南京、杭州、青岛等重点城市建成充电半径不超过 1 公里的公共快充网络。

其次，新能源汽车作为一种能有效节约不可再生能源、减少汽车尾汽污染、使用新兴可再生能源的产品，它的出现、研发和推广对全世界的生态环境保护而言意义重大，具有十分明显的正外部性和公共品特性，也可以为国家经济发展带来巨大的效益。作为新能源汽车配套的基础设施，同样也具有正外部效应。充电基础设施的建设，直接关系到新能源汽车正外部性的发挥。如果只是单纯地对新能源汽车进行补贴，忽略基础设施的建设和支持，会使得正外部性无法发挥到最大，甚至有可能会阻碍新能源汽车的发展。2014 年，充电桩建设对社会资本开放，这意味着运用社会资金参加建设，可进一步加速充电桩的建设速度，同时，也会扩大新能源汽车的正外部性效应。

最后，从目前的财税政策来看。一是在充电基础设施的建设上。基本根据新能源汽车数量给予相应补贴。如果对于充电桩的财政补贴政策，依旧是每建设一个充电桩给予相应的财政资金补贴，这虽然能降低充电桩生产企业和建设企业的成本，鼓励充电桩的生产和建设，但是，可以预见到，企业为了获得财政补贴，会盲目地大量建设充电基础设施，仅仅会出现数字上的虚假繁荣，却没有质上或者技术上的提高，而真正的新能源汽车用户却没有获得补助。二是在关于电费的补贴政策上。仅有 2014 年 7 月国家发改委发布的《关于电动汽车用电价格政策有关问题的通知》，对经营性集中式充换电设施用电实行价格优惠，执行大工业电价，并且 2020 年前免收基本电费。居民家庭住宅、住宅小区等充电设施用电，执行居民电价。电动汽车充换电设施用电执行峰谷分时电价政策，鼓励用户降低充电成本。虽说给予了一定的优惠，但是相较于新能源汽车的补贴力度偏小。继续推动充电基础设施的建设应加大相应的补贴力度，做好监管，防止"骗补"情况的出现，将补贴真正落实到用户身上。

5.1.2.3　新能源汽车动力电池

（1）动力电池产能和技术方面。

2016 年，中国国内锂动力电池企业出货量合计达到 30.5 吉瓦时，比 2015

年的 17.0 吉瓦时大幅度增长 79.4%。2015 年销量较 2014 年扩大了 4 倍多，主要动力电池企业产能和产品质量均得到明显提升。

动力电池作为新能源汽车最为核心的零部件，其构成成本几乎占据整车成本的一半，对产品竞争力的重要性不言而喻。从图 5 – 13 中可以看出，目前，汽车动力电池市场主要是日本和韩国的天下。虽然目前我国生产新能源汽车电池的厂商有数百家，但大多数国内厂商在选购产品时往往更为偏爱来自日本和韩国的外资企业产品。不得不承认，在制造工程化、电池制造装备水平、电池管理和电池过程控制能力等方面，韩国和日本的产品确实领先于国内企业。在目前我国新能源汽车财政补贴政策中，对动力电池的补贴主要是通过新能源汽车整车补贴来实现的，企业首先要入选工业和信息化部公布的企业目录，才能为新能源汽车整车企业供货。为了促进我国新能源电池相关技术水平的提升，工业和信息化部在 2015 年 6 月 20 日公布的第四批符合《汽车动力蓄电行业规范条件》企业目录里，"特别"剔除了使用最多的松下、三星和 LG 等外资电池厂商，也就是说，采用这些企业生产的电池将不能获得财政补贴。这种做法虽然有效防止了财政补贴资金的"外流"，但却不利于提高新能源汽车产品的技术品质。

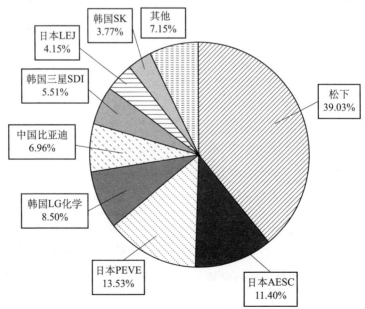

图 5 – 13　动力电池销售占比

《新能源汽车蓝皮书（2016）》中指出，现在市场上普遍使用的动力电池单体为磷酸铁电池和三元材料锂电池，磷酸铁锂电池安全性高、寿命长，中国是当前全球主要的磷酸锂电池材料和电池生产地，大容量磷酸铁锂电池的比能量达到 140 瓦时/千克，小圆柱三元材料动力电池的比能量达到 200 瓦时/千克。

2016 年 2 月 24 日主持召开的国务院常务会议上，国务院总理李克强专门强调，"加快实现动力电池革命性突破。推动大中小企业、高校、科研院所等组建协同攻关、开放共享的动力电池创新平台，在关键材料、电池系统等共性、基础技术研发上集中发力。中央财政采取以奖代补方式，根据动力电池性能、销量等指标对企业给予奖励。"

2018 年 3 月 1 日，工业和信息化部等 4 部委印发《促进汽车动力电池产业发展行动方案》（以下简称《行动方案》）。《行动方案》提出分三个阶段推进我国动力电池发展：2018 年，提升现有产品性价比，保障高品质电池供应；2020 年，基于现有技术改进的新一代锂离子动力电池实现大规模应用；2025 年，采用新化学原理的新体系电池力争实现技术变革和开发测试。其中，实现产品性能大幅提升，2020 年动力电池系统比能量力争较现有水平提高一倍达到 260 瓦时/千克、成本降至 1 元/瓦时以下，2025 年，动力电池单体比能量达 500 瓦时/千克；产品安全性满足大规模使用需求，实现全生命周期的安全生产和使用；产业规模合理有序发展，2020 年，行业总产能 1 000 亿瓦时、形成产销规模 400 亿瓦时以上的龙头企业。

（2）动力蓄电池回收方面。

2009～2012 年，新能源汽车共推广 1.7 万辆，装配动力蓄电池约 1.2 吉瓦时。2013 年以后，新能源汽车大规模推广应用，截至 2017 年底，累计推广新能源汽车 180 多万辆，装配动力蓄电池约 86.9 吉瓦时。据行业专家从企业质保期限、电池循环寿命、车辆使用工况等方面综合测算，2018 年后，新能源汽车动力蓄电池将进入规模化退役，预计到 2020 年累计将超过 20 万吨（24.6

吉瓦时），如果按 70% 可用于梯次利用①，大约有累计 6 万吨电池需要报废处理。动力蓄电池退役后，如果处置不当，随意丢弃，一方面会给社会带来环境影响和安全隐患，另一方面也会造成资源浪费。推动新能源汽车动力蓄电池回收利用，有利于保护环境和社会安全，推进资源循环利用，有利于促进我国新能源汽车产业健康持续发展。

我国在 2016 年 1 月 29 日《电动汽车动力蓄电池回收利用技术政策（2015 年版)》提出落实生产者责任延伸制度，但并未明确谁为回收的主体。

2018 年 1 月 26 日，工业和信息化部、科技部、环境保护部等关于印发《新能源汽车动力蓄电池回收利用管理暂行办法》的通知，确立生产者责任延伸制度，明确提出，汽车生产企业作为动力蓄电池回收的主体，并建立动力蓄电池溯源信息系统，以电池编码为信息载体，构建"新能源汽车国家监测与动力蓄电池回收利用溯源综合管理平台"，实现动力蓄电池来源可查、去向可追、节点可控、责任可究。

2018 年 2 月 22 日，工业和信息化部、科技部、环境保护部等关于组织开展新能源汽车动力蓄电池回收利用试点工作的通知。鼓励各地方积极实施对于动力蓄电池的回收试点，并制定相应的政策。

动力蓄电池回收利用作为一个新兴领域，目前处于起步阶段，面临一些突出的问题和困难：一是回收利用体系尚未形成。目前，绝大部分动力蓄电池尚未退役，汽车生产、电池生产、综合利用等企业之间未建立有效的合作机制。同时，在落实生产者责任延伸制度方面，还需要进一步细化完善相关法律支撑。二是回收利用技术能力不足。目前，企业技术储备不足，动力蓄电池生态设计、梯次利用、有价金属高效提取等关键共性技术和装备有待突破。退役动力蓄电池放电、存储以及梯次利用产品等标准缺乏。三是回收拆解成本较高，经济性欠佳。由于国内动力电池回收产业还未形成，并且无论是厂家还是个人对于回收的积极性都不高，回收的难度增加，进一步推高成本。四是激励政策措施保障少。受技术和规模影响，目前，市场上回收有价

---

① 梯次利用：将废旧动力蓄电池（或其中的蓄电池包/蓄电池模块/单体蓄电池）应用到其他领域的过程，可以一级利用也可以多级利用。

金属收益不高，经济性较差。显然，要解决上述问题，需要更多的政策突破以及财政补贴支持。

一是"促"。我国目前已经成为新能源汽车大国，但新能源汽车的生产主要依据已经研发出的样品或者展品进行生产，自主创新，尤其是原始创新很少，新能源汽车在电池的寿命、功率、可循环性，还有生产成本方面仍有明显的不足，需要更大的突破。需要政策支持研发出新型的动力电池，加快技术的突破，使动力电池单体或者动力电池系统的比能量更高，续航里程更远，也要防止低端产能过剩。同时，积极鼓励个人免费捐赠废旧动力电池，或者财政给予个人一定的补贴，调动个人积极性，从而逐步建立起动力电池回收体系。

二是"明"。2016 年经济观察家报，一篇《触目惊心！"消失"的新能源车与庞大的骗补产业链》，曝光了新能源汽车庞大的"骗补"产业链的存在。同年 1 月底，四部门下发《关于开展新能源汽车推广应用核查工作的通知》。推动政策信息公开透明，便于社会各界了解。对于财政补贴做好相应的监督，建立好相应的监督体系，以及制定好补贴退坡机制，防止"骗补"的再次发生，真正将补贴落在实处。

三是"远"。一共有两个层次。第一层，加强顶层设计，立足长远，进行前瞻性设计；第二层，制定相应的财政政策，鼓励"绿色电池"的研发，并建立市场化的动力蓄电池回收利用机制，制定相关财税激励政策，减少对环境的污染和对稀有自然资源的浪费。

5.1.2.4　"双积分"办法

2017 年 9 月 27 日，工信部等多部委联合发布《乘用车企业平均燃料消耗量与新能源汽车积分并行管理办法》（简称"双积分"办法）正式稿。"双积分"办法将从 2019 年起正式开始考核，乘用车企业 2019 年、2020 年的新能源汽车积分比例要求分别为 10%、12%，现有车企要加快新能源汽车推广，主流海外车企在新能源领域的投入也将进一步加大（见图 5-14）。

2017 年 11 月初，工信部发布文件《关于 2016 年度、2017 年度乘用车企业平均燃料消耗量管理有关工作的通知》，作为"双积分"办法的良好补充：

1. 双积分是什么？

双积分指的是企业平均燃料消耗量积分和企业新能源汽车积分。

2. 执行和考核时间

2018年执行，预留一年的缓冲期，双积分政策从2019年开始考核。

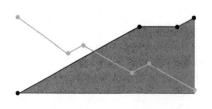

—— 企业生产新能源车越多，积分越高

—— 企业生产新能源车越少，积分越低

2018/4.1

开始执行

2019

实施油耗积分核算

图5-14 "双积分"办法

一是油耗积分：追溯考核2016年和2017年油耗负积分，且2018年必须抵偿归零；2016年的油耗负积分，可用2017年的油耗正积分、新能源汽车正积分或关联企业间转让、购买新能源汽车正积分等方式于2017年度积分考核时抵偿归零。二是新能源汽车积分：不对乘用车2016年、2017年新能源汽车积分进行考核，但这两年新能源汽车正积分有效，且2016年的新能源汽车正积分可以等额结转一年，因此，这两年新能源汽车积分是完全的正积分（见表5-4）。这样做一方面，积分交易是市场机制，是市场主导；而财政补贴是财政方式，是政府主导。积分交易可能比政府补贴更透明和公平。通过积分交易的市场化方式实现与财政补贴政策退坡的有效衔接。另一方面，对汽车油耗进行限制，油耗积分累计为负将面临处罚，并设置新能源积分可1∶1抵扣油耗负积分，强制要求车企转型。倒逼企业改进汽车节能技术或者拓展新能源汽车，激活企业发展新能源汽车内生动力，建立起持续推动汽车产业发展的长效机制，加快企业发展节能与新能源汽车步伐，促进汽车产业优化和转型。"双积分"办法从根源上接力补贴退坡，促进产业可持续、健康发展，也将建立起推动节能与新能源汽车发展的长效机制。

表 5 - 4　　　　　　　　　　　　"双积分"办法主要内容

类型	积分	定义	管理办法	惩罚办法
燃料消耗积分	正积分	实际值低于达标值	可以结转或者在关联企业间转让	暂停受理其综合工况燃料消耗量达不到《乘用车燃料消耗量评价方法及指标》车型燃料消耗量目标值的新产品《道路机动车辆生产企业及产品公告》或者强制性产品认证证书的申报
	负积分	实际值高于达标值	接受转让的燃料消耗积分或购买的新能源积分仅限当年使用,可采取下列方式抵偿归零: (一)使用本企业结转的平均燃料消耗量正积分; (二)使用本企业产生的新能源汽车正积分; (三)使用受让的平均燃料消耗量正积分; (四)从其他企业购买新能源汽车正积分。 前款所列的抵偿方式,可以组合使用。新能源汽车正积分可以抵扣同等数量的平均燃料消耗量负积分	
新能源汽车积分	正积分	实际值大于目标值	可以自由交易,但不得结转	暂停部分传统能源乘用车车型的生产或者进口,直至该年度传统能源乘用车生产量或者进口量较上一年度的减量不低于未抵偿的负积分数量
	负积分	实际值小于目标值	从其他乘用车企业购买新能源汽车正积分的方式抵偿归零	

5.2　新能源汽车产业发展面临的问题及发展前景

5.2.1　我国新能源汽车产业发展面临的问题

5.2.1.1　充电基础设施仍然是发展的短板

一方面,我国目前车桩比只有 3.5∶1,随着新能源汽车数量的持续增长,充电基础设施结构性供给不足的问题日益凸显,整体规模仍显滞后。2020 年,规划建设公共充电桩数量约 50 万个,但与同期新能源汽车发展的规模仍然不匹配。另一方面,充电设施的布局也不够合理,主要分布在东部地区,中、西部地区建设较为缓慢。2017 年,各省市公共类充电桩前 10 名中,东部占 9 个,中部仅有 1 个，西部为 0。而且公共类充电桩数量的前 10 名，占到总数的 80.05%，且使用率不到 15%。可持续的商业发展模式还没有形成，存在着运营企业盈利困难和消费者充电价格偏高的双向矛盾。

5.2.1.2 政策体系仍需完善

在货币化支持政策逐步退出的情况下，使用通行便利等后续接替政策需要提前研究，抓紧布局。中央政府各部门之间、中央政府与地方政府之间、支持政策的衔接还不够充分；不同形式的地方保护主义仍然存在，部分城市设置地方目录，导致消费者选择车型空间大大压缩，造成了市场的割裂，抑制了发展的活力。

5.2.1.3 核心技术还需要进一步突破

从动力电池来看，高端产品与国外的差距不大，但产业整体创新能力还不够强。在先进技术研发、产品的一致性保障以及国际化发展方面，与跨国企业相比，仍存在不小差距。从整车来看，真正意义上新一代纯电驱动的平台大多还没有纳入企业的研发计划，已有的平台大多是利用原来燃油车进行的改装性平台。燃料电池汽车与国际先进水平的差距还在拉大，以企业为主体，产学研用相结合的创新体系还亟待完善。

5.2.1.4 后市场流通服务体系还有待健全

在售后服务方面，不同品牌新能源汽车的质保内容参差不齐，电池以旧换新的政策也不相同，售后服务配套体系滞后，对培育消费市场也有一定的负面影响。同时，新能源汽车二手车市场评估标准的缺失，流通体系的不健全，车辆保值率低，影响新车市场的长远发展。

另外，"双积分"办法已经发布，但是部分企业还面临着较大的达标压力，以 2016 年为例，123 家汽车整车企业当中，有 42 家没有达到燃料消耗量标准的要求，其中也有产销规模较大的企业，不少企业在新能源汽车产品规划布局方面，距离 2019 年和 2020 年积分比例的要求还有一定的差距。

5.2.2 我国新能源汽车产业发展的前景

由于全球传统能源的紧张，在汽车低碳化、信息化、智能化的发展趋势下，新能源汽车必将在未来成为主要的发展趋势。目前，互联网不断普及，并且正在掀起新一轮的创新和变革的浪潮。智能电动汽车将成为汽车产业转型升级的重要抓手，也必将成为汽车之中的主力军。目前，互联网企业、IT 企业等也纷纷向智能汽车渗透与布局，并且不约而同地从智能电动汽车开始做起，如：苹果、百度、特斯拉、乐视等企业，并积极探索新型商业模式。不仅仅实现互联网 + 新能源汽车，更进一步，实现互联网 + 新能源汽车 + 道路，这将产生更大的商业机会，产生重大的商业变革，从而真正实现整个汽车产业的智能化，真正享受汽车带来的及时性和个性化。

第6章 国外新能源产业发展的现状及财税政策经验借鉴

在国内新能源快速发展的同时，国外新能源也有着高速的增长。无论是美国、日本、欧盟等发达国家和地区，还是一些新兴的新能源市场都有着较高的增长。政府政策的支持是推动新能源快速发展的重要原因，而除此之外的其他原因又是什么？本章为研究国外新能源发展的现状到底如何，政府又是怎样给予财税政策支持的。首先对国外新能源产业发展的现状进行整合，然后对其新能源产业财税政策进行梳理，最后结合我国的新能源产业发展情况，提出了我国可以借鉴的新能源产业政策建议。

6.1 国外新能源发展的现状

6.1.1 太阳能

2016年，全球光伏装机容量增加75吉瓦，至少达到303吉瓦，同比增长48%（见图6-1），相当于全球每小时安装31 000块太阳能光伏板。连续四年时间，亚洲光伏装机容量一直领先于其他大洲。全球光伏装机容量前十的国家为中国、美国、日本、印度、英国、德国、韩国、澳大利亚、菲律宾和智利，但是分布不均，其中，前五名就占据全球装机容量的85%（见图6-2）。

尽管中国太阳能光伏装机容量仍居世界第一，但是世界其他地区的新兴太阳能光伏发电市场，同样为全球光伏装机容量的增加做出了不小的贡献。到

图 6-1　全球光伏新增装机容量和装机总容量（2006~2016）

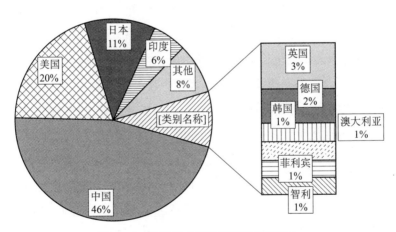

图 6-2　太阳能光伏装机容量增长前十

2016 年底，每个大洲装机容量已超过 1 吉瓦，至少有 24 个国家累计装机容量超过 1 吉瓦，有超过 114 个国家累计装机容量超过 110 兆瓦。光伏装机容量人均前五位的国家分别为德国、日本、意大利、比利时和澳大利亚。

由于太阳能光伏发电的竞争力日益增强，以及各国寻求减轻污染和减少二氧化碳排放量方案，再加上对电力需求的不断增长，促使太阳能光伏发电市场不断扩张。然而，大多数地区依然主要由政府财税政策激励。

美国：2016 年，美国新增太阳能光伏装机容量仅次于中国。在 2016 年美国太阳能光伏发电首次成为美国发电的主要来源之一。2016年，增加装机容量14.8吉瓦，总装机容量达到40.9吉瓦，全球排名第四。在美国，已经有22个州装机容量超过100兆瓦，比2015年的13个州，增加9个，其中，加州总装机容量最大，达到5.1吉瓦。

日本：在2015年快速发展后，2016年装机容量增长率为11%，排名第三。2016年，新增装机容量8.6吉瓦，而2015年新增装机容量为11吉瓦，新增装机容量同比减少20%，总计装机容量达到42.8吉瓦。日本建设放缓的主要原因是，FIT（新能源发电固定价格买取费率）的下降、土地资源的不断紧缺、架设电网的难度增加。

近年来，日本太阳能增速飞快的原因主要是由于国家投资的大项目，推动了其快速增长。由于用地需求的增加，其中，新增住宅用地达到11.8%，使得太阳能发电的市场瞄准利用住宅进行太阳能发电，而不再是大规模占地建设。在2016年初，已有5万套住宅开始发挥太阳能发电能力。自从2012年FIT推出以来，新能源发电快速增长，其中最主要一部分是由于太阳能光伏发电的建设。随着太阳能光伏发电的不断发展，已经逐渐影响到了其他新能源的发展。于是在2016年初，颁布法案削减对太阳能光伏发电的补贴，但2016年太阳能光伏发电在能源结构中增长依然达到4.4%（2012年为0.4%）。

印度：印度新增装机容量约4.1吉瓦，全球排名第四；太阳能光伏总装机容量达9.1吉瓦，全球排名第五。从2014年以来，由于国家的大力支持以及价格的下降，推动印度太阳能装机容量的快速发展。印度正在建设"绿色能源走廊"（类似于我国的"西电东送"工程），目标在2022年实现装机总容量达到44吉瓦。

欧盟：欧盟在2016年太阳能装机总容量超过100吉瓦，为2006年装机总容量的32倍，是第一个达到这一目标的地区，具有很大的里程碑意义。尽管如此，由于英国为欧盟地区最大的市场，再加上英国市场萎靡，欧盟市场出现下滑的态势，2016年，在全球新增太阳能装机容量增加48%的情况下，欧盟市场上需求下降24%。英国新增装机容量增加2吉瓦，总装机容量达到11.7吉瓦。太阳能光伏发电量占英国全年发电量的3%左右。法国从2009年以来，增长率最低，仅增加0.6吉瓦，装机总容量达到7.1吉瓦。德国每年新增装机容量增速保持在每年 1.5 吉瓦左右，低于《可再生能源法》制定的 2.5 吉瓦的目标，总容量达到 41.3 吉瓦。

6.1.2 风能

2016 年，风电装机容量增加近 55 吉瓦，全球总装机容量增加约 12%，达到近 487 吉瓦（见图 6-3）。2012～2016 年，全球累计风电装机容量平均增长率为 14.41%，全球市场的前景依然乐观，这与各国政府支持风电发展是密不可分的。截至 2016 年底，已有 90 多个国家出现风电商业运行，其中，有 29 个国家运行超过 1 吉瓦。中国在 2015 年风电装机容量快速增长后，在 2016 年出现大幅回落，使得 2016 年全球风电装机容量同比需求有所回落。紧随中国身后的是美国、德国和印度，其他前十的国家为法国、土耳其、荷兰、英国、加拿大。新兴风电市场，继续在亚洲、非洲、拉丁美洲、中东地区扩大，如：玻利维亚和格鲁吉亚在 2016 年首次大规模安装风电。2016 年，人均风电装机容量前五的国家为丹麦、瑞典、德国、爱尔兰和葡萄牙。

图 6-3 全球风电新增装机容量和总容量

亚洲已连续八年成为新增风电装机容量最大的地区，约占新增产能的一半，其余大部分是欧洲和北美。装机容量较大的地区受未来政策变化影响，需求增长有很大的不确定性。并且，风电的增长也受成本竞争、环境及其他因素的影响。但是风力发电成本较低，风电将会成为越来越多的国家或者地区的发电选择。

　　亚洲风电的发展情况，印度在 2016 年新增风电装机容量 3.6 吉瓦，总量达到 28.7 吉瓦，进一步巩固了其全球第四的位置。土耳其风电在 2016 年装机容量迅速增长，增加 1.4 吉瓦，总计 6.1 吉瓦，装机总容量全球排名进入前十。巴基斯坦增加 0.3 吉瓦，韩国和日本也相继增加装机容量，推动了亚洲地区总量的增长。印度尼西亚第一个公用事业规模的风电场正在建设，而越南 2016 年新增装机容量收缩 940 兆瓦。

　　美国方面，2016 年，美国新增风电装机容量 8.2 吉瓦，总计达到 82.1 吉瓦，位列世界第二。全年风力发电总量为 226.5 太瓦时，仅比中国发电量低 6%。风力发电新增装机容量占美国新增装机容量的 1/4，排在太阳能光伏、天然气之后。2016 年，得克萨斯州增加 2.6 吉瓦，占美国新增风电装机容量的 1/4，其次是俄克拉荷马州，增加了 1.5 吉瓦；爱荷华州，增加了 0.7 吉瓦。美国目前已有 18 个州安装风电设备，风电总装机容量超过 1 吉瓦。

　　由于政府部门的大力投资，使得风电快速发展。而风电低成本的特点，促使企业纷纷涉足风电产业，2016 年，风电装机总量中企业自建比重达到 39%，约为 4 吉瓦，低于 2015 年 52% 的比例，但仍高于 2014 年 23% 和 2013 年 5% 的比例。截至 2016 年底，尚有 10.4 吉瓦的装机容量还在建设中。

　　加拿大 2016 年新增风电装机容量 0.7 吉瓦，为 2015 年增量的一半，装机总容量达到 11.9 吉瓦。其中，安大略省新增风电装机容量 0.4 吉瓦，装机总容量达到 4.8 吉瓦，稳居加拿大所有省份第一，其次为魁北克省增加了 0.2 吉瓦，总计达到 3.5 吉瓦。虽然相对于 2014 年、2015 年增速有所放缓，但是在 11 年间加拿大新能源发电最重要的一部分为风力发电。

　　欧盟在 2016 年新增风力发电装机量 12.5 吉瓦，比 2015 年下降了 3%，风电装机总量达到 153.7 吉瓦，其中，陆地发电占比 92%，离岸发电占比 8%。新增风电装机总量占欧盟新增装机总量的 51%。截至 2016 年，欧盟有 16 个国家拥有超过 1 吉瓦的装机量。然而，由于全球经济的萧条和紧缩的措施以及价格的管制等因素，明显地影响到了风力发电的增长，意大利和西班牙的风力发电市场已经开始收缩。2017 年初，7 个欧盟国家制定了 2020 年可再生能源的发展目标。2016 年前五大新增产能的市场为德国、法国、荷兰、英国、波兰，占据了新增市场的 75%。德国再次成为欧盟地区风电最大市场，德国的快速发展主要得益于 FIT，2016 年，德国新增风电装机容量 5 吉瓦，总计达到 49.5 吉瓦，其中，陆地发电装机容量为 45.4 吉瓦，离岸发电装机容量为 4.2 吉瓦。

6.1.3　生物质能

生物质能是全球可再生能源最大贡献者。然而，生物质在最终能源消费中的利用仅占 14.1%，其中，传统生物质（即农村生活用能如薪柴、秸秆、稻草、稻壳及其他农业生产的废弃物和畜禽粪便等）数量最大，占 9.1%，其次是现代工业供热占 2.5%，现代建筑供热、运输燃料和发电所占份额较少（见图 6 - 4）。

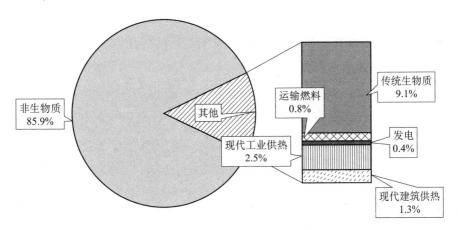

图 6 - 4　能源消费中生物质份额

2016 年，全球生物质发电装机容量增长约 6%，累计装机容量达到 112 吉瓦。生物质发电量增长 6%，发电量达到 504 太瓦时。2016 年，生物质发电领先国家是美国，实现发电 68 太瓦时，其次是中国为 54 太瓦时，德国为 52 太瓦时，巴西为 51 太瓦时，日本为 38 太瓦时，印度和英国均为 30 太瓦时。虽然美国是生物质发电量最大的生产国家，但是 2016 年发电量同比 2015 年下降 2%，为 68 太瓦时，低于 2015 年 69 太瓦时的水平。

在欧洲，由于 2016 年颁布的《可再生能源法案》，固体生物质和沼气发电量继续增长。德国为欧洲最大的生物质发电生产国，总生物质装机容量 2016 年增加 2%，累计装机容量增长至 7.6 吉瓦；发电量增长 2.5%，增长了

52 太瓦时。欧洲其他国家,英国生物质装机容量增加 6%,达到 5.6 吉瓦,主要是由于大规模发电和使用沼气发电,然而,发电量却仅增长 1%。波兰政府在推广城市固体废弃物装置和沼气装置后,生物质发电在波兰得到了发展。波兰在 2016 年生物质装机容量从 1.27 吉瓦上涨为 1.34 吉瓦,发电量从 10 太瓦时上升为 15 太瓦时,发电量增加 50%。

亚洲国家,日本装机容量和发电量强劲增长。日本用于生物质发电的木质颗粒进口增加,2016 年,实现装机容量增加到 4 吉瓦,发电量达到 38 太瓦时,同比增长 5%。韩国发电量增加 44%,达到 8 太瓦时,反映出韩国政府在节能减排方面所做出的努力,并且将继续加大对生物质能的利用。

巴西是拉丁美洲最大的电力和生物能源消费国。巴西的产能在 2015 年迅速增长,2016 年产能增长 5%,装机容量达到 13.9 吉瓦;发电量增长 5%,达到 51 太瓦时。巴西在利用生物质发电方面有着天然的优势,巴西 80% 以上的生物质发电都是用甘蔗残渣来进行发电。

6.1.4 新能源汽车

6.1.4.1 日本新能源汽车市场

日本矿产资源严重稀缺,其现代大工业生产所需主要原材料和能源主要依靠进口,是世界上资源能源第一大进口国,其中,进口的资源中石油占99.7%、天然气占 94.5%。因此,日本相当重视开发和利用新能源。早在1965 年初,日本就启动了新能源汽车的研制计划,并提到国家级项目的高度。

日本经济产业省 2010 年颁布的《下一代汽车战略 2010》中,定义 HEV非插电式混合动力汽车,BEV 纯电动汽车,PHEV 插电式混合动力汽车,FCV燃料电池汽车为新能源汽车。而我国定义中,非插电式混合动力汽车并不属于新能源汽车的范畴。EV 和 HEV 中的货车、特种车等归类为其他。

从表 6 - 1 和表 6 - 2 中可以看出,日本主要以销售非插电式混合动力汽车为主,销售额几乎每年都处于增长趋势,2012 年,增长率达到了 35.65%。在日本汽车市场上,日本的汽车企业在混合动力的推广方面非常成功,消费者更愿意购买混合动力的汽车。另外,纯电动汽车的销售相对还处在一个潜伏期,销售量在 2014 年达到最大，然而在随后的两年中，同比增长为负，新能源汽车产业在日本还需进一步培育。并且，日本新能源汽车中乘用车是绝对的消费主力，因此，促进个人购买新能源汽车，必将成为政府或者企业下一步规划的重点。此外，日本计划在 2020 年实现 200 万的销售量，其中，纯电动汽车 80 万辆，混合动力汽车 120 万辆；到 2030 年实现全部汽车销售量的 70% 为新能源汽车。这样的目标对日本汽车业有着不小的压力。

表 6 - 1　　　　2011 ~ 2016 年日本新能源汽车保有量统计表

年份		2011	2012	2013	2014	2015	2016
BEV	乘用车	13 266	24 983	38 794	52 639	62 134	73 378
	其他	56	78	93	456	1 346	1 640
	轻自动车	8 940	13 646	15 870	17 611	17 031	14 826
PHEV	乘用车	4 132	17 281	30 171	44 012	57 130	70 323
FCV	乘用车	–	–	–	150	630	1 807
EV·PHEV·FCV 合计		26 394	55 988	84 928	114 868	138 271	161 974
HEV	乘用车	2 012 559	2 833 443	3 792 886	4 640 743	5 501 595	6 473 943
	其他	16 099	18 374	20 313	21 670	22 844	24 687
	轻自动车	351	288	188	54 931	239 962	472 405
HEV 合计		2 029 009	2 852 105	3 813 387	4 717 344	5 764 401	6 971 035

表 6 - 2　　　　2011 ~ 2016 年日本新能源汽车销售情况统计表

年份		2011	2012	2013	2014	2015	2016
BEV	乘用车	8 674	11 705	14 494	14 649	12 794	13 056
	其他	21	18	19	372	897	354
	轻自动车	4 585	4 719	2 283	1 786	1 042	407
PHEV	乘用车	3 742	13 178	12 972	14 714	14 997	13 847
FCV	乘用车	–	–	–	102	494	1 204
EV·PHEV·FCV 合计		17 022	29 620	29 768	31 623	30 224	28 868
HEV	乘用车	631 335	857 240	1 015 356	1 005 099	1 144 528	1 335 085
	其他	2 373	2 399	2 154	1 675	1 636	2 412
HEV 合计		633 708	859 639	1 017 510	1 006 774	1 146 164	1 337 497

资料来源：日本下一代汽车振兴中心。

6.1.4.2　欧盟的情况

欧盟是最先倡导低碳经济的地区之一。欧盟高度重视节能减排，很早就制订了一系列与能源和环保相关的政策。

据欧洲汽车制造协会（ACEA）公布的数据显示，2017 年第四季度，欧盟地区新能源汽车的需求量继续保持增长，同比增幅达到 35.1%，总计售出新能源汽车 227 378 辆，在整个乘用车销量当中的占比达到 6.7%。充电式汽车（ECV）在整个欧盟地区的乘用车销量当中的占比接近 1.9%，纯电动和混合动力汽车注册量在整个新能源汽车销量中的占比分别为 54.8% 和 43.3%。插电式混动车型的销量继续攀升，涨幅接近 15%，增长速度相比前几个季度也趋于稳定。

对比 2016 年，新能源汽车销量在西班牙市场几乎呈现翻倍增长，增幅约为 90.8%；德国、法国和意大利等市场的增长幅度紧随其后，分别达到 76.8%、33.4% 和 30.7%。从 2017 年全年来看，欧盟地区的新能源车销量主要受混合动车型销量增长的驱动，达到 852 933 辆，较 2016 年增长 39.7%。混合动力汽车 2016 年的涨幅为 54.8%，可充电式车型和其他燃料电池车的涨幅分别为 39% 和 16.4%。从各自的市场占比来看，可替代燃料电池车在欧盟地区的占比较小，仅占整个新能源车的市场份额接近 5.7%，可充电式车型在整个乘用车销量当中的占比仅为 1.4%。

并且，欧洲各国纷纷提出禁售燃油车时刻表，进一步加速了新能源汽车的推广（见表 6-3）。法国计划从 2040 年开始，全面停止出售汽油车和柴油车，到 2050 年实现碳平衡。

表 6-3　　　　　　　　　　　欧盟国家禁售燃油车时间表

全面禁售燃油车国家	政策施行时间
法国	2040 年
德国	2030 年
挪威	2025 年
荷兰	2025 年

6.2　国外新能源产业发展的财税政策经验借鉴

6.2.1　国外新能源产业发展的财税政策

6.2.1.1　欧盟的新能源产业财税政策

2009 年，欧盟委员会制定并实施了《可再生能源指令（EU－RL2009/28/

EC）》（简称 RED 指令），提出至 2020 年，欧盟能源消耗中至少有 20% 来自可再生能源。

2014 年，欧盟委员会发布《2014 环境保护与能源国家资助指南》（以下简称"2014 年国家资助指南"），对成员国可再生能源政策提出调整要求，其核心要点是逐步降低可再生能源补贴，激励可再生能源提高自身竞争力。一是以市场溢价逐步取代固定电价补贴。即从 2016 年 1 月 1 日起，新的可再生能源发电量必须进入电力市场，政府将在电力市场价格的基础上，给可再生能源发电一部分补贴。二是引入可再生能源发电项目竞争性招标制度。除部分小型可再生能源发电项目外，2015 年开始，对部分新建可再生能源发电项目施行竞标，到 2017 年，对所有新建可再生能源发电项目施行竞标。

2016 年，欧盟公布的《新能源发展报告》中提出：一是 2030 年前，欧盟总能源使用量减少 30%，包括减少能源浪费及更好地利用可再生能源。将在 2020 年前募集 100 亿欧元革新老式建筑，提高能源效率，实施"智能金融、智能建筑"计划，2030 年前，此项目总投入大约 1 200 亿欧元。此外，2030 年前，可再生能源比例占到总能源的 27%，其中，50% 的电力供应将来自可再生能源。二是提供"容量机制"的补贴政策。对使用燃煤或天然气的工厂，设定二氧化碳排放界限为每千瓦时 550 克，只有低于这一排放标准才能获得补贴，逐渐淘汰老式燃煤厂。[①]

6.2.1.2　日本的新能源产业财税政策

1979 年，日本《合理使用能源法》即《节能法》正式生效，随后进行了 7 次修改。

1993 年实施"新阳光计划"，每年日本政府为新能源技术研发补助约 362 亿日元，预计该计划将延续到 2020 年。财政补贴面向研究机构、开发企业以及使用单位，从而推动新能源技术的开发利用，对新能源消费直接给予财政补贴。

2008 年，日本对工业、商业、交通等部门引进节能设施、节能项目和节

---

① 聂翠蓉. 欧盟新能源发展报告 2030 年前欧盟总能源使用量减少 30% ［N］. 科技日报，2016 - 12 - 15.

能技术的组织和个人给予财政补贴。

2011 年，日本参议院通过"可再生能源特别措施法案"，规定电力公司有义务购买个人和企业利用太阳能等发电产生的电力。电力收购对象包括太阳能、风力、地热、生物发电等产生的电力，电力公司以对发电方有利的价格全部收购，利用太阳能发电的家庭使用不完的电力也可以卖给电力公司。[①]

6.2.1.3 美国的新能源产业财税政策

1978 年，美国政府颁布《能源税收法》，对新能源实施减免税政策。规定购买太阳能发电和风力发电设备的房屋主人，所付金额按一定的比例从当年的所得税中抵扣。

1992 年，美国颁布的《能源政策法》设立了若干鼓励清洁能源的政策规定，包括对风能和生物质能的发电产品进行为期 10 年的减税，即每发 1 度电减少 1.5 美分。对太阳能和地热项目实行永久性减税 10%，对属于州政府和市政府所有的电力公司和其他非营利的电力公司的符合条件的新能源发电系统也给予为期 10 年的减税，对新能源的生产企业可按投资额的比例进行抵税。

2003 年，美国将减税优惠额度提高到每度电 1.8 美分。受惠的可再生能源范围也从原来的两种扩大到风能、生物质能、地热、太阳能、小型水利灌溉发电工程等。

2005 年，美国颁布的《国家能源政策法》明确规定，向全美企业提供 146 亿美元的减税额度，以此来鼓励新能源行业环保节能。同时规定，居民消费者若购买或安装特定建筑节能设备或者产品如节能窗户、隔热材料、太阳能屋顶等，每户可获得最高 500 美元的抵税额。同时规定，2007～2009 年，联邦政府可再生电力额度在电力消费总份额中不得小于 3%；2010～2012 年不得低于 5%；2013 年以后要大于 7.5%。

2009 年，《美国复苏和再投资法案》中规定，允许纳税人对新建装置可在投资税抵免和生产税抵免中任选其一；对符合条件的清洁能源设备制造、设备更新和能源产能扩大的投资项目，按照设备投资费用的 30% 抵免投资税。同时要求，到 2020 年，来自清洁能源和能效的提升所提供的电力要占到所有的

---

① 向德功. 日本通过可再生能源特别措施法案［EB/OL］. 2011 - 8 - 26.

电力公司所提供电力的 20% 以上。

2010 年，美国联邦政府为促进新能源消费，规定对购买节能的生物质炉等新能源产品最多可享受 30%、最高至 1 500 美元的减税；在 2016 年 12 月 31 日以前，购买及安装地热设施、太阳能板、太阳能热水器、小型风能设备四类新能源产品，可享受年终抵税，抵税金额新能源设备总价的 30%，最高抵税额不限。[①]

6.2.1.4　德国的新能源产业财税政策

2000 年，德国第一版《可再生能源法》EEG 发布，第一版 EEG 确定了以固定上网电价为主的激励政策体系。

2004 年，第二版 EEG 进一步完善上网电价政策，并引入上网电价固定下调机制。

2006 年，德国政府对再生能源发电新设备给予了大量的政府投资补偿。按发电千瓦时的标准实行可再生能源新设备进行投资补贴，如对生物质发电设备财政补贴额为 3.9 ~ 21.5 欧分，对太阳能发电设备财政补贴额为 45.7 ~ 62.4 欧分，对地热发电设备财政补贴额为 7.16 ~ 15 欧分，对陆地风能发电设备财政补贴额为 8.7 ~ 5.5 欧分，对近海风能发电设备财政补贴额为 9.1 ~ 6.19 欧分。

2008 年，德国联邦政府拨款大约 2 亿欧元用于可再生能源研发。

2009 年，第三版 EEG 建立基于新增装机容量的固定上网电价下调机制，并通过补贴方式鼓励自发自用。在此期间，光伏发电投资成本大幅下降，上网电价下调幅度没有及时跟上，光伏发电迅猛发展。

2012 年，第四版 EEG 进一步完善基于新增装机容量的固定上网电价下调机制，提高下调频次，鼓励可再生能源发电进入市场，同时，也将小型光伏发电纳入系统监控范围。

2014 年，第五版 EEG 首次提出通过招标确定光伏补贴额度，进一步推动基于市场溢价机制的光伏发电市场化，降低并逐步退出补贴。

---

① 陈波，陈靓. 美国新能源政策及对中国新能源产业的影响 [J]. 国际展望，2012 (1)：71 - 84，117.

2017 年，第六版 EEG 全面引入可再生能源发电招标制度，正式结束基于固定上网电价的政府定价机制，全面推进可再生能源发电市场化。

6. 2. 1. 5 英国的新能源产业财税政策

2001 年，英国开始征收气候变化税，对向商业与公共部门出售电力、煤炭、天然气、液化石油气等能源征收气候变化税，而销售可再生能源以及商业性风能项目免征气候变化税。

2008 年，英国颁布了《能源法案》，对新能源进行财政补贴，法案规定，英国每年将投入大量的财政资金用于新能源投资项目。

2009 年，英国政府安排了 14 亿英镑的预算资金用于海上风力发电以及与新能源产业发展有关的领域。

2010 年，英国引入了上网电价补贴（feed-intariffs，FiTs）政策，要求电力供应商对符合要求的可再生能源电源的发电量和上网电量进行固定补贴，根据英国原能源与气候变化部（DECC）发布的政策，上网电价补贴政策适用于装机容量不超过 5MW 的水电、风电、太阳能光伏发电和生物质能发电，以及装机容量不超过 2 千瓦的微型热电联产项目。

2010 年，英国政府实施了"可再生能源电力强制收购补助计划"，对规模小于 500 万瓦的小型太阳能发电系统家庭用户给予 900 英镑的财政补贴，补贴年限不少于 10 年，享受财政补贴最高年限为 15 年，对利用可再生能源供暖的家庭用户平均每户给予 1 000 英镑的财政补贴补贴。

2012 年，英国颁布的新《能源法案》中规定，政府支持包括可再生能源、新的核能、燃气及碳捕捉和封存技术的多元化能源架构建设，以防止经济发展受困能源短缺瓶颈。英国政府预计，此次能源结构调整在 10 年内将耗费 1 100 亿英镑。到 2030 年，国内电力需求可减少 10%，节省近 40 亿英镑能源开支。

6. 2. 1. 6 国外新能源产业具体财税政策

除上述各国及地区对新能源产业的整体性财税政策外，还存在针对新能源各子产业具有针对性的财税政策，下文将针对新能源的四个子产业进行介绍。

（1）太阳能产业的国外财税政策。

1997～2004 年，日本政府对在住宅屋顶上安装太阳能电池板投入了 1 230

亿日元的财政补贴，2008 年，对住宅使用太阳能发电按 1 千瓦 9 万日元的标准给予家庭用户财政补贴，仅 2008 年该项财政补贴额达 210 亿日元。

2010 年，英国政府实施了"可再生能源电力强制收购补助计划"，对规模小于 500 万瓦的小型太阳能发电系统家庭用户给予 900 英镑的财政补贴，补贴年限不少于 10 年，享受财政补贴最高年限为 15 年。

2012 年，美国联邦税务推出太阳能补贴项目，名为"太阳能投资税收抵免（solar investment tax credit，ITC）"，向安装太阳能的住宅或商用建筑提供 30% 的补贴，有效期至 2016 年底。

2015 年，美国众议院同意了延长太阳能投资税收抵免 5 年的修正案。根据文件内容，原先于 2016 年 12 月 31 日将从 30% 下调至 10% 的 ITC，将向后延长 5 年至 2022 年，投资可再生能源如太阳能的企业可以继续享受相当于总投资额 30% 的税收抵免额度直至 2019 年，从 2020 年开始递减，到 2022 年降至 10%。

（2）风能产业的国外财税政策。

2009 年，英国政府安排了 14 亿英镑的预算资金用于海上风力发电以及与新能源产业发展有关的领域。

2010 年，英国向海上风力技术发展提供了 1 000 万英镑的财政补贴，还计划 10 年内逐步向能源技术研究部门提供 55 亿英镑的财政资金，用于新能源的研发。

2017 年，德国《可再生能源法》最新修订法案（EEG2017）规定，德国政府将对此前实施的上网电价补贴政策（FIT）进行调整——只面向新一轮竞价机制下招标成功的风电项目拨放专项补贴资金，并通过规定年度招标规模的方式，避免风能资源过度开发。同时，对风电并网压力较大的德国北部地区的风能资源开发规模作额外限制。针对陆上风电项目，EEG2017 引入了统一的项目发电能力评估模型，并对"发电量"和"选址标准参考"中提及的名词含义进行了重新界定。EEG2017 明确，陆上风电项目的投标电价不得高于每千瓦时 7 欧分（约合人民币 0.53 元），项目补贴执行年限为 20 年。

（3）生物质能产业的国外财税政策。

在欧盟、美国等国家，生物质能能源得到了广泛运用，逐渐取代传统能源在能源的使用中占据了相对重要的地位，然而，因为种植产品的不同，导致我国与欧美国家在生物质能原料的选择上有一定的差别，区别于我国的以秸秆作为原材料的生物质能运用，欧美国家主要使用的生物质能原材料为玉米等谷物，财税政策也更多的是以推广生物质能为主。

欧盟应用实施强制性政府采购方式，通过强制性购买生物质能源产品促进生物质能源产业的发展。如1993年，丹麦政府与发电公司签订协议明确要求，各大发电运营商每年须使用一定比例的秸秆及碎木屑发电。

2005年，美国发布的《能源政策法案》规定，产能小于6 000万加仑的小型燃料乙醇生产商和产能小于1 500万加仑的小型生物柴油生产商，可以享受额度为0.1美元/加仑的生产所得税减免。

2009年，欧盟出台的《可再生能源指令》 （renewable energy directive，RED）以准则的形式对生物液体燃料应具备的可持续性提出了强制性要求。"至2020年每个成员国应确保国内交通用途的可再生能源消耗量，至少要占总交通能源消耗量的10%。"欧盟各成员国必须在指令生效后的18个月内制定本国的生物燃料相关法规，并明确逐年增长的消耗量目标，从而使欧盟整体能够达到RED指令所要求的2020年消耗量目标。

根据指令，第17~21条规定了生物燃料应符合的可持续性要求：

①使用生物燃料所削减的温室气体排放至少要达到35%，从2017年起，至少要达到50%，从2018年起，则至少要达到60%；

②生物燃料的原材料不应来自生物多样性较高的地区，如人迹罕至的原始森林和其他多林地区、自然保护区或生物多样性较高的草地等；

③生物燃料的原材料不应来自碳储存较高的地区，如湿地、大片森林区域等；

④生物燃料的原材料不应来自泥炭地；

⑤在欧盟境内种植、用于生产生物燃料的农作物原材料，应符合指令中的环境和良好农业规范要求。

2010年，美国联邦政府为促进新能源消费，规定对购买节能的生物质炉等新能源产品最多可享受30%、最高至1 500美元的减税。

（4）新能源汽车产业的国外财税政策。

1999 年，日本政府对购买新能源汽车进行财政补贴，刺激消费者对其消费。

2007 年，德国实施了"新能源汽车采购补贴"计划，对新能源汽车的采购给予了财政补贴。

2008 年，日本对工业、商业、交通等部门引进节能设施、节能项目和节能技术的组织和个人给予财政补贴。

2009 年，日本实施"绿色税制"，对购买新能源汽车免征车辆购置税和重量税。

6.2.2　国外新能源产业发展的财税经验借鉴

6.2.2.1　加速制定我国新能源交易机制，使新能源交易市场化

根据国际可再生能源机构（Irena）最新发布的报告显示，到 2020 年，所有可再生能源发电成本较之传统化石燃料将更有竞争力。根据报告，目前，化石燃料的发电成本范围为 5～17 美分/千瓦时，而相比之下，到 2020 年，所有商业形式的绿色能源发电成本范围在 3～10 美分/千瓦时。而为了实现真正意义上的新能源与传统能源的竞争，除了靠财税政策的正面补贴和优惠，还要依靠市场的力量，提高新能源产品本身的竞争力。如德国的《可再生能源法》中，引入发电招标制度，推进新能源市场化。还可以使用英国早期的《可再生能源义务证书制度》，电力供应商如果无法提交足够数量的可再生能源义务证书，则必须要缴纳罚金，所收缴的罚金，可以作为财政资金用于新能源政策的推行或补贴。我国应在新能源产品的交易环节方面制定更多的财税政策扶持，随着新能源产业链的进步，逐渐取消电价补贴这一财政补贴，从而帮助新能源产品通过自身发展和竞争来占领市场。

6.2.2.2　加强对新能源技术研发的支持，从技术角度协助产业进步

当今世界经济发展的目标，不仅仅是对经济增长的追求，还包括先进技术的进步。科技是第一发展力，只有新能源技术的不断发展，才能使新能源产业得到更大的推广应用。我国当前的新能源产业还有很大问题的原因是受困于技

术水平的不足，而针对技术研发的财税政策支持相对于国外的新能源产业明显落后。应加强对新能源技术研发的支持，对研发新能源技术的产业，进行相应的财税政策补贴。如日本的"新阳光计划"，将财政补贴面向研究机构、开发企业以及使用单位，从而推动新能源技术的开发利用。

6.2.2.3　对产业成熟的新能源逐步降低电价补贴，激励新能源产业自身竞争力

当前，相比较国外新能源已经逐步放弃或降低电价补贴，转向市场溢价补贴或招标方式，我国的新能源发电还在采取传统的以发电量的多少为依据给予补贴。针对产业已经发展成熟的风能或太阳能产业，不应继续采取传统方式进行补贴，以免造成弃电、骗税骗补贴的经济损失。可以逐步将补贴的认证标准提高，对于不同的产业发展阶段，及时对优惠政策进行调整，如德国的《可再生能源法》的修改，应及时进行更新。

6.2.2.4　增加财税政策补贴环节，调整财税政策灵活性

我国目前的财税政策补贴优惠环节较为单一，财政补贴侧重供给端，根据新能源企业的发电量给予电价补贴，忽视对消费端的补贴，使得新能源产品难以普及。而通过对消费者和投资者的税款抵免，可以促进新能源产业发展的同时，清除新能源产品产能过剩的情况。如美国的《能源税收法》中规定，对购买太阳能发电和风力发电设备的房屋主人，价款可从所得税中扣除；以及《能源政策法》中规定，对新能源的生产企业可按投资额的比例进行抵税。

6.2.2.5　及时更新优惠政策，使技术发展和政策同步

我国针对新能源产业的财税政策优惠一直处于较为老旧的状态，存在政策发布之后不再更新的情况。政策的落后和新能源产业以及科技的进步存在着明显不配套的问题，而这种情况经常会导致最新的科研技术得不到相应的优惠，导致经营成本增加，落后的技术却因为得到了政策支持而一直占据着较大的市场份额，侧面使得我国新能源产业技术得不到良好的发展。而通过德国的《可再生能源法》EEG 的改版，我们更加意识到将财税政策与实际发展情况相符合的重要性。我国应在这一点向国外的政策经验进行学习，对科技和产业的发展抱有敏感性，并及时对政策进行更新和补充，来促进新能源产业的科技发展。

第7章 我国新能源产业发展的税收政策现状

随着传统能源对环境影响加剧以及其价格不断上升，发展新能源成为社会界关注的焦点。新能源产品成本高于传统能源，许多国家为促进新能源的发展，采取了激励政策，促进新能源产业的发展。政府增加对新能源的财政支出或者减少新能源企业的税收收入，可以刺激总供给和总需求，从而促进新能源产业规模与结构的发展。相对日本、德国、美国等发达国家的新能源而言，我国新能源产业发展较晚，近几年，我国政府采取诸如财政补贴、税收优惠等政策，鼓励新能源产业发展，但现行的财税政策还存在一定缺陷，还有待进一步完善。本章从税收政策的变化历程、现状及存在的问题三个层面以及太阳能、风能、生物质能和新能源汽车四个产业，分析我国新能源发展的状况。

7.1 新能源产业发展的税收政策变化历程

纵观发达国家的新能源发展的政策措施，税收优惠是促进新能源产业发展的主要措施之一，尤其在新能源产业发展初期，税收优惠可直接提高新能源投资收益，具有良好的激励作用。但采取何种税收优惠方式，是促进新能源产业发展的关键。本节主要从太阳能、风能、生物质能和新能源汽车这四个产业的税收政策变化历程，来对我国新能源税收政策的发展进行简要了解。

7.1.1 太阳能产业发展的税收政策变化历程

太阳能产业作为《可再生能源中长期发展规划》中重点发展的一种清洁能源，我国政府出台了多项财政税收扶持政策，促进太阳能产业的发展。

2007 年 12 月 6 日颁布的《中华人民共和国企业所得税法实施条例》，规定企业所得税法第二十七条第（二）项所称国家重点扶持的公共基础设施项目，是指《公共基础设施项目企业所得税优惠目录》规定的港口码头、机场、铁路、公路、城市公共交通、电力、水利等项目。

企业从事前款规定的国家重点扶持的公共基础设施项目的投资经营的所得，自项目取得第一笔生产经营收入所属纳税年度起，第一年至第三年免征企业所得税，第四年至第六年减半征收企业所得税。

2010 年 4 月 13 日，财政部、海关总署、国家税务总局联合发布《财政部、海关总署、国家税务总局关于调整重大技术装备进口税收政策暂行规定有关清单的通知》，通知规定，《国家支持发展的重大技术装备和产品目录（2010 年修订）》和《重大技术装备和产品进口关键零部件、原材料商品清单（2010 年修订）》自 2010 年 4 月 15 日起执行，符合规定条件的国内企业为生产指定装备或产品而确有必要进口相关指定商品，免征关税和进口环节增值税。

2013 年 3 月 25 日，财政部、工业和信息化部、海关总署、国家税务总局联合发布了《财政部、工业和信息化部、海关总署、国家税务总局关于调整重大技术装备进口税收政策有关目录的通知》，通知规定，自 2013 年 4 月 1 日起，对符合规定条件的国内企业为生产国家支持发展的太阳能电池设备而确有必要进口部分关键零部件、原材料免征关税和进口环节增值税。

2013 年 10 月 1 日，财政部、国家税务总局发布了《财政部、国家税务总局关于光伏发电增值税政策的通知》，通知规定，为鼓励利用太阳能发电，促进相关产业健康发展，根据国务院批示精神，自 2013 年 10 月 1 日至 2015 年 12 月 31 日，对纳税人销售自产的利用太阳能生产的电力产品，实行增值税即征即退 50% 的政策。

2015 年 1 月 26 日，财政部、国家税务总局联合发布了《财政部、国家税务总局关于对电池、涂料征收消费税的通知》，通知规定，为促进节能环保，经国务院批准，自 2015 年 2 月 1 日起，对电池、涂料征收消费税，在生产、委托加工和进口环节征收，适用税率均为 4% 。此外，对太阳能电池免征消费税。

2016 年 7 月 25 日，财政部、国家税务总局发布了《财政部、国家税务总局关于继续执行光伏发电增值税政策的通知》，通知规定，继续对光伏发电实行增值税优惠政策，自 2016 年 1 月 1 日至 2018 年 12 月 31 日，对纳税人销售自产的利用太阳能生产的电力产品，实行增值税即征即退 50% 的政策。文到之日前，已征的按本通知规定应予退还的增值税，可抵减纳税人以后月份应缴纳的增值税或予以退还。

7.1.2　风能产业发展的税收政策变化历程

从 1994 年原电力工业部颁发了我国第一部风电产业的政策《风力发电场并网运行管理规定》开始，经过 20 余年的发展，我国风电产业政策体系不断完善，已经形成了相对比较完善的政策体系。我国风能产业的税收优惠政策是在价格及费用分摊和财政支持制度基础上，进一步扶持风电产业发展的所得税和增值税等税收优惠，一定程度上降低了风电企业的财务负担。

2007 年 1 月 14 日，财政部、国家发展改革委、海关总署、国家税务总局联合发布了《财政部、国家发展改革委、海关总署、国家税务总局关于落实国务院加快振兴装备制造业的若干意见有关进口税收政策的通知》，通知规定，为提高我国企业的核心竞争力及自主创新能力，促进装备制造业的发展，贯彻落实国务院关于加快振兴装备制造业的有关进口税收优惠政策精神，在国务院确定的对促进国民经济可持续发展有显著效果，对结构调整、产业升级、企业创新有积极带动作用的重大技术装备关键领域内，对国内企业为开发、制造大功率风力发电机等新能源装备而进口的部分关键零部件和国内不能生产的原材料所缴纳的进口关税和进口环节增值税实行先征后退。

2007 年 12 月 6 日颁布的《中华人民共和国企业所得税法实施条例》，规定企业所得税法第二十七条第（二）项所称国家重点扶持的公共基础设施项目，是指《公共基础设施项目企业所得税优惠目录》规定的港口码头、机场、铁路、公路、城市公共交通、电力、水利等项目。

企业从事前款规定的国家重点扶持的公共基础设施项目的投资经营的所得，自项目取得第一笔生产经营收入所属纳税年度起，第一年至第三年免征企业所得税，第四年至第六年减半征收企业所得税。

2008年4月14日，财政部发布了《财政部关于调整大功率风力发电机组及其关键零部件、原材料进口税收政策的通知》，通知规定，为贯彻落实国务院关于加快振兴国内装备制造业有关进口税收政策的精神，自2008年1月1日起（以进口申报时间为准），对国内企业为开发、制造单机额定功率不小于1.2兆瓦的大功率风力发电机组而进口的关键零部件、原材料所缴纳的进口关税和进口环节增值税实行先征后退，所退税款作为国家投资处理，转为国家资本金，主要用于企业新产品的研制生产以及自主创新能力建设。

2008年12月9日，财政部、国家税务总局发布了《财政部、国家税务总局关于资源综合利用及其他产品增值税政策的通知》，通知规定，为了进一步推动资源综合利用工作，促进节能减排，经国务院批准，决定调整和完善部分资源综合利用产品的增值税政策。对销售利用风力生产的电力实现的增值税实行即征即退50%的政策。

2009年8月20日，财政部、国家发展和改革委员会、工业和信息化部联合发布的《财政部、国家发展和改革委员会、工业和信息化部等关于调整重大技术装备进口税收政策的通知》，规定为提高我国企业的核心竞争力及自主创新能力，推动产业结构调整和升级，促进国民经济可持续发展，贯彻落实国务院关于装备制造业振兴规划和加快振兴装备制造业有关调整进口税收优惠政策的决定，自2009年7月1日起，对国内企业为生产国家支持发展的重大技术装备和产品而确有必要进口的关键零部件及原材料，免征进口关税和进口环节增值税。同时，取消相应整机和成套设备的进口免税政策。对国产装备尚不能完全满足需求，仍需进口的，作为过渡措施，经严格审核，以逐步降低优惠幅度、缩小免税范围的方式，在一定期限内继续给予进口优惠政策。

2014年2月18日，财政部、国家发展和改革委员会、工业和信息化部、海关总署、国家税务总局、国家能源局联合发布了《财政部、国家发展和改革委员会、工业和信息化部等关于调整重大技术装备进口税收政策的通知》，通知规定，申请享受政策的企业一般应为从事开发、生产国家支持发展的重大技术装备或产品的制造企业，并应当具备：①独立法人资格；②具有较强的设计研发和生产制造能力；③具备专业比较齐全的技术人员队伍；④具有核心技术和自主知识产权；⑤申请享受政策的重大技术装备应符合《国家支持发展的重大技术装备和产品目录》中有关要求。

2015 年 6 月 12 日，财政部、国家税务总局发布了《财政部、国家税务总局关于风力发电增值税政策的通知》，通知规定，为鼓励利用风力发电，促进相关产业健康发展，自 2015 年 7 月 1 日起，对纳税人销售自产的利用风力生产的电力产品，实行增值税即征即退50%的政策。

7.1.3　生物质能产业发展的税收政策变化历程

2007 年 12 月 6 日颁布的《中华人民共和国企业所得税法实施条例》规定：

企业所得税法第二十七条第（二）项所称国家重点扶持的公共基础设施项目，是指《公共基础设施项目企业所得税优惠目录》规定的港口码头、机场、铁路、公路、城市公共交通、电力、水利等项目。

企业从事前款规定的国家重点扶持的公共基础设施项目的投资经营的所得，自项目取得第一笔生产经营收入所属纳税年度起，第一年至第三年免征企业所得税，第四年至第六年减半征收企业所得税。

企业所得税法第三十三条所称减计收入，是指企业以《资源综合利用企业所得税优惠目录》规定的资源作为主要原材料，生产国家非限制和禁止并符合国家和行业相关标准的产品取得的收入，减按90%计入收入总额。

前款所称原材料占生产产品材料的比例不得低于《资源综合利用企业所得税优惠目录》规定的标准。

2008 年 12 月 9 日，财政部、国家税务总局发布了《关于资源综合利用及其他产品增值税政策的通知》，通知规定，为了进一步推动资源综合利用工作，促进节能减排，经国务院批准，决定调整和完善部分资源综合利用产品的增值税政策。对销售自产的综合利用生物柴油实行增值税先征后退政策。

综合利用生物柴油，是指以废弃的动物油和植物油为原料生产的柴油。废弃的动物油和植物油用量占生产原料的比重不低于70%。

2012年3月7日，财政部、工业和信息化部、海关总署、国家税务总局联合发布了《财政部、工业和信息化部、海关总署、国家税务总局关于调整重大技术装备进口税收政策有关目录的通知》，通知第一条规定，《国家支持发展的重大技术装备和产品目录（2012年修订）》和《重大技术装备和产品进口关键零部件、原材料商品清单（2012年修订）》自2012年4月1日起执行，符合规定条件的国内企业为生产指定装备或产品而确有必要进口本指定零部件或商品，免征关税和进口环节增值税。

7.1.4 新能源汽车产业发展的税收政策变化历程

2012年3月6日，财政部、国家税务总局、工业和信息化部联合发布了《财政部、国家税务总局、工业和信息化部关于节约能源使用新能源车船车船税政策的通知》，通知规定，为促进节约能源、使用新能源的汽车、船舶产业发展，自2012年1月1日起，对节约能源的车船，减半征收车船税；对使用新能源的车船，免征车船税。

节能型乘用车的认定标准为：

①获得许可在中国境内销售的燃用汽油、柴油的乘用车（含非插电式混合动力乘用车和双燃料乘用车）；

②综合工况燃料消耗量优于下一阶段目标值；

③已通过汽车燃料消耗量标识备案。

新能源汽车的认定标准为：

①获得许可在中国境内销售的纯电动汽车、插电式混合动力汽车、燃料电池汽车，包括乘用车、商用车和其他车辆；

②动力电池不包括铅酸电池；

③插电式混合动力汽车最大电功率比大于30%；插电式混合动力乘用车

综合燃料消耗量（不含电能转化的燃料消耗量）与现行的常规燃料消耗量标准中对应目标值相比应小于60%；插电式混合动力商用车（含轻型、重型商用车）综合工况燃料消耗量（不含电能转化的燃料消耗量）与同类车型相比应小于60%；

④通过新能源汽车专项检测，符合新能源汽车标准要求。

节能型商用车和其他车辆的认定标准另行制定。

2014年8月1日，财政部、国家税务总局、工业和信息化部联合发布了《财政部、国家税务总局、工业和信息化部公告2014年第53号——关于免征新能源汽车车辆购置税的公告》，通知规定，为促进我国交通能源战略转型、推进生态文明建设、支持新能源汽车产业发展，自2014年9月1日至2017年12月31日，对购置的新能源汽车免征车辆购置税。

2015年1月26日，财政部、国家税务总局联合发布了《财政部、国家税务总局关于对电池、涂料征收消费税的通知》，通知规定，为促进节能环保，经国务院批准，自2015年2月1日起对电池、涂料征收消费税，在生产、委托加工和进口环节征收，适用税率均为4%。此外，对无汞原电池、金属氢化物镍蓄电池（又称"氢镍蓄电池"或"镍氢蓄电池"）、锂原电池、锂离子蓄电池、太阳能电池、燃料电池和全钒液流电池免征消费税。

2015年5月7日，财政部、国家税务总局、工业和信息化部联合发布了《财政部、国家税务总局、工业和信息化部关于节约能源使用新能源车船车船税优惠政策的通知》，通知规定，为促进节约能源，鼓励使用新能源，对节约能源车船，减半征收车船税，对使用新能源车船，免征车船税。

相比较2012年发布的《财政部、国家税务总局、工业和信息化部关于节约能源使用新能源车船车船税政策的通知》，新的通知规定，将认定标准进行了修改，同时，区分了乘用车和商用车标准认定，使认证更加严格。

减半征收车船税的节约能源乘用车应同时符合以下标准：

①获得许可在中国境内销售的排量为1.6升以下（含1.6升）的燃用汽油、柴油的乘用车（含非插电式混合动力乘用车和双燃料乘用车）；

②综合工况燃料消耗量应符合标准；

③污染物排放符合《轻型汽车污染物排放限值及测量方法（中国第五阶

段）》（GB18352.5—2013）标准中 I 型试验的限值标准。

减半征收车船税的节约能源商用车应同时符合下列标准：

①获得许可在中国境内销售的燃用天然气、汽油、柴油的重型商用车（含非插电式混合动力和双燃料重型商用车）；

②燃用汽油、柴油的重型商用车综合工况燃料消耗量应符合标准；

③污染物排放符合《车用压燃式、气体燃料点燃式发动机与汽车排气污染物排放限值及测量方法（中国 III，IV，V 阶段）》（GB17691—2005）标准中第 V 阶段的标准。

减半征收车船税的节约能源船舶和其他车辆等的标准另行制定。

免征车船税的使用新能源汽车（不含纯电动乘用车和燃料电池乘用车，下同），应同时符合下列标准：

①获得许可在中国境内销售的纯电动商用车、插电式（含增程式）混合动力汽车、燃料电池商用车；

②纯电动续驶里程符合新能源汽车纯电动续驶里程及专项检验标准；

③使用除铅酸电池以外的动力电池；

④插电式混合动力乘用车综合燃料消耗量（不计电能消耗）与现行的常规燃料消耗量国家标准中对应目标值相比小于60%；插电式混合动力商用车（含轻型、重型商用车）燃料消耗量（不含电能转化的燃料消耗量）与现行的常规燃料消耗量国家标准中对应限值相比小于60%；

⑤通过新能源汽车专项检测，符合新能源汽车标准。

免征车船税的使用新能源船舶的标准另行制定。

2017 年 12 月 26 日，财政部、国家税务总局、工业和信息化部、科技部联合发布了《财政部、国家税务总局、工业和信息化部、科技部公告关于免征新能源汽车车辆购置税的公告》，通知规定，为贯彻落实党的十九大精神，进一步支持新能源汽车创新发展，自 2018 年 1 月 1 日至 2020 年 12 月 31 日，对购置的新能源汽车免征车辆购置税。2017 年 12 月 31 日之前，已列入《目录》的新能源汽车，对其免征车辆购置税政策继续有效。

自 2018 年 1 月 1 日起，列入《目录》的新能源汽车须同时符合以下条件：

①获得许可在中国境内销售的纯电动汽车、插电式（含增程式）混合动

力汽车、燃料电池汽车。

②符合新能源汽车产品技术要求。

③通过新能源汽车专项检测，达到新能源汽车产品专项检验标准。

④新能源汽车生产企业或进口新能源汽车经销商（以下简称企业）在产品质量保证、产品一致性、售后服务、安全监测、动力电池回收利用等方面符合相关要求。

财政部、税务总局、工业和信息化部、科技部根据新能源汽车标准体系发展、技术进步和车型变化等情况，适时调整列入《目录》的新能源汽车条件。

7.2　新能源产业发展的税收政策现状

税收激励政策是我国促进新能源产业发展的重要措施之一。税收激励政策实质是通过减税或免税的方式，提高投资者的收益，激起其投资的积极性。对于投资者而言，税收激励政策在投资初期，税收减免收益较小，但投资运营获得利润后，享受税收减免收益就较为明显。近几年，中央加大了对新能源的财政投入，并采取了减免税的措施，激励新能源产业的发展。

7.2.1　太阳能产业发展的税收政策现状

太阳能产业的税收发展政策，从 2010 年发展到今天，现今仍可以使用的税收优惠政策主要包括以下几个税种：

7.2.1.1　增值税

根据《财政部、海关总署、国家税务总局关于调整重大技术装备进口税收政策暂行规定有关清单的通知》和《财政部、工业和信息化部、海关总署、国家税务总局关于调整重大技术装备进口税收政策有关目录的通知》规定，太阳能发电设备以及国内企业为生产国家支持发展的太阳能电池设备而确有必要进口部分关键零部件、原材料免征进口环节增值税。

根据《财政部、国家税务总局关于继续执行光伏发电增值税政策的通知》规定，自 2016 年 1 月 1 日至 2018 年 12 月 31 日，对纳税人销售自产的利用太阳能生产的电力产品，实行增值税即征即退 50% 的政策。文到之日前，已征的按本通知规定应予退还的增值税，可抵减纳税人以后月份应缴纳的增值税或予以退还。

7.2.1.2　企业所得税

根据中华人民共和国国务院令（第 512 号）《中华人民共和国企业所得税法实施条例》规定，国家重点扶持的公共基础设施项目，是指《公共基础设施项目企业所得税优惠目录》规定的港口码头、机场、铁路、公路、城市公共交通、电力、水利等项目。

规定的国家重点扶持的公共基础设施项目的投资经营的所得，自项目取得第一笔生产经营收入所属纳税年度起，第一年至第三年免征企业所得税，第四年至第六年减半征收企业所得税。

7.2.1.3　消费税

根据《财政部、国家税务总局关于对电池、涂料征收消费税的通知》规定，自 2015 年 2 月 1 日起，对太阳能电池免征消费税。

7.2.1.4　关税

根据《财政部、海关总署、国家税务总局关于调整重大技术装备进口税收政策暂行规定有关清单的通知》和《财政部、工业和信息化部、海关总署、国家税务总局关于调整重大技术装备进口税收政策有关目录的通知》规定，太阳能发电设备以及国内企业为生产国家支持发展的太阳能电池设备而确有必要进口部分关键零部件、原材料免征关税。

7.2.2　风能产业发展的税收政策现状

风能产业的税收发展政策，从第一部《风力发电场并网运行管理规定》开始，经过 20 余年的发展，现今仍可以使用的税收优惠政策主要包括以下几个税种：

7.2.2.1　增值税

根据《财政部、发展改革委、工业和信息化部、海关总署、税务总局、能源局关于调整重大技术装备进口税收政策有关目录的通知》和《财政部、国家发展和改革委员会、工业和信息化部等关于调整重大技术装备进口税收政策的通知》规定，自 2018 年 1 月 1 日起，对符合规定条件的国内企业为生产国家支持发展的重大技术装备或产品而确有必要进口部分关键零部件及原材料，免征关税和进口环节增值税。

申请享受政策的企业一般应为从事开发、生产国家支持发展的重大技术装备或产品的制造企业，并应当具备：①独立法人资格；②具有较强的设计研发和生产制造能力；③具备专业比较齐全的技术人员队伍；④具有核心技术和自主知识产权；⑤申请享受政策的重大技术装备应符合《国家支持发展的重大技术装备和产品目录》中有关要求。

根据《财政部、国家税务总局关于风力发电增值税政策的通知》规定，自 2015 年 7 月 1 日起，对纳税人销售自产的利用风力生产的电力产品，实行增值税即征即退 50% 的政策。

7.2.2.2　企业所得税

根据中华人民共和国国务院令（第 512 号）《中华人民共和国企业所得税法实施条例》规定，国家重点扶持的公共基础设施项目，是指《公共基础设施项目企业所得税优惠目录》规定的港口码头、机场、铁路、公路、城市公共交通、电力、水利等项目。

规定的国家重点扶持的公共基础设施项目的投资经营的所得，自项目取得第一笔生产经营收入所属纳税年度起，第一年至第三年免征企业所得税，第四年至第六年减半征收企业所得税。

7.2.2.3　关税

根据《财政部、发展改革委、工业和信息化部、海关总署、税务总局、能源局关于调整重大技术装备进口税收政策有关目录的通知》和《财政部、国家发展和改革委员会、工业和信息化部等关于调整重大技术装备进口税收政策的通知》规定，自 2018 年 1 月 1 日起，对符合规定条件的国内企业为生产国家支持发展的重大技术装备或产品而确有必要进口部分关键零部件及原材料，免征关税和进口环节增值税。

申请享受政策的企业一般应为从事开发、生产国家支持发展的重大技术装备或产品的制造企业，并应当具备：①独立法人资格；②具有较强的设计研发和生产制造能力；③具备专业比较齐全的技术人员队伍；④具有核心技术和自主知识产权；⑤申请享受政策的重大技术装备应符合《国家支持发展的重大技术装备和产品目录》中有关要求。

7.2.3　生物质能产业发展的税收政策现状

7.2.3.1　增值税

根据《财政部、发展改革委、工业和信息化部、海关总署、税务总局、能源局关于调整重大技术装备进口税收政策有关目录的通知》和《财政部、国家发展和改革委员会、工业和信息化部等关于调整重大技术装备进口税收政策的通知》规定，自2018年1月1日起，对符合规定条件的国内企业为生产国家支持发展的重大技术装备或产品而确有必要进口部分关键零部件及原材料，免征关税和进口环节增值税。

申请享受政策的企业一般应为从事开发、生产国家支持发展的重大技术装备或产品的制造企业，并应当具备：①独立法人资格；②具有较强的设计研发和生产制造能力；③具备专业比较齐全的技术人员队伍；④具有核心技术和自主知识产权；⑤申请享受政策的重大技术装备应符合《国家支持发展的重大技术装备和产品目录》中有关要求。

7.2.3.2　企业所得税

根据《中华人民共和国企业所得税法实施条例》（中华人民共和国国务院令第512号）规定，国家重点扶持的公共基础设施项目的投资经营的所得，自项目取得第一笔生产经营收入所属纳税年度起，第一年至第三年免征企业所得税，第四年至第六年减半征收企业所得税；取得的收入，减按90%计入收入总额。

7.2.3.3　关税

根据《财政部、发展改革委、工业和信息化部、海关总署、税务总局、能源局关于调整重大技术装备进口税收政策有关目录的通知》和《财政部、国家发展和改革委员会、工业和信息化部等关于调整重大技术装备进口税收政策的通知》规定，自 2018 年 1 月 1 日起，对符合规定条件的国内企业为生产国家支持发展的重大技术装备或产品而确有必要进口部分关键零部件及原材料，免征关税和进口环节增值税。

申请享受政策的企业一般应为从事开发、生产国家支持发展的重大技术装备或产品的制造企业，并应当具备：①独立法人资格；②具有较强的设计研发和生产制造能力；③具备专业比较齐全的技术人员队伍；④具有核心技术和自主知识产权；⑤申请享受政策的重大技术装备应符合《国家支持发展的重大技术装备和产品目录》中有关要求。

7.2.4　新能源汽车产业发展的税收政策现状

7.2.4.1　车船税

根据《财政部、国家税务总局、工业和信息化部关于节约能源使用新能源车船车船税优惠政策的通知》规定，对使用新能源车船，免征车船税。

7.2.4.2　车辆购置税

根据《财政部、国家税务总局、工业和信息化部、科技部公告关于免征新能源汽车车辆购置税的公告》规定，自 2018 年 1 月 1 日至 2020 年 12 月 31 日，对购置的新能源汽车免征车辆购置税。

7.2.4.3　消费税

根据《财政部、国家税务总局关于对电池、涂料征收消费税的通知》规定，自 2015 年 2 月 1 日起，对无汞原电池、金属氢化物镍蓄电池（又称"氢镍蓄电池"或"镍氢蓄电池"）、锂原电池、锂离子蓄电池、燃料电池和全钒液流电池免征消费税。

7.3 新能源产业发展的税收政策不足之处

7.3.1 新能源产业发展的税收政策存在的总体问题

近几年，中央政府加大了对新能源的财政投入，并采取减免税等措施，激励新能源产业的发展，但仍存在税收优惠力度小、优惠方式单一、缺乏系统性等问题。

7.3.1.1 税收优惠力度小，期限具有不确定性

我国针对新能源产业的税收优惠约束条件较多，优惠力度小，主要以企业所得税、增值税、关税为主。就增值税而言，尽管采取即征即退，减半征收以及先征后返等措施，但这些政策仅适用于以垃圾为燃料生产的电力或者热力，利用风力生产的电力、必要进口的核电机组以及大功率风电发电机（组）及其配套部件部分、原材料等。目前，我国的一般纳税人增值税税率为16%、10%和6%三挡，即征即退50%的优惠力度并不算大。加之税收优惠期限具有不稳定性，不利于新能源产业的发展。如2010年规定对风力发电机（组）及其配套部件等三类装备的企业给予免征关税和进口环节增值税政策。但2012年3月又规定，在2011年已获得符合免税资格的，有效期在2012年3月31日之前；若享受2012年4月1日至12月31日期间重大技术装备进口环节税收优惠政策，需重新申请免税资格。这些限制条件都降低了企业对新能源产业投资的积极性。

7.3.1.2 税收优惠方式单一，优惠税种较少

现行新能源产业的税收优惠主要采取减税和免税方式，优惠措施比较单一，缺乏灵活性。而税收优惠的其他重要措施，如加速折旧、再投资退税和加计扣除等方式较少使用。且优惠的税种较少，没有考虑到从整体税收体系上对新能源进行优惠。目前，我国涉及新能源产业的优惠税种以增值税和企业所得税两大主体税种为主，关税为辅。而对于新能源产业的优惠应当将整体税收体

系都囊括在内，使新能源产业的税收优惠形成完整的税收链条体系。

7.3.1.3　各产业税负不均，作用环节单一

我国新能源产业的税收优惠的环节也过于单一，不同产业所适用的税收优惠有明显不同，导致新能源各产业的税负不均。税收优惠作用环节主要集中在生产投资环节，且并未贯穿于新能源从生产、流通到消费的各个环节。造成新能源企业为获得优惠大量供给电力，然后大量弃电的情况。未考虑到产生的电力能否成功上网并使用是当前税收政策制定上的短板，新能源产业链条上不同经济体税负有所不同，不利于新能源产业均衡发展。

7.3.1.4　政策更新较慢，优惠与现状不匹配

我国在政策的制定方面没有考虑到不同的新能源产业处于不同发展阶段，所适应的税收优惠政策也应该是不同的。导致已经发展成熟的新能源产业依旧享受着较高的税收优惠，而新兴的新能源产业享受税收优惠不充分的情况存在。现今我国新能源产业发展需要着重关注新能源研发和技术进步带来的发展，税收优惠政策的不适用可能会抑制新能源产业的技术研发动力，导致高新技术企业由于成本的限制由自主研发转为投资生产的情况。

7.3.1.5　未充分发挥激励约束性税收筹集资金的作用

环境税具有双重红利效应，是很好扶持新能源行业发展的资金来源，但我国至今并未有独立的环境税税种，没有充分发挥环境税的双重作用。将环境税收入作为新能源价格补贴资金来源，一方面有利于保护环境，改善环境质量，另一方面，通过征收环境税作为新能源价格补贴资金，专款专用。新能源对提高环境质量具有重要的作用，但其发展初期成本高，因而，应将那些产生污染环境的企业税收收入用于新能源行业，来进行财政补贴。

从纳税人或负税人的层面看，征收环境税，会减少纳税人或负税人的收入，削减其福利水平，这一点在实证分析中得以证实。但相对于其他流转税收而言，环境税还具有抑制污染环境、改善环境质量的功效。因此，应发挥环境税收筹集新能源价格补贴作用，使其发挥弥补新能源外部收益的作用。

7.3.1.6　政策制定的地方性较强

由于各个地方开发程度和经济水平的不同，各地方所制定的针对新能源利

用的政策也有很大区别，例如，《盐城市农作物秸秆综合利用条例》中第二章第十二条：鼓励利用秸秆生物气化（沼气）、热解气化、固化成型及炭化等技术发展生物质能，改善能源结构。鼓励和引导企业、家庭使用秸秆资源。第四章第二十三条：市、县（市、区）、镇人民政府和街道办事处应当落实上级有关秸秆机械化还田作业机具购置补贴、还田作业补贴以及秸秆综合利用的税收、运输、电价补贴等优惠政策。

本条例中提及了要鼓励支持秸秆利用，促进能源结构的改善。然而，并没有实际条文规定如何给予优惠政策，且本条例是盐城市人大发布的，不具有全国普适性，不利于全国性的推广。

7.3.2 各新能源产业发展的税收政策存在的具体问题

7.3.2.1 太阳能产业税收政策存在的问题

我国的太阳能产业属于我国新能源产业中相对发展较早的行业，目前，我国太阳能光伏产业链包括上游、中游、下游3块13个部分。上游包括研发环节、多晶硅生产环节、其他材料环节；中游包括硅片制造环节、电池制造环节、组件制造环节、BOS部件制造环节；下游包括系统设计环节、系统集成环节、项目开发环节、融资环节、系统安装与建设环节、运营与管理环节。

目前，影响太阳能发电的主要障碍是成本波动较大、市场消纳能力较弱。应加大太阳能发电的技术和设备的研发，降低成本，提高市场消纳能力。而目前，我国针对太阳能光伏产业研发的税收政策还是空白状态，如何利用税收政策促进光伏产业提高技术创新，改变进口需求大、成本高这一困境是我们首先需要面临的问题。

随着光伏发电的技术进步、产业升级和市场规模扩大，中国光伏发电成本持续下降，单位容量造价从2010年的约20 000元/千瓦，降到2016年约7 000元/千瓦。就具体类型来看，分布式光伏发电造价比光伏电站高10%～20%。[①]根据彭博新能源财经数据，2016年，全国光伏发电度电成本波动范围较大，

---

① 李彦. 成本大变动中国新能源未来发展道路如何？［J/OL］. 宏观经济管理，2018 - 3 - 27.

在 0.55 ~ 1.02 元/千瓦时之间，平均为 0.68 元/千瓦时。

自 2012 年以来，我国曾多次被美国、印度、欧盟等国家和地区进行针对中国光伏企业展开反倾销与反补贴调查，美国于 2012 年 5 月起对中国太阳能电池板征收关税。这一系列状况使我们意识到，目前，太阳能行业针对制造业，即上游产业的财税政策补贴过多，容易造成国际间贸易战争，这是当前太阳能光伏产业存在的最大问题。

此外，由于过多的财税优惠政策，加之产业发展具有一定的盲目性，我国光伏产业产能阶段性过剩问题严重，需要对光伏产业的发展模式进行调整，促进国内消费，从产业链下游，即需求侧提供相应的税收政策，促进光伏产业重组，而这应是当前政策的重点，也是税收政策的另一大空缺。

7.3.2.2　风能产业税收政策存在的问题

我国风电装机量世界第一，根据彭博网新能源财经数据，2016 年，全国风电平均度电成本约为 0.5 元/千瓦时，仍高于燃煤标杆电价（0.25 ~ 0.45 元/千瓦时）。但相对于光伏发电的均价 0.68 元/千瓦时，从发电成本来看，风电仍是我国新能源中最有望替代燃煤发电的选择。《可再生能源发展"十三五"规划》提出，到 2020 年，风电项目电价可与当地燃煤发电同平台竞争，光伏发电项目电价可与电网销售电价相当。

风能产业目前存在的突出问题是缺乏关键技术和解决间歇性发电问题的储能技术，电网接受大规模并网发电的调峰能力较弱，以及无法平价上网。而我国现有的针对风能产业的税收优惠政策主要集中于需求侧，即消费风电时给予一定的所得税和增值税减免，并不利于关键技术的发展。

未来，风电项目造价下降将主要依赖关键设备成本和非技术成本的下降，前者主要依靠技术进步和风机选型，后者主要是土地费用和税费等。根据 GE 研究结果，更长更轻的叶片、一体化传动链等技术突破将使 2025 年风电度电成本下降 0.050 ~ 0.067 元/千瓦时，微观选址与风机选型的优化设计将使度电成本下降 0.031 ~ 0.070 元/千瓦时。

我国的风能产业税收政策针对非技术成本下降所给予的税收优惠已经趋于完善，然而，技术研发方面的税收优惠还有所缺失，包括储电和发电跨区外送的技术问题还未能得以解决，而相应的税收政策却未能提出，导致风电产业在技术方面投资较少，大量的风电发出后未能得到应用，企业因现有的优惠政策也一直将关注点集中于发电而并非储电、用电问题上。

当前，大力发展核心技术和相关关键技术是促进我国风电持续快速发展的重要环节。应逐步取消针对成熟产业的税收优惠，从鼓励技术发展的角度帮助风能产业成长。将风能产业税收优惠政策的关注点转向鼓励风能解决储能问题的优惠政策。

7.3.2.3　生物质能产业税收政策存在的问题

生物质能产业发展的突出问题有以下几点：一是秸秆发电目前无法做到热电联产；二是我国的垃圾分类率、利用率低以及焚烧技术不完善导致垃圾发电利用率低；三是沼气发电难以规模化、产业化，户用沼气弃用严重。这几点问题导致生物质能燃料成本较大、供应保障性较低，应加大对生物质产业链薄弱环节的扶持，提高对生物质发电税收优惠。

同时，我国混燃发电的补贴政策是只有生物质掺烧量（按燃料的热值）达到80%的混燃机组才能享受上网电价补贴。但是，目前我国未开发出适合我国国情的在混燃电厂监测和核实生物质消耗量的技术设备和系统，能否享受上网电价补贴没有监测标准，技术问题未能得到解决导致生物质能发电企业未能享受到相应的优惠政策。

我国目前存在的针对生物质能产业的税收优惠政策同太阳能和风能产业无较大区别，忽略了生物质能产业目前所面临的问题是对产业链上游的生物质能供应方面的问题。针对生物质能产业，我国缺少对解决生物质能燃料供给来源问题的税收政策，导致生物质能产业发展缓慢，需要进行相应的补充。如何针对生物质能原料供给进行税收政策的补充，是当前生物质能产业税收政策制定所需要关注的最大问题。

其次，对于生物质能所缺少的技术研发问题，我国普遍采用的企业所得税研发支出加计扣除方式，并未体现在生物质能产业上，这也是促进生物质能产业发展的税收政策制定上的一大缺口。

7.3.2.4　新能源汽车产业税收政策存在的问题

我国目前的新能源汽车产业所需要攻克的主要问题是核心技术和电池续航

问题。由于充电基础设施的不完善，导致新能源汽车无法做到远距离行驶，故而无法完全替代传统汽车。

我国现有的新能源汽车产业的税收优惠政策主要包括近两年来推行的免征车船税和车辆购置税，以及新能源汽车的电池免征消费税这三方面，很好地从需求侧解决了新能源汽车的推广问题，然而，针对消费者而言，最重要的代步性能的不完善也是阻碍新能源汽车发展的一大问题。我国目前针对新能源汽车产业的税收优惠政策，缺少对研发方面和支出的税收优惠政策支持，是正处于发展阶段的新能源汽车产业的一大短板。如该问题不进行解决，将会阻碍新能源汽车产品饱和后产业的发展。

第8章 新能源发展财政补贴政策现状及存在的问题

税收优惠是政府的无偿性税式支出，可增加企业收入，但由于纳税人一般需缴纳两种或者多种税，各税种间相互影响，会削弱税收优惠的效果。如对于风电企业生产销售风力电力产品，可享受增值税即征即退50%的政策，2017年，某企业销售自产风力电力产品增值10 000元，增值税可即征即退850元，但是由于增值税即征即退收入不能免征企业所得税，在缴纳企业所得税后，企业仅能因税收优惠政策增加637.5元的收入。与税收优惠不同，财政补贴是政府直接无偿转移性支出，按照财政补贴额等量增加企业的实际收入。在产业发展初期，企业盈利能力较弱的情况下，财政补贴政策相对于税收优惠更为直接有效。当前，新能源产业财政补贴拖欠严重，缺口较大且缺乏监督机制，面对国外的双反政策，需要对我国新能源财政补贴政策及时完善。本章首先梳理新能源产业的财政补贴变化历程，然后对新能源产业财政补贴政策现状进行分析，最后指出目前我国新能源财政补贴政策存在的不足之处。

8.1 新能源产业发展的财政补贴政策变化历程

为发展太阳能、风能、生物质能等新能源，改善能源结构，2005年，我国颁布《中华人民共和国可再生能源法》，为新能源的发展提供法律和财力支持。我国将新能源发展利用科学技术作为高新技术优先发展，安排专项资金用于新能源产业技术研发，并将新能源产业发展列入国家发展规划。为进一步鼓励新能源产业发展，提高新能源产业财政资金使用效率，2006 年，财政部发布《可再生能源发展专项资金管理暂行办法》，中央财政设立专项资金，采取无偿补助和贷款贴息两种措施重点扶持潜力大、前景好的石油替代（重点扶持生物乙醇燃料、生物柴油等）、建筑物供热、采暖和制冷（重点支持太阳能、地热能等在建筑物种的推广应用），以及发电（重点扶持风能、太阳能、海洋能等发电的推广应用）等可再生能源的开发利用。上述法律法规的出台，为我国实施新能源产业发展财政补贴政策提供了法律保障。

8.1.1　太阳能产业的财政补贴政策变化历程

金太阳示范工程项目与太阳能光电建筑应用示范工程财政补贴政策。为实现节能减排目标，促进太阳能产业发展，鼓励光伏太阳能项目建设，2009 年，财政部联合住建部等发布《关于实施金太阳示范工程的通知》和《关于加快推进太阳能光电建筑应用的实施意见》。同年，为给予金太阳示范项目和太阳能光电建筑应用项目更多的资金支持，规范财政资金的使用，出台相关项目财政资金管理办法。对金太阳示范工程的补贴主要是根据项目投资成本补贴，按照光伏发电系统和配套输配电工程投资补贴 50%，偏远地区的独立发电光伏系统补贴总投资的 70%。此外，为推进光电技术产业化，给予光电技术产业化项目一定的贷款贴息。对太阳能光电建筑应用示范项目则主要根据装机容量定额补贴，补贴标准为 20 元/瓦，不但对城乡光电建筑一体化应用补贴，而且对太阳能光电产品建筑技术标准规程编写以及关键技术集成推广补贴。

2010 年，为加强金太阳示范项目和太阳能光电建筑应用示范项目的管理，扩展太阳能利用项目规模，财政部决定对示范工程项目的关键设备进行统一招标，确定中标产品价格，并提高项目补贴标准，对示范项目除按2009 年标准对项目投资成本补贴外，还增加了对项目建设其他费用的补贴，此次补贴主要依据装机容量定额补贴，对光伏发电项目补贴 4 元/瓦，偏远地区独立光伏项目补贴 6 元/瓦或 10 元/瓦。另外，为支持太阳能光电建筑一体化项目建设，对建材型、构件型光电建筑一体化项目按 17 元/瓦定额补贴，对与屋顶、墙面结合安装型光电建筑一体化项目按 13 元/瓦进行补贴。

2011 年，光伏发电系统建设成本降低，为进一步促进金太阳示范工程的发展，加快项目建设，对金太阳示范项目的补贴都依据装机容量定额补贴，采用晶体硅组件和非晶薄膜组件的示范项目分别补贴 9 元/瓦和 8 元/瓦。太阳能光电建筑一体化项目对关键设备和工程安装其他费用分别补贴，其中，对采用的晶体硅组件、并网逆变器以及储能铅酸蓄电池等关键设备的费用按中标协议供货价格的 50% 给予补贴；对采用的非招标产品（非晶硅组件），按晶体硅组件最低中标协议供货价格的 50% 给予补贴；对建设的工程安装等其他费用按 6 元/瓦定额补贴。

由于 2011 年光伏组件的价格下跌严重，2012 年，对金太阳示范项目的补贴标准进行下调，用户侧光伏发电项目的补贴标准下调为 7 元/瓦。光电建筑一体化应用项目中建材型等与建筑物高度结合的光电一体化项目补贴标准定为 9 元/瓦，对于建筑一般结合的利用形式补贴标准为 7.5 元/瓦。

2013 年，为将太阳能发电项目由事前项目补贴转变为事后发电补贴，财政部对金太阳工程项目和光电建筑应用示范项目进行清算。对于 2009～2011 年金太阳示范项目于 2013 年 6 月 30 日前完工并网发电的进行清算，未完工的取消示范资格，收回补贴资金。对于 2012 年金太阳示范项目和光电建筑应用示范工程项目，于 2013 年 6 月 30 日前完工并网发电的，按 5.5 元/瓦标准清算补贴，于 2013 年 12 月 31 日前完工并网发电的按 5 元/瓦进行清算，于 2014 年 6 月 30 日（含）前完成并网发电的，补助标准按 4 元/瓦进行清算，于 2014 年 6 月 30 日之后未建成并网的项目取消示范收回补贴。对于太阳能光电建筑应用集中示范区，2014 年 6 月 30 日前完工并网发电的，按 5.5 元/瓦补贴清算（见表 8-1）。[①]

---

① 关于清算 2012 年金太阳和光电建筑应用示范项目的通知［EB/OL］.

表 8 - 1　2009 ~ 2014 年金太阳示范工程项目与光电建筑应用示范工程补贴政策

年份	太阳能示范工程项目		太阳能光电建筑应用示范项目	
2009	按投资总额适当比例补贴	并网光伏发电项目补贴 50%	对城市光电建筑一体化应用、农村及偏远地区建筑光电利用项目补贴	20 元/瓦
		偏远无电地区独立光伏发电项目补贴 70%		
2010	建设所用关键设备费用按中标协议供货价格适当比例补贴	用户侧发电项目补贴 50%	建材型、构件型光电建筑一体化项目	17 元/瓦
		偏远地区的独立发电项目补贴 70%		
	建设的其他费用采取定额补贴	光伏发电项目补贴 4 元/瓦	与屋顶、墙面结合安装型光电建筑一体化项目	13 元/瓦
		偏远地区独立光伏项目补贴 6 元或 10 元/瓦		
2011	光伏发电项目补贴	对采用晶体硅组件的示范项目补贴为 9 元/瓦；对采用非晶硅薄膜组件的示范项目补贴 8 元/瓦	采用的晶体硅组件、并网逆变器以及储能铅酸蓄电池等关键设备的费用	按中标协议供货价格的 50% 补贴
			采用的非招标产品（非晶硅组件）	按最低中标协议供货价格的 50% 补贴
			建设的工程安装等其他费用	5.5 元/瓦
2012	光伏发电项目补贴	用户侧发电项目补贴标准为 7 元/瓦	与建筑紧密结合的太阳能光电建筑应用示范项目	9 元/瓦
		偏远地区独立光伏电站的补助标准原则上为 25 元/瓦，户用系统的补助标准原则上为 18 元/瓦	与建筑一般结合的太阳能光电建筑应用示范项目	7.5 元/瓦
2013 年上半年	2013 年 6 月 30 日前按期验收、并网发电的项目	5.5 元/瓦	2013 年 6 月 30 日前按期验收、并网发电的项目	5.5 元/瓦
2013 年下半年	2013 年 12 月 31 日前完成验收程序且并网发电的项目	5 元/瓦	2013 年 12 月 31 日前完成验收程序且并网发电的项目	5 元/瓦
2014 年上半年	2014 年 6 月 30 日前完成验收程序且并网发电的项目	4 元/瓦	太阳能光电建筑应用集中示范区项目	5.5 元/瓦
			2014 年 6 月 30 日前完成验收程序且并网发电的项目	4 元/瓦

太阳能发电上网电价补贴政策。我国太阳能发电项目发电上网采用统一定价的模式，对于上网电价与当地脱硫燃煤机组标杆上网电价的部分由中央财政补贴，太阳能发电项目补贴的多少由当时的太阳能上网电价和当地脱硫燃煤机组标杆上网电价共同决定。太阳能发电项目上网电价最初实行核准定价，2008年7月，国家发改委核定的内蒙古鄂尔多斯205千瓦聚光光伏电站和上海崇明前卫村1兆瓦及宁夏4个光伏电站上网电价为每千瓦时4元（含税）。2010年4月，国家发改委核准了宁夏太阳山4个光伏电站每千瓦时1.15元的临时上网电价。自2009年开始，太阳能上网电价实行中标价。2009年敦煌10兆瓦光伏电站的上网电价实行中标价格每千瓦时1.09元（含税）。2010年6月，对内蒙古、新疆、甘肃、青海、宁夏、陕西等13个光伏电站特许权项目实行中标电价，其中，标价为每千瓦时0.7228～0.9907元（含税）。2011年7月1日以前核准建设、2011年12月31日建成投产、国家发改委未核定价格的太阳能光伏发电项目，上网电价统一核定为每千瓦时1.15元（含税）。2011年7月1日及以后核准的太阳能光伏发电项目，以及2011年7月1日之前核准但截至2011年12月31日仍未建成投产的太阳能光伏发电项目，除西藏仍执行每千瓦时1.15元的上网电价外，其余省（区、市）上网电价均按每千瓦时1元执行。2013年9月起，根据各地太阳能资源条件和建设成本，将全国分为三类太阳能资源区，三类资源区标杆上网电价分别为每千瓦时0.9元、0.95元和1元。同时，对分布式光伏发电实行按照发电量补贴，标准为每千瓦时0.42元。① 对纳入国家能源局2016年组织实施的太阳能热发电示范范围的项目，2016年核定全国统一的太阳能热发电（含4小时以上储热功能）标杆上网电价为每千瓦时1.15元（含税）。2016年，发改委发布通知实行光伏发电上网标杆电价随发展规模逐步降低的价格政策。2016年，三类资源区标杆上网电价分别为每千瓦时0.8元、0.88元和0.98元。2017年，三类资源区标杆上网电价分别为每千瓦时0.65元、0.75元和0.85元。2018年，三类资源区标杆上网电价再次下调，分别为每千瓦时0.55元、0.65元和0.75元。分布式光伏发电项目补贴下调为0.37元/千瓦时。具体见表8-2。

---

① 数据来源于国家发改委《关于发挥价格杠杆作用促进光伏产业健康发展的通知》。

表 8 - 2 太阳能上网电价

年份	地区或上网项目	上网电价（元/每千瓦时）
2008	内蒙古鄂尔多斯 205 千瓦聚光光伏电站和上海崇明前卫村 1 兆瓦及宁夏 4 个光伏电站	4
2009	敦煌 10 兆瓦光伏电站	1.09
2010	宁夏太阳山四个光伏电站	1.15
	内蒙古、新疆、甘肃、青海、宁夏、陕西等 13 个光伏电站特许权项目	0.7228 ~ 0.9907
2011	2011 年 7 月 1 日以前核准建设、2011 年 12 月 31 日建成投产、国家发改委未核定价格的太阳能光伏发电项目	1.15
	2011 年 7 月 1 日及以后核准的太阳能光伏发电项目，以及 2011 年 7 月 1 日之前核准但截至 2011 年 12 月 31 日仍未建成投产的太阳能光伏发电项目	除西藏执行每千瓦时 1.15 元的上网电价外，其余省（区、市）上网电价均按每千瓦时 1 元
2013	2013 年 9 月起，根据各地太阳能资源条件和建设成本，将全国分为三类太阳能资源区，执行分区光伏标杆上网电价	I 类资源区：0.9 II 类资源区：0.95 III 类资源区：1
	分布式光伏发电项目按照全电量补贴	0.42
2016	分区光伏标杆上网电价	I 类资源区 0.8 II 类资源区 0.88 III 类资源区 0.98
	纳入国家能源局 2016 年组织实施的太阳能热发电示范范围的项目	1.15
2017	分区光伏标杆上网电价	I 类资源区：0.65 II 类资源区：0.75 III 类资源区：0.85
2018	分区光伏标杆上网电价	I 类资源区：0.55 II 类资源区：0.65 III 类资源区：0.75
	分布式光伏发电项目按照全电量补贴	0.37

8.1.2　风能产业发展的财政补贴政策变化历程

贴息贷款政策。1987 年，政府专门设立农村能源专项贴息贷款，主要用于沼气工程、太阳能利用以及风电技术推广应用。1999 年，国家计委和科技部发布《关于进一步支持可再生能源发展有关问题的通知》。文件规定，对于银行安排基本建设贷款的项目给予 2% 的财政贴息，同时，鼓励可再生能源发电项目利用国产化设备，可适当延长还款期限。其中，中央政府的补贴主要用于新能源研究开发与试点示范，地方政府的补贴则大部分投入到太阳能和风电技术的推广应用中。

风电设备制造业的财政补贴政策。为加快我国风电装备制造业技术进步，促进风电产业发展，2008 年，财政部发布《风力发电设备产业化专项资金管理暂行办法》，中央财政安排专项资金扶持风力发电设备产业化。对中国境内从事风力发电设备（包括整机和叶片、齿轮箱、发电机、变流器及轴承等零部件）生产制造的中资及中资控股企业，新开发并实现产业化的首 50 台兆瓦级风电机组整机及配套零部件给予财政补贴。对满足财政补贴条件的风电机组按 600 元/千瓦的标准补贴。

风电设备制造业的财政补贴政策。为鼓励发展风电产业，促进我国风电装备的技术进步，2008 年，财政部出台了《风力发电设备产业化专项资金管理暂行办法》，为风电产业设备制造设置专项奖励资金。对中国境内从事风力发电设备（包括整机和叶片、齿轮箱、发电机、变流器及轴承等零部件）生产制造的中资及中资控股企业，新开发并实现产业化的首 50 台兆瓦级风电机组按 600 元/千瓦的标准补贴，相关零部件按成本比例给予适当补贴。随着风电设备制造企业的发展，大部分企业用完相关优惠指标，该文件于 2011 年 2 月 21 日废止。

风力发电项目上网电量的电价补贴政策。1994 年，原电力部发布《风力发电厂并网运行管理规定》，规定：电力公司统一收购风电场发电，上网电价按"成本 + 还本付息 + 合理利润"原则确定，并估计用户承受能力，高于电网均价部分，差价部分均摊处理，全网共同负担。2009 年，发改委颁布《关于完善风力发电上网电价政策的通知》，规定风力发电项目上网电量的电价补贴标准，依据风力发电上网电价和脱硫燃煤机组标杆电价确定。我国将风电上网标杆价按照资源区划为四类，各资源区标杆上网电价依次为每千瓦时 0.51 元、0.54 元、0.58 元和 0.61 元。财政补贴额为风力发电上网电价高出脱硫燃煤机组标杆价的费用。2014 年 6 月，发改委下发《关于海上风电上网单价政策的通知》，对海上风电上网电价单价做出规定，规定近海风电项目上网电价每千瓦时 0.85 元，潮间带风电项目上网电价为每千瓦时 0.75 元。此后，发改委分别对 2015 年、2016 年和 2018 年的风力发电项目上网电量的电价补贴标准进行了下调（见表 8-3）。

表 8-3　　　　　　　　　　　风力发电上网价

资源区	标杆上网电价（元/千瓦时）				各资源区所包括的地区
	2009 年	2015 年	2016 年	2018 年	
Ⅰ类资源区	0.51	0.49	0.47	0.44	内蒙古自治区除赤峰市、通辽市、兴安盟、呼伦贝尔市以外其他地区；新疆维吾尔自治区乌鲁木齐市、伊犁哈萨克族自治州、昌吉回族自治州、克拉玛依市、石河子市
Ⅱ类资源区	0.54	0.52	0.50	0.47	河北省张家口市、承德市；内蒙古自治区赤峰市、通辽市、兴安盟、呼伦贝尔市；甘肃省张掖市、嘉峪关市、酒泉市
Ⅲ类资源区	0.58	0.56	0.54	0.51	吉林省白城市、松原市；黑龙江省鸡西市、双鸭山市、七台河市、绥化市、伊春市，大兴安岭地区；甘肃省除张掖市、嘉峪关市、酒泉市以外其他地区；新疆维吾尔自治区除乌鲁木齐市、伊犁哈萨克族自治州、昌吉回族自治州、克拉玛依市、石河子市以外其他地区；宁夏回族自治区
Ⅳ类资源区	0.61	0.61	0.60	0.58	除Ⅰ类、Ⅱ类、Ⅲ类资源区以外的其他地区

8.1.3　生物质能产业发展的财政补贴政策变化历程

8.1.3.1　生物质发电产业发展的财政补贴政策变化历程

生物质发电上网电价补贴政策。2006 年，发改委出台《可再生能源发电价格和费用分摊管理试行办法》，规定对生物质发电项目给予 0.25 元/千瓦时补贴，自项目投产起补贴 15 年。2007 年，对亏损的秸秆直燃发电项目按上网电量给予 0.1 元/千瓦时的临时电价补助。2010 年，发改委出台政策规定新批准及核准项目此后每年电价补贴下降 2% 。常规燃料超过 20% 的生物质混燃发电项目，不享受补贴。对农林生物质发电项目的补贴标准为统一执行上网标杆上网电价 0.75 元/千瓦时与当地脱硫燃煤机组标杆上网电价的差额部分。2012 年，发改委发布垃圾焚烧发电项目补贴政策，规定此类项目结算电量按入场垃圾处理量计算，剩余部分不补贴，执行全国统一垃圾焚烧发电上网标杆电价 0.65 元/千瓦时，其中，0.1 元/千瓦时由省电网负担，其他由中央政府承担（见表 8-4）。

表 8-4   生物质发电财政补贴标准

年份	补贴项目	补贴标准
2006	生物质发电项目。15 年内享受上网电价补贴，运行满 15 年后，取消电价补贴	0.25 元/千瓦时
2007	纳入补贴范围内的秸秆直燃发电亏损项目	对其放大生产或技术创新项目的贷款，在建设周期内给予全额财政贴息
2010	每年新批准和核准建设的发电项目	补贴电价比上一年新批准和核准建设项目的补贴电价递减 2%
	农林生物质发电项目	0.75 元/千瓦时与当地脱硫燃煤机组标杆上网电价的差额
2012	垃圾焚烧发电项目	0.65 元/千瓦时与当地脱硫燃煤机组标杆上网电价的差额

其他生物质发电补贴政策。为减少秸秆焚烧，促进秸秆能源化利用，2008 年，出台《秸秆能源化利用补助资金管理暂行办法》，对相关企业依据实际销售秸秆数量、种类折算出新能源秸秆量，中央财政适当给予一次性补贴。各个地区为鼓励本地秸秆综合利用，推出了大量扶持政策，主要是根据秸秆的实际利用数量进行补贴，也有地区对秸秆综合利用机械补贴，少数地区根据项目成本给予适当比例补贴。如上海地区对收购秸秆综合利用企业，按秸秆利用量给予 300 元每吨的补贴，另外，对秸秆综合利用项目按成本的 30% 进行补贴。哈尔滨除对符合条件的秸秆综合利用机械补贴 70% 外，还给重点秸秆利用企业 50% 贷款贴息。为鼓励生物质发电项目并网，加快能源消纳，2012 年，财政部、国家发改委和国家能源局联合出台《可再生能源电价附加补助资金管理暂行办法》，对专为可再生能源发电项目接入电网系统而发生的工程投资和运行维护费用进行补贴，补助标准为：50 公里以内每千瓦时 0.01 元，50 ~

100 公里每千瓦时 0.02 元，100 公里及以上每千瓦时 0.03 元。[①] 2017 年，为推动生物质能供热发展，促进大气污染防治和雾霾治理，发改委发布促进生物质能供热发展政策，规定生物质能供热在锅炉置换、终端取暖补贴、供热管网补贴等方面享受优惠电价，国家可再生能源电价附加补贴资金优先支持生物质热电联产项目。

8.1.3.2　生物质气态燃料产业发展的财政补贴政策变化历程

为鼓励小型沼气建设，2002 年，国家出台政策对沼气建设项目进行补贴，对有养殖习惯，养猪不少于 3 头的农户建沼气池综合利用补贴标准为东部 300 元/户、中部 400 元/户、西部 500 元/户；对养殖猪不少于 500 头的农户建设小型沼气工程，每户补贴 10 万元；对户数超过 200 的村集体建设生活污水净化沼气工程每个补贴 10 万元。为增加沼气建设投资，2003 年，国家设立农村沼气建设国债项目，中央对沼气建设农户进行地区差异化定额补贴，北方地区每户补助 1 200 元，南方地区标准稍低。2007 年，为促进沼气建设项目的发展，国家鼓励建设沼气服务体系，并对沼气服务网点建设进行地区差异化补贴。2009 年起，国家进一步提高沼气建设补贴标准，其中，东部、中部和西部的补贴标准分别为每户 1 000 元、1 200 元和 1 500 元。同年，国家开始鼓励大中型沼气项目建设，东部、中部和西部地区分别按项目成本的 25%、35% 和 45% 补贴，同时，提高沼气服务网点建设补贴，规定中央和地方对各地每个网点建设补贴不少于 5 万元。由于中央和地方的高额补贴，沼气建设项目如雨后春笋般建设，由于此后需求不足，沼气项目弃置现象严重。目前，国家重点鼓励大型沼气工程，2017 年，补贴标准为每立方米 1 500元。

8.1.3.3　生物质液态燃料产业发展的财政补贴政策变化历程

2000 年，为解决陈化粮问题，国家开始鼓励试点粮食生物乙醇燃料（G1 代燃料乙醇），特批黑龙江华润酒精有限公司、吉林燃料乙醇有限公司、安徽丰原燃料酒精股份有限公司和河南天冠燃料集团四个公司的粮食燃料乙

---

① 数据来源于财政部《可再生能源电价附加补助资金管理暂行办法》。

醇试点项目，并在郑州、南阳等 5 市展开试点燃料乙醇试点。政府本着保本微利的原则，使燃料乙醇的价格与汽油价格挂钩，在粮食燃料乙醇的采购、生产环节对生物乙醇生产企业补贴，如政府以低于市价的粮价为企业调配粮食原料。2004 年，扩大试点范围，陆续在山东、河北等省份的部分城市展开试点。

2005 年，陈粮基本消化完毕，粮食燃料乙醇的原料变为玉米。政府改变保本微利的补贴政策，实施定额补贴，2005 年，粮食乙醇补贴标准为每吨 1 883 元，补贴标准不断下降，2007～2008 年，粮食乙醇补贴标准降为每吨 1 373 元。随后玉米价格大幅上涨，使用玉米生产乙醇不再受欢迎，2007 年，国务院叫停玉米生产乙醇项目，并开始鼓励以木薯等非粮原料生产乙醇（G1.5 代燃料乙醇）。为促进非粮生产燃料乙醇，2007 年，国家设立非粮替代予以引导奖励对非粮生产乙醇企业补贴，补贴方式为建设期内全额贴息贷款，建设竣工投产后按扩产成本 20%～40% 给予奖励。

由于采用定价补贴政策，燃料乙醇生产企业经营易受粮价和粮价变动影响，2007 年，政府出台扶持生物质能源补贴政策，对生物乙醇生产采取弹性补贴制度，即将补贴与市场油价挂钩，油价提高时，乙醇价格上涨，企业盈利，政府不补贴并鼓励企业将部分盈利存为风险基金；油价下跌，乙醇价格降低，企业亏损，首先用风险基金补亏，风险基金不足，政府给予补助，并提出原料基地补贴政策，以降低能源基地开发成本，增加原料供应。2009 年，粮食乙醇补贴标准为每吨 2 055 元，随后不断下调，2013 年降为每吨 300 元，此后，国家对已审批的粮食乙醇生产项目补贴标准每年下调 100 元，直至 2016 年彻底停止对粮食乙醇的补贴。2012 年，以木薯等为原料生产的乙醇补贴标准为每吨 750 元，2017 年补贴退出。近几年，政府鼓励以农作物秸秆等为原料生产纤维素乙醇（G2 代燃料乙醇），2012～2014 年，二代乙醇补贴标准为每吨 800 元，2015～2016 年，补贴标准下降 200 元。为促进乙醇汽油的应用，2017 年，十五部委发布乙醇汽油应用推广政策，规划到 2020 年实现乙醇汽油全国推广（见表 8 - 5）。

表 8 – 5　　　　　　　　　生物质液态燃料补贴政策

年份	补贴要点	补贴标准
2004	成本加利润	
2005	定额补贴	G1：1 883 元/吨
2006	定额补贴	G1：1 628 元/吨
2007	定额补贴	G1：1 373 元/吨
	建设期财政贴息	对其放大生产或技术创新项目的贷款，在建设周期内给予全额财政贴息
	竣工投产后奖励政策	奖励额度为企业因放大生产或优化工艺所增加投入的 20% ~40%
	林业原料基地补贴	200 元/亩
	农业原料基地补贴	180 元/亩
2008	弹性补贴	G1：1 373 元/吨
2009	弹性补贴	G1：2 055 元/吨
2010	弹性补贴	G1.5：1 659 元/吨
2011	弹性补贴	G1.5：1 200 元/吨
2012	弹性补贴	G1：500 元/吨 G1.5：750 元/吨 G2：800 元/吨
2013	弹性补贴	G1：300 元/吨 G1.5：750 元/吨 G2：800 元/吨
2014	弹性补贴	G1：200 元/吨 G1.5：750 元/吨 G2：800 元/吨
2015	弹性补贴	G1：100 元/吨 G1.5：750 元/吨 G2：600 元/吨
2016	弹性补贴	G1.5：750 元/吨 G2：600 元/吨

8.1.4　新能源汽车的财政补贴政策变化历程

2009 年起，我国开始重点发展新能源汽车产业，对新能源汽车产业的扶持以财政补贴政策为主。根据新能源汽车财政补贴政策的范围和力度的发展变化，可将我国新能源汽车财政补贴政策分为三个阶段：试点阶段、退坡阶段和后补贴阶段。

试点阶段：2009 ~ 2012 年，新能源汽车处于试点阶段，该阶段财政补贴政策补贴力度较小，补贴地区少，补贴领域重点为公共服务领域用车。2009

年，为促进节能减排，鼓励汽车消费，我国开始对节能和新能源汽车试点推广，试点工作首先在北京、重庆、合肥等 13 个城市展开，对公共服务领域如公务、邮政等推广使用新能源汽车的使用单位进行补贴，即补贴对象为购车单位，补贴范围及标准为：公共服务乘用车及轻型商用车中的 BSG 车型补贴 0.4 万元/辆，除 BSG 车型外的其他车型，按照节油率和最大电功率比不同定额补贴 2.8 万 ~25 万元/辆；10 米以上公交车中使用混合动力铅酸电池混合动力系统的按节油率不同分别补贴每辆 5 万元、7 万元、8 万元，使用其他动力的车型按节油率和最大电功率比不同定额补贴 20 万 ~60 万元/辆。该购置环节补贴由中央财政承担，地方财政主要补贴基础设施建设与维护等方面。2010 年，扩大试点范围，增加天津、广州等 7 个试点城市。在上海、长春、深圳、杭州、合肥 5 个城市对私人购买新能源汽车进行试点补贴。补贴对象为新能源汽车生产企业，即汽车生产企业先按扣除补贴额后的低价卖给消费者，政府再将补贴资金发给车企。中央财政按动力电池能量 3 000 元/千瓦时进行补贴，插电式混合动力乘用车及纯电动乘用车最多补贴分别为每辆 5 万元和 6 万元，地方财政主要补贴基础设施建设和电池回购等方面。首次提出采用财政补助退坡机制，即试点期内车企销售的插电式混合动力和纯电动乘用车分别达到 5 万辆的规模后，政府将适当降低补助标准。2012 年，四部委决定通过集中招标方式选择部分混合动力公交车在全国范围内推广，推广数量 3 000 ~5 000 辆，使用铅酸电池动力系统以外的公交车补贴标准改为按节油率和最大电功率比不同定额补贴 20 万 ~42 万元/辆。2012 年底，四部委对新能源汽车试点工作进行验收，标志着新能源汽车财政补贴试点阶段结束（见表 8 -6）。

表 8 -6　　　　　　　　试点阶段新能源汽车补贴政策

年份	补贴要点	补贴地区	补贴标准
2009	对公共服务领域用车单位补贴	北京、上海、重庆、长春、大连、杭州、济南、武汉、深圳、合肥、长沙、昆明、南昌 13 个城市	公共服务乘用车及轻型商用车： BSG 车型补贴 0.4 万元/辆， 其他车型补贴 2.8 万 ~25 万元/辆； 10 米以上公交车： 铅酸电池混合动力系统车型补贴 5 万 ~8 万元/辆， 其他动力的车型补贴 20 万 ~60 万元/辆

续表

年份	补贴要点	补贴地区	补贴标准
2010	扩大试点范围	增加天津、海口、郑州、厦门、苏州、唐山、广州 7 个试点城市	
	展开私人购车补贴试点	上海、长春、深圳、杭州、合肥 5 个城市	按动力电池能量 3 000 元/千瓦时进行补贴，插电式混合动力乘用车及纯电动乘用车最多补贴分别为 5 万元/辆、6 万元/辆
2012	扩大公交车示范推广范围	非示范城市	10 米以上公交车：铅酸电池混合动力系统车型补贴 5 万～8 万元/辆，其他车型补贴 20 万～42 万元/辆

　　退坡阶段：2013～2017 年，新能源汽车推广范围扩大，正式实施财政补贴退坡机制。2013 年，为进一步节能减排，促进新能源汽车消费，选择部分大城市作为示范城市进行新能源汽车推广，示范城市三年内销量、外地品牌新能源汽车占比以及公共用车领域新能源汽车占比等方面考核通过后中央财政对示范城市发放充电基础设施建设专项奖励。此次推广新能源汽车政府采用季度预拨、年终清算模式为车企拨付补贴资金，纯电动乘用车、插电式混合动力（含增程式）乘用车按续航里程不同定额补助 3.5 万～6 万元/辆；纯电动客车、插电式混合动力（含增程式）客车补贴力度增加按车长不同定额补贴 25 万～50 万元/辆；纯电动专用车按电池容量补贴 2 000 元/千瓦时，每辆最多补贴 15 万元；燃料电池乘用车补贴 20 万元/辆，燃料电池商用车补贴 50 万元/辆。补贴采取退坡机制，部分车型 2014 年在 2013 年标准基础上下调 10%，2015 年在 2013 年标准基础上下调 20%。2014 年继续扩大新能源汽车推广应用范围，增加了沈阳、长春等 12 个城市，并调整财政补贴退坡幅度，2014 年在 2013 年基础上退坡 5%，2015 年在 2013 年基础上退坡 10%。2015 年示范推广结束，开始在全国范围内推广新能源汽车。2016 年补贴额度下降，如纯电动乘用车、插电式混合动力（含增程式）乘用车按续航里程不同定额补助降为 2.5 万～5.5 万元/辆，纯电动客车、插电式混合动力（含增程式）客车补贴降为 12 万～50 万元/辆，纯电动、插电式混合动力专用车降为 1 800/千瓦时，燃料电池车补贴增加 30 万元/辆一档。此外，提高了退坡幅度，2017～2018 年在 2016 年基础上下调 20%，2019～2020 年下调 40%。2017

年，提高新能源汽车补贴要求，主要是提高整车能耗、续驶里程以及燃料电池技术标准。首次设置地方政府补贴上限，地方政府补贴上限为中央财政单车补贴的50%。对2019~2020年补贴退坡幅度进行调整，在现行基础上下降20%。完善新能源汽车补贴拨付方式，年初由汽车生产企业将上年资金清算材料报送当地新能源汽车推广牵头部门，经审核公示后上报省级新能源汽车推广牵头部门，审核、抽查后继续上报财政部、工业和信息化部，抄送科技部和发改委，工信部重点审核抽查出具核查报告给财政部，由财政部向企业拨付补贴资金（见图8－1）。

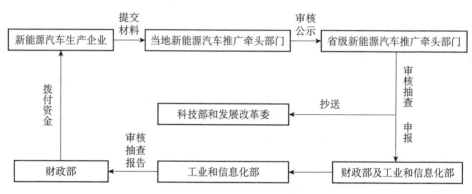

图8－1　2017年新能源汽车补贴资金拨付方式

后补贴阶段：2018年至今，新能源汽车产业快速发展，基本趋于稳定，政府计划稳步退出财政补贴。2018年，进一步完善新能源汽车财政补贴制度，从实施补贴政策较早的新能源客车和专用车开始降低补贴标准，如新能源客车补贴标准由1 800~3 000元/千瓦时，降至1 200~2 100元/千瓦时；新能源货车的补贴上限也从15万元/辆降至10万元/辆。为了让车企适应政策变化，为旧车型去库存，积极生产新车型，此次设置了为期4个月的过渡期，过渡期内新能源乘用车和客车补贴按原标准的0.7倍执行，新能源货车及专用车补贴按原标准的0.4倍执行。本次对补贴资金拨付方式进一步改革，对部分车型分期拨付补贴资金，新能源汽车上牌后发放部分补贴，待车辆运营里程达到2万公里后发放剩余部分。为打击地方保护主义，规定禁止各地方政府任何形式的地方保护措施，同时，取消了"地方财政补贴不得超过中央财政单车补贴额的50%"的规定。

8.2　新能源产业发展的财政补贴政策现状

8.2.1　太阳能产业发展的财政补贴政策现状

太阳能产业的财政补贴力度大。除了中央政府对太阳能光伏发电的补贴，各地方政府为鼓励本地太阳能产业的发展，也出台了大量相关补贴政策。各地区能源状况和发展目标不同，其补贴方式和标准也各不相同。有的地区采用一次性补贴模式，如江苏省无锡市为促进光伏发电项目建设，加快分布式太阳能光伏发电发展进程，对于分布式电站一次性补贴 20 万元/兆瓦；采用合同能源管理模式实施的项目，对实施合同能源管理用能项目的单位和项目投资机构，分别一次性给予每个项目不超过 20 万元和 100 万元的奖励和项目扶持。有些地区采取上网发电量电价补贴模式，如海南省三亚市对分布式发电采取事后补助方式，在分布式光伏发电项目验收合格并投产满 1 年后开始补助，对于项目建设居民个人、单位或建筑物权属人，在国家补助标准（0.42 元/千瓦时）基础上按照该市 0.25 元/千瓦时的标准，以项目上一年度所发电量为基础计算补助金额。还有地区进行创新补贴，如河南省安阳市建立总规模亿元的光伏产业专项发展扶持基金，主要用于光伏产业公共技术平台的搭建、光伏产业发展规划的编制、重大项目的开发论证、光伏企业技术攻关及新产品研发的引导、重大科技成果的奖励、人才培训和科研经费的补贴、光伏应用示范项目的补助等。各个地区都大力支持太阳能光伏发电，仅 2017 年一年全国用于太阳能产业的财政补贴资金就高达几百亿。中央及地方政府的大力支持，极大地促进了太阳能产业的高速发展。

太阳能产业发展的财政补贴政策政出多头。太阳能产业的财政补贴设计主要有三种方式：一是对太阳能发电的初始投资项目进行补贴，如部分金太阳示范工程和光电建筑一体化项目；二是对上网电价进行补贴；三是对光电产业的技术研发与培训的财政补贴。发布太阳能产业财政补贴政策的部门较多，如发布有关金太阳示范工程财政补贴政策的部门包括财政部、科技部、国家能源局等；发布有关光电建筑一体化项目的部门有财政部、住建部等；分布式光伏发电项目财政补贴政策发布部门包括发改委、能源局、国家开发银行等。在当前太阳能产业的财政补贴体系中，各部门分工不同，缺乏对该产业统一的规划和统筹，会造成责任主体不明确，甚至有些政策无法落实等。

8.2.2 风能产业发展的财政补贴政策现状

风电产业发展的财政补贴政策地区差异大。2009年，发改委根据风能资源条件和工程建设条件将全国分为四类风能资源区，各资源区标杆上网电价依次为每千瓦时0.51元、0.54元、0.58元和0.61元。此后，分别于2015年、2016年、2018年进行了三次下调，依次调整为每千瓦时0.44元、0.47元和0.51元。各地区依据所在地标杆电价和当地煤电标杆的差额进行电价补贴。由于不同地区煤电价格不同，如广东、湖南、海南、上海等地煤电价格较高，而宁夏、内蒙古、甘肃、青海等地煤电价格较低，这就造成中、东部地区的风电电价补贴远远低于西北地区，不同地区电价补贴差异明显。以广东省和宁夏为例，目前，广东省煤电价格为0.50元/度，风电价格为0.58元/度，政府给予的补贴金额为0.08元/度，而宁夏的煤电价格为0.28元/度，风电价格为0.51元/度，政府的补贴为0.23元/度，比较发现，两地的价格补贴相差约3倍。除中央补贴外，各地风电补贴政策较多，如2013年，山东省政府对山东省风力发电项目上网电量，在中央政府0.61元/千瓦时的基础上，另外提供0.06元/千瓦时的财政补贴，2017年，这一补贴下调为0.02元/千瓦时。上海市2013年发布《上海市可再生能源和新能源发展专项资金扶持办法》，规定2013~2018年投产的陆上风电和海上风电项目，按实际上网电量分别给予0.1元/千瓦时和0.2元/千瓦时的补贴，补贴时间为5年。各地方风电补贴标准不一，也扩大了各地区风电价格补贴差距。

偏向陆上风电的发展，对海上风电的财政补贴政策较少。在当前陆上风电弃风、弃电现象严重的形势下，海上风电更具有优势。我国海上风能资源丰富，近海海域面积宽广。目前，弃风现象最为严重的地区集中在东北、华北地区，该地区产生的电能不能合理跨地区消纳，而东南沿海地区经济发达，电力消纳能力较强，若能利用海上发电就近在沿海经济发达地区消纳，既减少土地占用，又能有效缓解当前弃风、弃电难题。但目前，海上风电技术还不成熟，相对于陆上发电成本偏高，尤其是基础工程、内外网线以及安装成本较高，后期运营成本也比陆上风电高很多。总的来说，海上风电的发电成本大约是陆上风电发电成本的 2 倍（见表 8 - 7）。目前，陆上风电的上网单价约为 0.5 元/千瓦时，而海上风电的上网单价为 0.75 ~ 0.85 元/千瓦时，对于海上风电站的建设发展较为不利。海上风电的建设中时常面临风电规划与其他部门海域规划重叠，被迫缩小电厂海域范围或者另外选址的风险，以及海底电缆铺设安装难度大等难题。因此，海上风电的发展建设，需要更多财政补贴政策的扶持。近年来，政府出台的财政补贴政策多偏向于三北地区陆上风电项目，而对海上风电项目的相关扶持政策较少。"十三五"规划到 2020 年，全国海上风电开工建设规模达到 1 000 万千瓦，累计并网容量达到 500 万千瓦以上。实现上述目标还需政府给予更多的扶持，促进海上风电项目的研发建设，降低海上风电建设成本，增加海上风电发电量。

表 8 - 7　　　　　　　　　　海上与陆上风力发电成本构成对比

发电成本构成	海上风电	陆上风电
风电机组	30% ~ 50%	65% ~ 75%
基础工程	15% ~ 25%	5% ~ 10%
内外部网线	15% ~ 30%	10% ~ 15%
安装	5% ~ 30%	0% ~ 5%
其他	8%	5%
总成本	13 000 ~ 20 000 元/千瓦	7 000 ~ 8 000 元/千瓦

资料来源：北极星风力发电网。

8.2.3　生物质能产业发展的财政补贴政策现状

财政补贴政策环节单一，未形成体系。目前，我国已确立长期生物质能发展目标，到 2020 年，实现生物质成型燃料年利用量约 3 000 万吨。要实现这一目标，需要政府合理规划财税政策，为生物质能发展提供良好的政策环境。生物质发电产业的补贴政策主要有原料采购补贴、上网电价补贴、农林生物质发电项目及垃圾焚烧发电项目补贴、秸秆综合利用补贴、电网建设与运营补贴等补贴项目。对于生物质液态燃料产业的补贴更少,主要有原料采购补贴、生产补贴。可见,目前我国生物质能产业财政补贴政策多集中于采购、生产环节,而销售、使用环节较少,对于生物质能产品的交易方面的补贴政策较少,未形成完整的生物质产业补贴政策体系,限制了生物质产业的发展。对于企业生产原料成本高、废料处理难等问题,未能根据相关企业的生产困境及时调整补贴政策方向。

补贴力度小,企业对补贴政策依赖性强。政府出台对于生物质能产业的财政补贴政策目的是培育生物质能产业市场。财政补贴政策是短期的,最终还是需要依靠市场调节机制。但是,在生物质产业发展成熟稳定、技术足够先进、成本降到足够低前,减少或者取消补贴,都可能前功尽弃,对于生物质企业及整个产业都较为不利。燃料乙醇目前主要实施定点生产、定向销售、封闭流通、政府定价的模式。现有 7 家定点乙醇生产企业,其中,大部分主要生产 1代粮食乙醇,由于粮食乙醇补贴标准逐渐降低,并于 2016 年停止补贴,各家企业的盈利水平均大幅下降,甚至亏损,以中粮生化为例,2016 年,得到政府补贴超过 2 亿元,而盈利总额不足 1.5 亿元。对于生物质燃料炉灶生产企业来说,财政补贴更为重要,基本达到了其营业额的 7 成,盈利基本依靠一半以上的炉具获得的财政补贴。在生物质产业技术足够先进、成本足够低前,需要政府大力的持续性的扶持,在发展稳定后,可逐步降低补贴标准,退出财政补贴。

8.2.4　新能源汽车的财政补贴政策现状

新能源汽车补贴力度大。近年来,中央出台一系列新能源汽车补贴政策,补贴额度较大,以 2016 年燃料电池汽车补贴为例,燃料电池乘用车补助 20 万元/辆,燃料电池轻型客车、货车补助 30 万元/辆,燃料电池大中型客车、中重型货车补助 50 万元/辆,每辆燃料电池车均可获得几十万的财政补贴。同时,地方政府也根据各地能源情况等出台补贴政策。截止到 2018 年 2 月,已有超过 40 个地区出台新能源汽车补贴政策。各地财政补贴力度较大,尤其是规定地方政府新能源汽车补贴上限之前，有些地区地方财政补贴力度甚至高于中央补贴。如 2016 年中央对续驶里程超过 250 公里的纯电动乘用车财政补贴标准为 5.5 万元/辆，插电式混合动力乘用车补贴标准为 3 万元/辆，而深圳市的补贴标准分别为 6 万元/辆和 3.15 万元/辆，此外，深圳地区对纯电动乘用车及混合动力乘用车分别一次性充电补贴 5 000 元和 1 000 元。其他地区地方补贴标准稍低，但基本都达到国家标准的 30%，如北京、河北、山西等地按照国家同等标准进行补贴；成都按照国家标准的 60% 进行补贴；上海规定纯电动车按国家标准的 50% 进行补贴；江苏地区规定省市财政补贴总量不超过扣除国家补贴标准的 60%，市级财政补贴标准不低于省级标准。据财政部统计，2009～2017 年，中央财政和地方财政用于新能源汽车的财政补贴资金约 1 600 亿元。我国对于新能源汽车的财政补贴标准已超过日本补贴标准的 2 倍，比英国、法国、美国等发达国家也高出不少，已成为全球对新能源汽车补贴最多的国家。

补贴形式多样化。为提高居民节能减排意识，鼓励新能源汽车消费，政府除购置环节对新能源汽车进行补贴外，还增加了多种形式的补贴，比如，充电基础设施补贴、一次性充电补贴、团购补贴、换购补贴、交强险补贴、公交车运营补贴等。充电基础设施建设补贴：北京地区安装新能源汽车充电桩可申报最高 30% 的固定资产投资补贴。充电基础设施运营补贴：2015 年，为提高充电基础设施建设速度，满足新能源汽车发展要求，政府在中央基建投资基金中拨款，对新能源汽车充电基础设施进行补贴，并对符合条件的充电基础设施用电依据工业用电标准计价，2020 年前免收电费。一次性充电补贴：深圳市曾规定，对纯电动乘用车及混合动力乘用车分别一次性充电补贴 5 000 元和 1 000 元。团购补贴：上海地区团购 10 辆以上新能源汽车的单位可获得 2 000 元/辆的团购补贴。换购补贴：太原市对以燃油车换购新能源汽车补贴 3 000 元/辆。交强险补贴：西安对于新能源汽车首次交强险给予 100% 补助。公交车运营补助：2015 年，为减少不可再生能源使用，鼓励新能源公交车的使用，规定公交车油价补贴与新能源汽车比例挂钩，且对符合条件的新能源汽车给予 2 万～8 万元/辆的运营补助。多形式的新能源汽车补贴是新能源汽车产业快速发展的重要基础，目前，多形式的补贴大多在销售使用环节，新能源汽车的长久发展的关键在于技术，鉴于发达国家的经验，我国可考虑在现有基础上增加对新能源汽车的研发环节的支持，以创造更节能高效的新能源汽车产品，降低成本，加快新能源汽车产业发展。

补贴标准退坡严重，补贴门槛提高。我国 2009 年出台新能源汽车试点推广补贴政策；2010 年，首次提出新能源汽车财政补贴退坡机制；2013 年，补贴退坡机制开始具体实施；2014 年，财政补贴执行标准是在 2013 年标准基础上下调 5%；2015 年，财政补贴执行标准是在 2013 年的基础上下调 10%；2015 年，出台政策对 2016 年新能源汽车财政补贴进行调整，主要是新能源客车和新能源乘用车的补贴标准有所降低，下降幅度在 10% 左右；2017 年，新能源汽车补贴标准在 2016 年补贴标准的基础上退坡 20%；2018 年，再次对新能源汽车财政补贴标准下调，总体估计，下调幅度超过 30%。依照我国新能源汽车产业发展趋势及近几年财政补贴变化情况，预计我国 2020 年左右将彻底取消对新能源汽车的财政补贴。近几年，对于新能源汽车获得财政补贴的要求越来越高，2010 年，仅要求纯电动乘用车动力电池组能量不低于 15 千瓦时，插电式混合动力乘用车电池组能量不低于 10 千瓦时。2016 年，在续驶里程及最高车速方面提出新要求，纯电动车、插电式混合动力汽车以及燃料电池汽车续驶里程分别不低于 80 千米、50 千米和 150 千米才可获得补贴。纯电动乘用车 30 分钟最高车速不低于 100 千米/时。此后，除对电池能量、续驶里程及最高车速方面提出更高要求外，还增加了对电池技术的要求。2017 年，要求新能源客车单位载质量能量消耗量低于 0.24 瓦时/千米·千克，纯电动客车续驶里程最低 200 公里，新能源汽车动力电池应满足电动道路车辆用锌空气蓄电池、车用超级电容器、电动汽车用动力蓄电池循环寿命要求及试验方法、电动汽车用动力蓄电池安全要求及试验方法要求。[①] 对比 2017 年与 2018 年新能源汽车财政补贴政策（见表 8 - 8）可以发现，政策倾向于补贴高性能汽车，高性能车补贴标准增加，而低性能车补贴标准降低。

---

① 数据来源于财政部《关于调整新能源汽车推广应用财政补贴政策的通知》。

表 8 − 8　　　　　　　　**2017 年与 2018 年新能源汽车补贴标准对比**

车型		项目		2017 年	2018 年	补贴降幅（%）
客车	非快充类纯电动客车	补贴标准		1 800	1 200	33.3
		单车补贴上限（万元）	6 < L≤8m	9	5.5	38.9
			8 < L≤10m	20	12	40.0
			L > 10m	30	18	40.0
		系统能量密度系数（瓦时/千克）	85 ~ 95（含）	0.8	/	
			95 ~ 115（含）	1	/	
			115 ~ 135（含）	1.2	1	
			135 以上	/	1.1	
	快充类纯电动客车	补贴标准		3 000	2 100	33.3
		单车补贴上限（万元）	6 < L≤8m	6	4	33.3
			8 < L≤10m	12	8	33.3
			L > 10m	20	13	35.0
		快充倍率系数	3C ~ 5C（含）	0.8	0.8	
			5C ~ 15C（含）	1	1	
			15C 以上	1.4	1.1	
	插电式混合动力（含增程式）客车	补贴标准		3 000	1 500	50.0
		单车补贴上限（万元）	6 < L≤8m	4.5	2.2	51.1
			8 < L≤10m	9	4.5	50
			L > 10m	15	7.5	50
		节油率水平系数	40% − 45%（含）	0.8	/	
			45% ~ 60%（含）	1	/	
			60% ~ 65%（含）	1.2	0.8	
			65% ~ 70%（含）	1.2	1	
			70% 以上	1.2	1.1	
乘用车	纯电动乘用车	纯电动续驶里程 R（工况法、公里）	100≤R < 150	2	/	
			150≤R < 200	3.6	1.5	58.3
			200≤R < 250	3.6	2.4	33.3
			250≤R < 300	4.4	3.4	22.7
			300≤R < 400	4.4	4.5	− 2.3
			R≥400	4.4	5	− 13.6
	插电式混合动力乘用车（含增程式）	纯电动续驶里程 R（工况法、公里）	R≥50	2.4	2.2	8.3
货车和专用车		单车补贴上限（万元）		15	10	33.3
		补贴标准（元/千瓦时）	30（含）kWh 以下部分	1 500	850	43.3
			30 ~ 50（含）kWh 部分	1 200	750	37.5
			50kWh 以上部分	1 000	650	35.0

8.3 新能源产业发展财政补贴政策不足之处

8.3.1 新能源产业发展的财政补贴政策存在的总体问题

8.3.1.1 财政补贴环节单一，影响供需平衡

目前，我国财政补贴主要是针对生产环节的补贴，有效地刺激了新能源的供给，但是，由于缺少对于消费环节的补贴政策，对新能源产品的消费不足，影响了新能源产业的供需平衡。如太阳能产业中金太阳工程和光电建筑一体化工程都是对光伏产业链的中、上游技术开发与生产制造"供给端"环节补贴，这些项目直接补贴给生产者，使生产成本降低，大量企业进入光伏生产行业，光伏发电供给快速增加。而针对光伏发电消费市场等"需求端"环节很少，目前，仅有分布式发电补贴，不利于刺激需求。新能源供给迅速增加，而新能源需求增速相对较慢，新能源利用率低，产能过剩，造成供需不平衡，西部地区限电问题严重，2016 年，新疆、甘肃等地弃光率达到 30% 左右，对新能源产业发展造成不利影响。再如，目前对购买新能源汽车有较多的优惠政策，但由于这种财政补贴方式没有直接补贴给消费者，而是通过间接补贴形式补贴给车企，对消费者的刺激效应并不是很理想。新能源产业需求不足也会影响供给，即对新能源产业的生产环节进行大量补贴，过多地增加新能源供给，而消费补贴少，消费需求不足，也会降低生产者的积极性，减少对于新能源产业的投资，不利于新能源产业的发展。

8.3.1.2 补贴资金拖欠严重，影响企业现金流

补贴增速快，拖欠问题严重。近年来，我国新能源产业发展迅速，虽然太阳能、风能等主要能源的补贴标准在逐渐下调，但是每年装机容量在不断增加，财政补贴的总量也逐渐增加。其中，太阳能产业该现象最为严重，根据财政部的统计，到 2017 年底，我国可再生能源补贴缺口已达到 1 100 亿元，其中，光伏补贴缺口为 496 亿元，已占到近一半份额。清华大学能源互联网创新

研究院报告显示，中国光伏发电项目的补贴将在 2022~2025 年间达到峰值，补贴金额在 1 000 亿~1 750 亿元之间。风电产业财政补贴缺口略小于太阳能产业财政补贴缺口。截止到 2017 年末，风电项目财政补贴缺口已达 351 亿元。据专业人员测算，在 2020 年风电实现平价上网之前，2018~2020 年风电项目财政补贴缺口还将不断扩大，如表 8-9 所示。

表 8-9	2018~2020 年风电项目财政补贴缺口预测		单位：亿元
年份	2018	2019	2020
财政补贴缺口	617	964	1 380

资料来源：SOLARZOOM 新能源智能库。

新能源产业财政补贴拖欠，严重影响行业健康发展。新能源项目一般具有建设成本高、建设周期长、资本回收期长的特点，以东海大桥风电场项目为例，项目投资 22.8 亿元，贷款 18 亿元，还贷年限为 6 年，资本回收期 12 年，期初财政贴息共发放 3 年，每年 4 000 万元，成为东海大桥风电场的经营利润的主要来源。第 4 年起财政贴息停止，企业偿还贷款主要依靠发电电价补贴，企业经营还贷压力较大，如果上网电价补贴不能及时发放，则企业无法及时偿还贷款，企业下一步的生产经营以及企业的信用都会受到严重影响。据统计，由于新能源产业财政补贴的拖欠，新能源企业现金流不足正常值的 50%。新能源生产企业对政府扶持的依赖性强，政府拖欠企业财政补贴，企业就会拖欠组件生产企业货款，组件生产企业则会拖欠原材料生产企业贷款，生产链条难以维系且债务链拉长，会引发很多债务纠纷，影响社会信用与稳定，破坏社会正常生产秩序。

造成新能源产业财政补贴拖欠问题的原因主要有两方面。一是财政补贴资金不足。新能源财政补贴的来源主要是可再生能源发展基金，可再生能源发展基金包括政府可再生能源发展专项资金以及向用电用户收取的可再生能源电价附加收入。目前的可再生能源电价附加征收标准是 0.019 元/千瓦时，且未能保证全部电量足额征收，显然不足以支付快速增长的光伏发电项目补贴。二是国家财政补贴目录确认周期和发放周期长、申报程序繁琐。从申报到资金拨付时间跨度长达 1~2 年甚至更长。以光伏发电项目为例，目前，可再生能源补贴目录已发至第六批，涵盖至 2015 年 2 月底前并网的电站，即自 2015 年 3 月以后并网的光伏和风电等可再生能源项目还未被纳入国家可再生能源补贴目录内，且在光伏发电项目已纳入补贴目录、补贴资金已下拨的情况下，仍存在补贴发放滞后 3 ~ 6 个月的问题。

8.3.1.3 缺乏财政补贴监督机制，导致新能源产业生命力减弱

目前，我国对太阳能光伏产业、风电产业、生物质能产业以及新能源汽车产业均出台了较多的财政补贴措施，给予了大量的财政补贴资金支持，很大程度上促进了我国新能源产业的发展，但是，由于缺乏财政补贴监管机制，给很多不法分子制造了骗补的机会。如媒体曾经报道广东某公司为获取更多财政补贴，多报了建设规模与装机容量，骗取财政补贴资金 2 000 余万元，还报道有些公司在没有资质的情况下，通过找人替代以及编造虚假资料申请光伏发电项目，骗取财政补贴资金，造成了财政资金的严重浪费。政府在大力扶持新能源产业发展、投入大量财政补贴资金的情况下，缺乏有效的监督管理，对新能源产业的发展较为不利。

生物质能项目采用"先补后建"的补贴模式。在各地环保部门督查过程中发现，大量的不合规小企业，通过发票造假、虚假销售、做假账等方式，以生物质能为借口，象征性地收购秸秆，而实际使用成本低、热值高的林木为原料，甚至直接掺煤造假发电，套取国家对生物质发电的财政补贴，既没有利用秸秆等废物，产生大量的有害粉尘对环境造成严重污染，又造成财政资金的浪费，这使得政府不得不于 2013 年暂停对秸秆能源化综合利用的补贴。

骗补现象在新能源汽车行业尤为严重，政府对新能源汽车行业审查不严，尤其是事后监管不严，某些汽车生产企业送检的汽车指标与实际出售汽车指标不同，有些新能源汽车电池安装容量小于公布的容量，甚至未安装电池，通过非法组装甚至自买自卖等方式，骗取国家财政补贴。如 2016 年，财政部等四部委对新能源汽车企业进行专项审查，审查的 93 家车企中有 72 家车企存在骗补，涉及金额超过 92 亿元。检查中还发现某些车企存在违规谋补现象，即在汽车未达标或未生产的情况下，获取牌照骗取补贴；将达标汽车卖给关联企业而非终端用户，非法谋取补贴；卖给不使用的终端用户，造成闲置。这不仅造成财政补贴资金的浪费，也对其他新能源车企不公平，使新能源产业的生命力减弱。

8.3.1.4　对创新研发环节补贴不足，不利于新能源产业的成本降低

科技创新是新能源产业发展的基础，也是新能源企业安身立命之本。通过技术创新，降低新能源的成本，才能改善环境污染，促进资源可持续利用。科技创新对于新能源产业至关重要，因此，政府有必要对尚未成熟的新能源产业提供创新补贴，促进新能源产业的快速发展。太阳能电池板光电转化率的提高、风电变流器零部件智能化加工、生物质高效转化利用以及新能源汽车先进辅助驾驶系统控制器的生产都离不开科技创新。我国对于新能源产业创新引导不足，对科技创新补贴较少，且由于政府监管不力，造成了创新研发补贴资金的滥用。目前，虽然光伏生产设备和生物质能源设备等已实现较高的国产化，但是国内供应商没有足够的科研能力实现高品质生产设备的研发，某些设备依旧需要进口。虽然近几年政府出台一些政策鼓励企业创新，如国家能源局发布《关于可再生能源"十三五"规划实施的指导意见》，规定创新发展方式促进技术进步和成本降低，但是该意见主要针对光伏发电的技术创新，而且并未明确规定对技术创新的具体补贴方式，迫切需要政府出台更多鼓励新能源产业科技创新的政策，给予更多的研发补贴，加强监管，促进该产业的技术进步。

8.3.2　各新能源产业发展的财政补贴政策存在的具体问题

8.3.2.1　太阳能产业发展的财政补贴政策存在的具体问题

地方政府补贴过度，影响供需平衡。近年来，太阳能产业迅速发展，截止到 2017 年底，太阳能装机总量已达 17.8 亿千瓦，装机总量居于世界首位。除中央政府对太阳能发电项目的补贴政策外，各地出台地方补贴政策大力补贴光伏发电。如上海市对光伏电项目，按发电量对项目投资主体给予 0.3 元/千瓦时的奖励，奖励执行期为 5 年；合肥市对屋顶分布式发电项目，除连续给予投资人 0.25 元/千瓦时补贴 15 年外，还对使用本地光伏地产推广构建产品的光伏项目按装机容量给与 1 元/瓦的一次性装机补贴。据专家实证分析，由于我国目前对光伏的利用规模较大，已经出现规模不经济现象，优化产业结构，才

可提高产业规模效率。[1] 在这种情况下，地方政府一味补贴光伏发电项目，而不着力建设电网，影响新能源供需平衡。

财政补贴持续性短，影响光伏扶贫项目的开展。我国太阳能产业财政补贴政策持续时间不长，补贴标准不稳定。例如，金太阳工程自 2009 年开始，持续到 2014 年，持续时间为 6 年，同样，光伏建筑一体化示范工程也是从 2009 年到 2014 年，一些地方政府出台的太阳能产业补贴政策持续性更短。目前，我国太阳能发电项目一般回本周期为 5 年左右。光伏发电扶贫项目是各地重点推出的扶贫项目，而扶贫项目的建设资金一般依靠中央政府及地方政府补贴和银行贷款，项目的回本全靠政府补贴，在没有政府补贴的情况下，回本时间将会翻倍，达不到扶贫的目的。补贴政策持续时间短，变化较快，影响投资者的投资收益预期，也影响光伏扶贫的效果，不利于太阳能产业积极有序地发展。财政补贴政策持续时间及稳定性，成为光伏扶贫项目最大的障碍。

8.3.2.2 风能产业发展的财政补贴政策存在的具体问题

对风电电力外送线路建设补贴少，不利于风电及时消纳。目前，我国电力供过于求，弃风限电是目前阻碍我国风能产业发展的最大障碍，三北地区（即华北、东北、西北）特别是西部地区弃风限电问题尤为严重，2016 年，新疆、甘肃等地弃光率一度高达 30% 左右。2017 年 2 月，内蒙古、黑龙江、吉林、宁夏、甘肃、新疆 6 省区成为风电开发建设红色预警区域（其余为绿色区域）。弃风对发电企业意味着经济损失，据中电联统计，2010～2017 年，我国"弃风"电量达 1 500 亿千瓦时，经济损失超过 800 亿元，发电企业因此需要更多的投资，尤其是银行贷款，这种情况下，某些企业银行贷款占融资总额80% 以上，融资结构危险。造成这一问题重要原因在于风电电网建设补贴少、电路规划滞后、风电上网难。风电电网建设对风电发展至关重要，需合理规划风电电网增加对风电电网建设的补贴，促进风电的及时消纳。

对海上风电项目的财政补贴力度小。海上风电项目是我国"十三五"规划重点建设的新能源项目。但目前，海上风电项目与陆上风电项目相比技术还不成熟，发电成本比陆上发电项目高得多。而目前，政府出台了大量的指导海

---

① 冯楚建，谢其军. 国内外光伏产业政策绩效对比研究［J］. 中国科技论坛，2017（2）.

上风力发电的文件，财政补贴文件则相对较少。如 2017 年，国家能源局与海洋局发布了《海上风电开发建设管理办法》，对海上风电建设项目进行规范，鼓励海上风电项目进行招标方式选择开发投资企业，并发布了《关于印发"一带一路"建设海上合作设想的通知》，指出中国要与荷兰就海上风力发电项目进行紧密合作。发改委和住建部发布《北部湾城市群发展规划》，规划要求北部湾城提高创新能力，培育发展发电设备制造产业，促进海上风电项目的发展。另外，发改委还发布了《关于调整光伏发电陆上风电报告上网电价的通知》，明确对近海风风电项目上网电价每千瓦时 0.85 元、潮间带风电项目上网电价每千瓦时 0.75 元的财政补贴标准不变。在海上风电项目发电成本还未降至火电发电成本之前，保持对海上风电项目的高补贴标准，配合其他相关配套措施的完善，可促进我国海上风电的快速发展。

对分散式风电的补贴政策少。分散式风电项目具有靠近负荷中心、易于就近消纳、占地面积小、建设周期短，投资少等优点，可以较好地缓解当前弃风限电的现状。我国风电产业长期被弃风、弃电问题困扰，分散式发电项目理应像分布式光伏发电项目一样被大力发展，但是，由于目前风电的投资主体——国企对投资少、规模小的分散式风电项目积极性小、分散式风电项目单位开发成本高、政府审批程序复杂、缺乏政府的规划指导等原因，分散式风电项目一直未得到很好的发展。当前，弃风问题严重，我们建议政府出台更多针对分散式风电的补贴政策，简化分散式风电相关审批程序，完善风力发电市场。

8.3.2.3　生物质能产业发展的财政补贴政策存在的具体问题

生物质发电上网电价补贴不合理，不利于培育生物质能消费市场。目前，我国生物质电厂可得到能源基地建设补贴、秸秆利用综合性补贴、并网投资与运行维护费用补贴、生物质发电上网电价补贴等，但与发达国家相比，在用地、环保等方面的补贴较少，原料补贴标准低。生物质发电上网电价为 0.75 元/千瓦时，生物质燃料的成本较高，约为 0.4 元/千瓦时，达到了发电价的一半以上。生物质发电上网电价仍执行的是 2010 年的标准，几年间，生物质原料上涨严重。近几年，油价上涨，农村人口流失严重，年轻劳动力少，且秸秆运输成本高，农民不愿将农作物秸秆卖给发电厂。尤其是煤炭价格大幅下降，而生物质原料价格上涨，生物质发电成本上升，补贴标准不变，生物质发电企业面临很难盈利甚至会亏损，降低了生物质发电企业生产积极性，不利于生物质发电产业的发展。

燃料乙醇销售、使用环节补贴少，不利于乙醇汽油的推广。目前，燃料乙醇采用定点生产、定向销售、封闭流通、政府定价的模式。主要在中石油和中石化两家石油公司调和销售，形成垄断供应，民营加油站销售乙醇汽油需要在中石油、中石化购买，成本较高，销售利润低，且乙醇汽油更易挥发，储运难度大，在没有其他补贴的情况下，加油站经营者不愿销售乙醇汽油。对于消费者来说，乙醇汽油和普通汽油价格相同，使用乙醇汽油会稍微增加油耗，在这种情况下，人们自然愿意使用普通汽油，如果乙醇汽油价格降低，低于普通汽油，则会增加消费者的选择倾向。因此，国家要全面推广乙醇汽油，有必要增加对乙醇汽油销售和使用环节的补贴，提高销售商和消费者的积极性。

融资渠道单一。生物质产业融资渠道单一，主要依靠政府财政补贴资金扶持。亚洲开发银行《中国农村生物质能2020》报告指出，我国要实现2020年生物质能计划，需总投资4 135亿元人民币，仅生物质发电和液体燃料生产投资就需要827亿元。[①] 生物质能产业发展资金来源主要有政府补贴和项目融资。政府财政补贴是为产业发展初期培育市场，更主要的是靠项目融资，项目融资是产业健康发展、资金持续供应的保障。生物质发电产业属资本密集型、劳动密集型产业，虽发电规模小，但基建投入成本高，成本约为同样装机容量的煤电生产企业基建成本的3倍，生物质企业在项目投产后，燃料收购、运输、存储等需要大量流动资金，且燃料价格不稳定，现金流波动较大。因此，生物质产业的发展需要增加项目融资渠道，提高项目融资效率。

8.3.2.4 新能源汽车发展的财政补贴政策存在的具体问题

地方政府违规额外补贴，严重扰乱新能源汽车市场。在中央大力补贴新能源汽车的同时，各个地方政府设置新能源汽车补贴目录，对当地单位居民购买新能源汽车进行补贴。但是，与中央补贴政策相比，地方的新能源汽车补贴政

---

① 数据来源于亚洲开发银行《中国农村生物质能2020》。

策要求更为严格。有的地方需要车企在本地区设立独资销售机构，有的地方需要新能源汽车生产必须使用本地区生产的电池、充电机、刹车片等零部件，有的地方需要车企提供超高标准的质保，还有的地方甚至要求车企来自于有补助政策的地区。地方政府提高对新能源汽车的补贴门槛，主要目的是保护当地的新能源汽车生产企业，减少本地区利益外流，使得新能源汽车市场成为半封闭市场，阻碍新能源汽车产业科技创新以及市场化进程，也会成为新能源汽车双积分政策实施的障碍。地方政府过分额外补贴，对推广使用新能源汽车，改善环境污染状况极为不利，需要国家制定相应的限制性政策，铲除地方政府的额外补贴。

缺乏针对农村地区的新能源汽车补贴政策。我国新能源汽车的推广试点采取的是先城市后农村的战略。目前，多个城市的汽车保有量已逾百万，上升空间较小，且各大城市寸土寸金，交通拥挤，对于推广新能源汽车及建设充电基础设施极为不利，这在一定程度上加大了推广使用新能源汽车的难度。2015年，新能源汽车销量仅为 33 万辆，与原规划目标相差 17 万辆；2017 年，新能源汽车销量不足 80 万辆，想要在 2020 年实现销量 200 万辆较为困难。① 在这种情况下，要实现 2020 年新能源汽车销售目标，需要开拓新的市场。随着新农村建设的开展，农村经济迅速发展，近几年，农村汽车保有量以每年约 30% 的速度递增，农村汽车市场前景广阔，适合新能源汽车的推广使用。农村地区地域广阔，可节省大量的新能源汽车基础设施建设成本，另外，农村居民活动范围小，对新能源汽车续驶里程、充电时间性能要求较低，尤其适合低端新能源汽车的推广。但目前，还没有任何针对农村新能源汽车市场的补贴政策，需要政府制定相关政策，促进农村新能源汽车推广。

新能源汽车充电基础设施补贴覆盖面小。车多桩少，充电困难是现在居民购买新能源汽车普遍面临的问题。2017 年底，全国新能源汽车充电桩保有量约为 45 万个，其中，公共充电桩的数量超过一半，但总量远远低于新能源汽车的数量，即很多地区有车无桩。其中一个重要原因就是，新能源汽车充电基础设施补贴覆盖范围小。目前，私人建造充电桩成本较高，少则几千

---

① 数据来源于《节能与新能源汽车产业发展规划（2012—2020 年）》。

元，公交车充电桩建造成本甚至高达几十万元，在没有补贴的情况下，购买新能源汽车，自建充电桩的积极性较低。另一个原因在于，某些地区对充电设施的规划布局不合理，运营管理不规范，公共充电桩的使用率较低，比如，北京很多充电桩建在了西单等繁华地区，而非居民聚居区，造成了很多充电桩的闲置。

第9章　促进新能源发展的财税政策建议

9.1　促进新能源产业发展的税收政策建议

根据第 7 章提到的新能源产业发展的税收政策不足之处，本节将同样有针对性地给予总体和不同产业两个方面相应的税收政策建议。

9.1.1　促进我国新能源产业发展的税收政策总体思路

9.1.1.1　加大对新能源产业的税收政策优惠力度

我国针对新能源产业的税收政策优惠力度，相对于同时期的欧盟等国家，税收优惠力度较小且存在限制条件，大多针对产成品给予税收优惠，而研发环节和生产环节等无相应的税收优惠。本书从增值税、企业所得税和个人所得税三个大税种角度给予政策建议。

（1）增值税。

对整体新能源产业给予较低的税率。在增值税从四档转变为三档的现在，应将新能源产业是我国"十三五"计划大力推行的产业这一政治因素考虑在内，给予新能源产业较低的增值税税率优惠。同时，新能源产业早期投入较大，进项税远大于销项税，且大部分的研发支出无法获得增值税发票，为了降低新能源产业整体税负，应给予新能源产业 6% 的增值税低税率优惠。

（2）个人所得税。

对发展新能源产业有突出贡献的科研人员给予个人所得税优惠。首先，针对科研人员获得的成果奖励和津贴，可对其应缴纳税额提供一定的减征优惠，激励科研人员进行新能源研发。其次，对科研人员以技术入股形式所取得的收入，可允许扣除科研人员的教育支出，鼓励科研人员投身新能源产业。最后，对于科研人员转让新能源相关技术和专利所得，应给予适当的税额减免，调动科研人员在新能源产业研究的积极性。

（3）企业所得税。

新能源研究技术瓶颈是我国现今新能源产业面临的最大问题，从企业所得税角度，可以通过大幅度提高对新能源企业研发支出的加计扣除比例，对研发新能源产品购进的设备允许采用加速折旧，对研发新能源产品外购的无形资产缩短折旧年限等方式，对企业所得税进行应纳税所得额税基式减免，鼓励企业投资新能源技术研发的积极性。

9.1.1.2 平衡各产业和各生产链环节间税负

首先，税收优惠政策应覆盖全部的新能源产业，并尽量平衡各子产业税负。对新能源的各子产业，实行相同的税收优惠政策，在完善我国新能源税法结构的同时，保证各子产业享受相同水平的税收优惠。同时，针对各子产业发展程度的不同，对税收政策进行相应地调整，并且保证税收优惠普及整个产业化阶段。

针对新能源产业前期投入较高的特点，制定相应的税收优惠政策，降低新能源企业前期投入成本。如对产业化初期、研发投入较大的子产业，在税收政策优惠的制定方面，实行费用扣除和所得税税额减免的双重优惠。可以通过对研发支出加计扣除或对研发人员工资薪金进行加计扣除的方式，同时，采取"三免三减半"的所得税减免政策，对企业所得税的应纳税所得额进行税基和税额减免；针对新能源产业发展阶段缺乏投资的特点，需要鼓励地方和企业进行新能源产业的投资。如同样对产业化初期、需要外部投资的子产业，在获得相应的新能源产业投资时，可以享受投资收益减免征收所得税的优惠政策。

针对新能源产业生产环节难以规模化发展的特点，如产业化较为成熟阶段，可以给予生产企业自投产之日起一定年限内享受免缴企业所得税的优惠政策。针对新能源产业消费环节可能存在产品或产能过剩的特点，如产业化较为成熟阶段和产业化成熟阶段，应分别给予不同的税收优惠政策，鼓励消费者使用新能源产品，而对于产业化成熟阶段，在税收政策制定方面，应逐步取消对生产环节的税收优惠，避免政府对市场机制影响过大。

9.1.1.3　建立新能源税专项税收，反向调整能源结构

建立新能源专项税收是指，采取通过对传统能源征税的方式，反向促进新能源发展。新能源专项税收可包括能源税、二氧化碳税等。其作用在于：通过对传统能源征税，使传统能源价格上涨，引导消费者减少传统能源消费；同时，激励消费者用替代品，即新能源来代替传统能源的使用。根据国外新能源税收政策的经验，我国的新能源专项税收可以采取逆向调整的手段。对传统能源不再给予税收优惠或征收能源税，加大传统能源的税收负担，达到抑制传统能源的目的。同时，对新能源产业采取能源证制度，只有提供一定数量新能源产品的企业才可获得能源证，对于未获得能源证的产业进行征税。

9.1.1.4　完善新能源税法体系，设定适用新能源全产业的税收政策

我国应从立法角度来支持新能源产业的发展，设计促进新能源全产业的税收政策体系。我国目前针对新能源产业的税收政策优惠较为分散，没有专门针对于新能源产业的税收政策。应在设计新能源税收体系政策的同时，结合不同地区自然条件不同的情况，给予各地方一定的政策调整区间。对于地方制定的新能源税收政策，如可以推广到全国范围内，应及时将政策汇集公布，使中央政策与地方发展战略紧密结合，运用综合税收激励方式，采用系统、全面的税法体系，有针对性地支持与鼓励新能源产业的发展。

9.1.1.5　充分全面发挥税收完整体系的作用

在给予充分的税收优惠政策之后，还应该将各税种的优惠政策结合起来，全面发挥除增值税、所得税外其他税种的税收激励作用，形成完整的新能源税收优惠体系。如通过对符合标准的新能源企业减征或免征城镇土地使用税和房产税，对新能源企业技术研发和技术转让合同免征印花税，对新能源企业的生产用地减征或免征耕地占用税等方式，降低新能源企业非技术成本，降低发电成本，与传统能源进行竞争。

9.1.2 促进我国不同新能源产业发展的税收政策建议

现行的新能源财税政策大多是根据不同的税种给予补贴，本书所介绍的四个新能源产业中，除新能源小汽车外，其他三个产业均在增值税、企业所得税和关税这三个税种采取了较为相同的税收优惠政策，并没有根据各新能源产业的发展情况不同而给予不同的税收优惠。同时，根据以往的政策经验，税收优惠政策主要针对增加新能源的供给，而此类税收优惠可能会造成国际间的贸易战争，引起别国对我国的反垄断、反倾销处罚。然而，缺乏在新能源消费环节的政策扶持，会导致新能源产业从生产环节到消费环节的链条断裂。因此，要根据税收政策在新能源产业化不同发展阶段的作用重点不同，以及不同新能源子产业的产业特性，从技术研发、生产、消费等环节通盘考虑，研究制定促进新能源产业持续健康发展的税收优惠政策体系。

9.1.2.1 税收政策在新能源产业化发展不同阶段的侧重点不同

本书对国内外现有以及过往的新能源税收政策进行研究调查，从而发现我国税收政策的不足，以期达到运用税收政策来促进新能源产业的目的。然而，随着新能源产业所发展的情况不同，必须及时对税收政策进行更新调整，以免政府过度干预，影响市场作用机制的发挥。这就要求我们针对新能源产业发展的不同阶段，给予不同的税收政策，将税收政策的作用点指向产业发展的关键环节。

（1）新能源技术研发环节。

新能源属于技术资本密集型产业，技术发展直接影响新能源的生产效率、生产成本等，从而影响新能源产业的收益，对新能源产业化发展至关重要。当前，影响我国新能源产业发展的一大难题是各新能源产业的关键技术问题尚未攻克，想加快新能源产业的发展，则必须提高新能源产业的技术水平，从而降低生产成本。针对新能源产业的技术研发环节的税收政策扶持主要可以放在两个方面：一是增强新能源产业的研发能力，解决如新能源汽车、风能发电等产业的储电问题；二是提高并网技术，提高电网接受大规模间歇性新能源发电的能力。而我国针对这两方面的税收优惠政策还有所欠缺，如在新能源技术研发环节，可对技术研发机构或研发人员的研发所得，实施所得税的税收优惠政策。

在新能源产业初期，技术研发成本高、难度大，会给新进入新能源产业的企业带来一定的运营压力，使得企业放弃新技术的研发，转而钻研如何增加发电量，从而获得税收优惠和财政补贴。针对这一情况，我国应将税收优惠与研发支出相挂钩，加大税收优惠力度，此时，研发环节税收优惠力度应是整体产业化阶段中最大的。在新能源产业化中期，新能源技术开始趋于成熟，研发难度逐步降低，部分研发成果已经可以运用到产品中，企业所面临的研发成本也相应减少。应适当降低税收政策的优惠力度，避免企业对税收优惠政策的过度依赖。在新能源产业化成熟期，各环节的核心技术已较为完善，此时，需要将税收政策鼓励的关注点逐步转向其他方面。然而，为继续提高新能源产业的技术水平，激励新能源技术创新，还应适当给予税收优惠（见表 9 - 1）。

表 9 - 1　　在技术研发环节税收政策对新能源产业发展不同阶段的侧重点

产业发展不同阶段	产业化初期	产业化中期	产业化成熟期
税收优惠	所得税加计扣除，减免所得税/增值税	加计扣除	适当税收优惠

（2）新能源生产环节。

新能源产品的质量决定着企业的发展与否以及未来的发展前景如何，好的产品使企业在市场上获得较大的市场份额，从而得到发展。在解决了技术研发阶段的问题之后，需将目光转移到新能源产品的生产上。是否在新能源产品生产环节提供税收优惠政策，决定了新能源企业能否继续发展。在新能源产业化初期，企业生产量小，难以达到产业化、规模化标准，其生产成本较大，需要实施减税甚至免税政策，刺激新能源投入生产。在新能源产业化中期，生产具有一定规模效应，市场机制应发挥基础性作用。以市场机制调节为主，以政府调节为辅，适当给予减税政策。在新能源产业达到成熟期，生产规模较大，生产成本几乎可以与传统能源相媲美，应逐步取消税收优惠政策，促进市场健康发展（见表 9 - 2）。

表 9 - 2 　　　　 在制造环节税收政策对新能源产业发展不同阶段的侧重点

产业发展不同阶段	产业化初期	产业化中期	产业化成熟期
税收优惠	减免增值税/所得税	减增值税/所得税	逐步取消

（3）新能源消费环节。

真正使新能源产业获得发展以及持久性进步，需要靠新能源产品的销售和普及。通过减免税收的办法，可以刺激新能源消费需求，帮助新能源企业去库存。在新能源产业化初期，产品销售价格较高，不利于新能源产品进入市场，为刺激消费，政府应加大对新能源消费的税收优惠，如给予新能源汽车免车辆购置税等税收优惠。在新能源产业化中期，消费者开始逐步了解新能源产品，新能源产品开始占据一定的市场份额，销售价格也开始降低，此时，应在发挥市场机制的作用基础上，适当给予税收优惠，进一步扩大新能源消费需求。新能源产业发展达到成熟期后，新能源产品已经具有一定的市场竞争力，应取消税收优惠。在进行消费环节税收优惠的同时，应当注意避免造成国际间的价格战争，导致产品进口国对我国新能源产品进行反倾销和反补贴处罚（见表 9 -3）。

表 9 - 3 　　　　 在消费环节税收政策对新能源产业发展不同阶段的侧重点

产业发展不同阶段	产业化初期	产业化中期	产业化成熟期
税收优惠	减免购置税等	减税	取消优惠

9.1.2.2　不同的新能源产业税收政策建议

不同的新能源子产业，其产业特性各有差异，决定了从研发到消费各环节税收政策的优惠方式也需有所不同。太阳能利用方式可以是太阳能发电，也可以是热利用，前者不宜在消费环节实施税收优惠政策，而对太阳能热利用则可在消费环节实施税收优惠。风能主要是风力发电，生产的风电通过上网供消费者消费，不宜在消费环节实施税收优惠政策。生物质能包括利用生物质发电、生物发酵提炼乙醇等，因其产品具有多样性，可在研发、生产和消费三个环节实施税收优惠政策。新能源小汽车替代了传统汽车对不可再生能源的使用，主要应在研发与消费环节实施税收优惠政策（见表 9 -4）。

表 9 - 4   不同新能源的税收优惠政策实施方式

	技术研发环节	生产环节	消费环节
太阳能	技术研发企业或人员减免所得税等	减免所得税、投资抵免、降低增值税税率、加速折旧等	太阳能车船等免税
风能	技术研发企业或人员减免所得税等	减免所得税、投资抵免、降低增值税税率、加速折旧等	
生物质能	技术研发企业或人员减免所得税等	减免所得税、投资抵免等	生物柴油等免税
新能源汽车	技术研发企业或人员减免所得税等		车辆购置税、车船税免税

利用税收优惠政策扶持新能源产业发展时，必须综合考虑各新能源子产业的技术、效益、成本等因素的不同。从技术层面看，相较于太阳能和新能源汽车而言，风能和生物质能发电技术比较成熟。从成本层面看，风力发电成本相对较低，太阳能发电成本较高。

根据《可再生能源中长期发展规划》，我国资源潜力大、发展前景好的新能源主要包括风能、太阳能和生物质能。从技术、成本与收益等因素综合考虑，我国目前适宜大力发展风电和生物质能，着重发展太阳能产业。

影响太阳能发电的主要障碍是成本较高、市场消纳能力较弱。应加大对太阳能发电的技术和设备的研发，降低生产成本，提高市场消纳能力。近年来，受欧美发达国家"双反"政策的影响，加之产业发展具有一定的盲目性，我国光伏产业产能过剩问题严重。调整光伏产业的发展模式，启动国内消费，促进光伏产业重组应是当前税收政策制定的重点。根据国外光伏产业税收优惠政策的经验，应逐步取消对生产环节光伏产业的税收优惠，将优惠的重点从生产端的发电优惠转移到消费端，对购买光伏产品的企业或个人提供一定的所得税抵减额，促进光伏产品的销售。

目前，我国风电装机量世界第一，存在的突出问题是缺乏关键技术和解决间歇性发电问题的储能技术，电网接受大规模并网发电的调峰能力较弱，风力发电区间传送存在问题。大力发展核心技术和相关关键技术是促进我国风电持续快速发展的关键。针对现有的风电问题以及风电当前的产业化阶段，应逐步取消对风电电价的增值税环节税收优惠政策，将税收优惠的重点放到并网以及储能问题上。应对风电企业研发支出在计算企业所得税时加计扣除。同时，为了降低输电成本，应对地方投资建立输电站和输电设施的企业进行一定的增值税和企业所得税免税优惠。

生物质能产业发展的突出问题是燃料成本较大、原料不足导致供应保障性较低，同时，规模化难以实现。应加大对生物质能产业技术研发环节的税收政策扶持，通过对从事生物质能产业技术研发的企业给予适当的所得税减免税优惠，对设计生物质能研发的单位或个人研发成本进行所得税加计扣除等方式，提高对生物质发电税收优惠促进生物质能产业发展。

新能源汽车近年来正处于快速发展阶段，然而，电池的回收和续航能力是当前我国新能源汽车所需考虑的重大问题。消费环节给予的税收政策已经较为完善，然而，需要注意的是，当新能源汽车产业趋于成熟、具有相当的市场份额时，应逐步取消或降低对新能源汽车消费端的税收优惠，充分发挥市场调节作用。应对新能源汽车的研发环节进行税收优惠，对于新能源汽车核心部件的研发企业给予一定的所得税减免优惠，促进核心技术的研发。

9.2 促进新能源发展的财政补贴政策建议

9.2.1 促进新能源产业发展的财政政策总体思路

目前，我国新能源产业发展的财政补贴政策存在着补贴上涨快，补贴资金拖欠严重；财政补贴环节单一，影响供需平衡；缺乏财政补贴监督机制，导致新能源产业生命力减弱；对创新研发补贴不足，不利于新能源产业的成本降低等问题。因此，要增加新能源消费补贴，改善供需不平衡问题；改变新能源产业财政补贴资金来源；健全财政补贴监督机制，提高财政资金使用效率；设立新能源核心技术研发专项基金，促进新技术研发。现行的财政补贴主要是新能源研发补贴、用户侧发电项目的投资生产补贴（事前补贴）、上网电价补贴以及财政贴息，缺乏新能源消费补贴。对新能源研发的财政补贴有利于推进新能源技术提高，促进新能源的开发，提高新能源开发效率。

9.2.1.1 增加新能源消费补贴，改善供需不平衡问题

我国目前出现产能过剩局面，国内需求不足，供给过剩，阻碍了新能源产

业发展。未来，要转变新能源补贴的环节，提高财政补贴效益。面对美国、欧盟等国家采取"双反"政策，我国应积极扩大国内需求，推进新能源产品国内消纳。通过扩大新能源用电规模，带动新能源制造业的发展。从新能源财政补贴的环节来看，财政补贴应着眼于新能源产业链的下游产业，比如，对新能源消费给予补贴。目前，国外实施"双反"政策，使我国新能源产业的国外需求锐减，在这种情况下，尽快解决当前我国新能源不能及时消纳问题，增加新能源国内需求，是下一步促进我国新能源发展的突破点。如对于新能源发电，补贴主要集中在发电环节，供给过量，消费不足。今后，新能源发展的重点应该放在新能源产业的下游，促进新能源需求与消费。

加强对新能源消费的财政补贴，刺激新能源的消费需求，培育新能源消费市场。自从 2009 年开始新能源汽车推广应用试点以来，我国的新能源汽车补贴政策已经经过了几轮的调整。从已实施的新能源汽车补贴效果来看，虽在一定程度上刺激新能源消费，但政策效果不太理想，刺激新能源消费购买力度较弱。例如，在全国新能源汽车实施财政补贴，一定程度上刺激了消费需求，但由于新能源汽车存在性能及骗补、谋补等问题，2017 年，汽车保有量 3.10 亿辆，新能源汽车拥有量仅为 153 万辆，很难实现国家提出的 2020 年新能源汽车占比达到 10% 的目标。因此，培育新能源消费市场，对诸如新能源汽车、生物质燃料产品（如生物乙醇等）等给予一次性的消费补贴，适当提高新能源汽车补贴标准，实现国家 2020 年新能源汽车拥有量的目标。通过对新能源消费的补贴，推动消费者对其消费的动力，促进新能源下游产业的发展，进而带动上游产业的发展。

目前，出现新能源产能过剩，一个重要原因是在缺乏配额制的情形下，新能源发电不稳定，电网不愿接受其发电，导致新能源发电作为调峰手段。需强化可再生能源发电配额强制，加速新能源的消纳，即用法律的形式规定各个地区新能源发电量占总电量的比重，使各地电网积极接纳新能源发电。鉴于我国各个地区电量的供求情况、空气污染和经济水平的不同，可考虑设置可再生能源差异化配额标准。在供求不平衡严重的地区（如三北地区）以及经济发展水平较高、环境污染水平较为严重的地区设置较高的可再生能源配额比例。另外，为保证可再生能源配额制的落实，建议将可再生能源电力配额执行情况纳入各地政府绩效考核指标，对于未完成指标的地区政府能源监管部门予以惩罚。

9.2.1.2 改变新能源产业财政补贴资金来源

目前，我国新能源产业财政补贴资金主要来源于再生能源发展基金中的可再生能源电价附加。可再生能源电价附加存在不足之处。首先，可再生能源电价附加会产生福利损失，导致福利分配不公。电力是居民生活必需品，其价格需求弹性较小，可再生能源电价附加最终会通过电力价格转嫁给消费者，导致福利损失；同时，因边际消费递减，会导致低收入者相对福利损失更大。其次，可再生能源电价附加规范性和法律约束力较弱。可再生能源电价附加是一种费，与税收的法律约束力不同，税收以税法为依据和载体，具有很强的规范性和强制性，而可再生能源电价附加是以规章制度为依据，其规范性和法律约束力较弱。新能源财政补贴资金应以环境税收入为主，以新能源债券收入为补充，既可以满足新能源财政补贴资金需求，又可以改善社会福利再分配不公等。

普通能源污染环境，具有负外部性，新能源具有正外部性，可互补，因此，以环境税收入作为新能源财政补贴资金来源，可以弥补传统能源的负外部性，具有理论意义。鉴于我国环境税从2018年4月开始征收，目前，尚无法测算每年环境税税收收入。如果环境税税收收入无法满足新能源财政补贴需求，可从成品油消费税收入中拿出部分用于新能源财政补贴。环境税收入与成品油消费税税收收入充沛，可尽快弥补当前新能源财政补贴缺口，解决财政补贴拖欠问题。故为实现能源结构优化、改善环境污染问题的目标，我国有必要改变新能源财政补贴资金来源，将环境税税收收入用于新能源财政补贴，发挥环境税的经济作用。

发行新能源中长期债券，将债券收入用于新能源财政补贴。一方面，中长期债券具有灵活性，在财政补贴资金不足时，可及时根据新能源补贴资金缺口大小发行债券，筹集资金，弥补补贴资金的不足。另一方面，中长期债券期限较长，在新能源项目建设周期长，回款周期长的情况下，通过新建成的新能源项目税收收入偿还，可以减小政府还款压力，同时可减少纳税人的福利损失。

9.2.1.3　健全财政补贴监督机制，提高财政资金使用效率

目前，我国对新能源财政补贴缺乏长期监督约束机制，导致财政补贴资金的使用效益差强人意。比如，我国曾对建立沼气池给予一定的财政补贴，但财政补贴后，很多沼气池并未发挥作用，一方面与其成本有关，另一方面也反映了我国的财政补贴缺乏相应的评估、监督约束机制。随着我国新能源发展，财政补贴额不断增长，应从以下三方面入手建立财政补贴监督约束机制，使得财政补贴真正发挥促进新能源产业发展的作用。首先，新能源财政补贴资金使用全程监督。在企业进行新能源项目补贴或者新能源汽车补贴申报时，对企业相关标准进行严格审查，在财政资金使用中严密监督。其次，建立财政补贴资金社会监督机制。对各项获得财政补贴的新能源项目进行社会公布，加强环保部门对新能源企业的环评，尤其是生物质能企业，鼓励社会各界共同监督。最后，强化违规使用财政资金的惩罚机制，对通过不正当手段骗取财政补贴资金的新能源企业，给予严重的惩罚，如对企业负责人进行罚款、追究刑事责任、取消企业获取补贴资格、没收企业违法所得、责令返还骗取财政资金并处多倍罚款，以对其他新能源企业形成警示作用。

9.2.1.4　设立新能源核心技术研发专项基金，促进新技术研发

技术与设备的创新开发是企业降低生产成本，逐步代替污染严重的化石燃料的关键。发达国家在发展新能源过程中，高度重视新能源技术的研发，专门设立新能源核心技术研发专项基金，保持新能源研发补贴的刚性，促进新能源的研发，提升新能源核心技术水平。相对于发达国家，我国某些新能源核心技术与高档设备生产能力较弱，如多晶硅关键技术及薄膜电池工艺落后、生产设备需要进口。政府需制定详细的鼓励生物质能产业创新和技术进步的财政补贴政策，设立新能源核心技术研发专项基金，从财力上保证新能源核心技术研发可持续性，逐步提高新能源开发利用效率，促进新能源产业的长期稳定发展。

技术的创新开发离不开专业的高科技人才，政府应鼓励企业、科研机构创新，建立产学研集成创新平台，促成企业与相关知名大学开展校企联合培养，培养该行业的专业人才，加强企业与高校等科研机构的合作。政府也可联合社保、房产、教育、医疗等部门，出台相关优惠政策，如入户优惠、购房优惠、

子女入学优惠、看病就医优惠、养老优惠等，为新能源产业吸引人才、留住人才。另外，由于新能源产业技术的创新与研发存在不确定性，应鼓励新能源产业建立产业创新联盟，引导研发水平较高的大型企业扶持中小企业。本着互惠互利、合作共赢的原则，与国外发达国家开展新能源开发合作，适当引进国外先进技术。

9.2.2 促进我国不同新能源产业发展的财政政策建议

9.2.2.1 促进我国太阳能产业发展的财政政策建议

调整地方政府补贴政策，降低发电补贴力度。现阶段，太阳能产业已经较为成熟，当前，国家规定的上网电价补贴已经足够满足太阳能产业的发展成本，再一味增加太阳能光伏的发电补贴，只会造成规模不经济，可考虑适当降低对太阳能产业的补贴政策，出台促进太阳能产业调整，优化太阳能产业结构的政策，实现该产业的规模经济。除此之外，可考虑增加对电网的建设补贴，提高太阳能发电上网水平，及时消纳光伏发电，促进太阳能光伏产业的发展。

保持相对稳定的太阳能光伏发电项目补贴政策。目前，太阳能发电补贴政策持续时间短，变动较为频繁，尤其是地方政府补贴政策。补贴政策调整频繁，不利于投资者对未来收益的预期，影响投资者投资的意愿，对太阳能光伏扶贫项目影响较大，不利于太阳能产业健康有序地发展。考虑到随着太阳能光伏发电技术水平不断提高、规模效应逐渐放大，其成本随之降低，相应地财政补贴标准也应下调。我们建议，太阳能产业财政补贴标准在短期内保持稳定，长期内按一定比例下调补贴标准，延长政策持续时间。对光伏扶贫项目的补贴，1 或 2 年内财政补贴标准不变，以后补贴标准按 10% 或 15% 比例递减。从而保持了财政补贴相对稳定，有利于投资者对未来的收益预期，促进太阳能产业积极有序地发展，也可达到更好的扶贫效果。

9.2.2.2 促进我国风能产业发展的财政政策建议

增加电力外送线路建设补贴，加快风电消纳。当前，我国风电项目建设较快，而由于没有规划好外送电路建设，外送电路建设较慢，难以满足风力发电外送的需求，使得"三北"地区弃风现象极其严重。虽然我国在 2012 年出台专为可再生能源发电项目接入电网系统而发生的工程投资和运行维护费用的补贴政策，但是由于补贴力度小，收效甚微。因此，我们建议，适当减缓新增风电项目的审批，放缓风电项目建设速度，增加电力外送线路建设补贴，电力外送线路建设补贴标准可以参考可再生能源发电项目接入电网系统而发生的工程投资和运行维护费用补贴的标准，依据送电量的多少对不同距离送电线路进行差额补贴，以弥补风电线路建设成本。比如，将补贴标准设置为：100 公里以内每千瓦时 0.01 元，超过 100 公里但小于 500 公里每千瓦时 0.03 元，超过 500 公里每千瓦时 0.05 元。通过加快风电电力外送线路的建设，完善我国电网系统，促进风电及时消纳，解决弃风难题，尽快改善我国的能源结构。

合理规划海上风电项目，增加海上风电项目财政补贴政策。海上风电项目是未来风力发电的主力军。在海上风电的发电成本降至火电发电水平之前需要政府强有力的支持。在中央财政补贴缺口逐年增加的形势下，提高海上风电项目的上网电价较为困难。此时，需要各地方政府、能源部门为海上风电建设提供更好的政策环境。首先，各省能源主管部门应及时关注海上风电建设企业的发展难题，并提出切实可行的解决方案和应对措施。比如，对于海上风电建设场地冲突问题，能源部门需及时与其他项目主管部门磋商协调，统一规划，为海上风电项目建设提供良好的施工环境；简化海上风电项目审批流程和相关程序，帮助风电企业尽快施工建设。其次，地方能源部门可与省政府协调，出台地方性海上风电财政补贴政策，在中央海上风电上网电价的基础上，增加地方海上风电上网电价补贴，为当地海上风电项目降低发电成本，提高其在海上风电市场的竞争力。

加大分散式风电项目补贴力度，鼓励分散式风电发展。发展分散式发电项目是解决弃风问题、降低弃风率的有效途径。我们建议，政府大力发展分散式发电项目，参考分布式光伏发电项目对分散式风电发展做合理规划。首先，设立分散式风电示范项目，对示范项目除按统一上网电价补贴外，按装机成本给予适当补助，鼓励国企、民企等各种资本投资。其次，制定相应的政策，规范分散式风电项目管理，简化审批程序。最后，将分散式风电项目纳入地方发展规划中，帮助项目投资方进行项目选址，并对项目用地给予一定的补贴。分散式风电项目是风电产业的重要组成部分，鼓励分散式风电发展，有助于优化风电产业结构，促进风电产业快速发展。

9.2.2.3 促进我国生物质能产业发展的财政政策建议

新能源电价补贴额与新能源上网标杆价大小有关，完善新能源电价补贴政策，实质上就是要完善新能源上网标杆价，从而实现新能源财政补贴政策的优化。虽然近几年政府对生物质能产业的财政补贴力度逐渐加大，但是相对于该产业迅速发展以及原料成本上升产生的资金需求的增加仍然不足。生物质发电上网电价补贴低，不利于生物质发电的发展。随着物价的上涨，生物质发电原料运输成本的提高，生物质发电成本大。我们建议，提高生物质发电补贴标准，减少发电成本，从而获得更大收益。生物质产业成本高的一个重要原因就是生物质燃料成本提高，除提高生物质发电上网电价外，还可提高生物质原料补贴，如对秸秆等生物质燃料的加工用电以及运输费用等给予一定的财政补贴。项目选址难是生物质企业普遍面临的难题，选址不当会造成生物质原料成本的上升。政府有关部门可通过准确评估当地资源分布与生物质产业发展状况，合理规划生物质项目选址，将项目建在粮食、森林集中区，以稻壳、秸秆、木材作为生物质电的燃料，方便收购、运输、存储等，并对项目用地进行一定补贴。鼓励生物燃料销售、生物质电并网销售、鼓励政府采购生物质产品，形成全面覆盖生物质能产业的项目选址、基地建设、原料采购、产品销售等各个环节的财政补贴体系，有利于生物质发电业主降低生物质原料成本，从而促进生物质能产业的发展。

增加乙醇汽油销售与使用环节补贴政策，加快乙醇汽油推广。推广乙醇汽油，首先要调动销售商的积极性。由于乙醇汽油销售并没有全面放开，主要在中石油与中石化调和销售，形成垄断，民营销售商采购成本高、利润低。在建立严格的监管制度的前提下，可考虑全面放开乙醇汽油调和销售，降低采购成本，并且给予乙醇汽油销售商一定的补贴，降低成本，提高销售企业推广乙醇汽油的积极性。另外，在乙醇汽油的价格方面可考虑适当下调，或者给予消费者适当的消费补贴，使人们更愿意接受乙醇汽油，以加速乙醇汽油的推广，节能减排，改善环境污染状况。

拓宽项目融资渠道。生物质产发展需建立以政府补贴为指导、企业投资为核心、金融支持与社会融资为补充的项目融资体系。政府产业政策是企业、金融机构以及社会资本投资的风向标，政府可通过加大对生物质产业的财政补贴力度，财政贴息、担保以及政府采购等方式增加对该产业的投资，充分利用绿色信贷、绿色融资等，鼓励金融机构和社会资本对生物质产业项目融资，引导企业、金融机构和社会资本流向该产业，也可鼓励通过采用 BOT、PPP 等商业模式进行融资，加速生物质行业发展。除此之外，企业也可通过自身经营上市，发行股票、债券等方式为项目融资。

9.2.2.4　促进我国新能源汽车发展的财政政策建议

铲除地方违规额外补贴，建立全国统一市场。国家已认识到地方政府额外补贴对新能源汽车市场的影响，于 2014 年新能源汽车推广指导文件中指出要规范地方保护行为，并于 2018 年出台新能源汽车补贴政策，再次强调铲除地方额外补贴，且规定对违规地方政府减发新能源汽车充电基础设施建设奖金。国家政策的出台并没有完全破除地方政府的额外补贴行为，如 2018 年新政策实施后，上海等地区依旧通过各种方式继续执行当地的额外补贴政策，扰乱新能源汽车市场。究其根本原因，对地方政府违规行为惩罚力度小，如果地方政府因违规受到的惩罚金额远大于其违规进行额外补贴获得的利益，地方政府就没有了违规的动力。我们建议，国家重新修订新能源汽车财政补贴管理法律法规，强化对地方政府行为的监管，引导地方政府将补贴重心转移到基础设施建设，加大对地方政府违规行为的惩罚力度，并完善地方政府行政问责机制。

增加农村新能源汽车补贴政策，促进农村新能源汽车推广。目前，城市新能源汽车推广试点工作基本已经完成，基于城市新能源汽车增长速度达不到规划速度的现实状况，我国有必要借鉴美国"全国一盘棋"的新能源汽车推广模式，开拓农村新能源汽车市场，出台针对农村的新能源汽车补贴政策。首先，出台农村新能源汽车充电基础设施建设补贴政策。农村新能源汽车充电基础设施的建设与完善是新能源汽车在农村推广的根本前提，可考虑先以村为单位建充电站，保证每个村都能充电，然后鼓励有条件的村民自行建设充电桩。其次，效仿城市新能源汽车推广模式，将公共用车领域作为农村新能源汽车推广的切入点，率先鼓励农村在公交车、环卫、邮政等公共用车领域试点应用新能源汽车，待发展成熟再逐渐发展私人购车。最后，制定专门针对农民私人购车的补贴政策，如购车可免费安装充电桩，新能源汽车充电享受优惠电价或者免收高速公路通行费等政策，吸引农村居民购买新能源汽车。

扩大新能源汽车充电基础设施补贴范围。全国充电基础设施的建设与完善，是新能源汽车在各地推广的根本前提。近几年，国家已出台相关政策，对新能源汽车充电基础设施进行补贴，各地也纷纷出台政策补贴充电基础设施建设，但补贴仍未覆盖所有地区。面对新能源汽车充电机车设施发展滞后问题，我们建议，政府出台覆盖范围更广的新能源汽车充电基础设施补贴政策，可考虑对充电桩的运营维护给与定期补贴，保证充电桩可充电。另外，基于目前充电桩布局不合理问题，政府需出台相关政策将充电桩建设纳入地区发展规划，对各地充电桩选址进行合理规划，优化资源配置，提高充电桩利用率。

参考文献

［1］张宇，张莎莎．零补贴临近平价上网引领未来"风"向［N］．中国改革报，2017－10－24（005）．

［2］曹俐．我国液态生物质燃料补贴政策效应评价研究［J］．经济问题，2016（4）：63－68，101．

［3］曹俐．液态生物质燃料补贴政策研究述评［J］．经济问题探索，2016（2）：173－179．

［4］常凯．基于成本和利益视角下可再生能源补贴政策的经济效应［J］．工业技术经济，2015（2）．

［5］陈波，陈靓．美国新能源政策及对中国新能源产业的影响［J］．国际展望，2012（1）：71－84，117．

［6］陈少强，郏紫卉．发展新能源产业的税收政策初探［J］．税务研究，2016（6）．

［7］丁芸．促进新能源产业发展的财税政策选择［J］．税务研究，2016（6）：14－19．

［8］丁芸，胥力伟．我国新能源产业财税政策效应研究［J］．经济研究参考，2015（4）．

［9］杜伟杰，陈钢，高宇．发展新能源产业的补贴模式研究［J］．经济论坛，2011（11）．

［10］范玲玲．国外可再生能源财税支持政策的做法及对我国的借鉴［J］．市场周刊（理论研究），2007（9）：94－96．

［11］范玲玲．浅析我国可再生能源的财税支持政策［J］．柴达木开发研究，2007（5）：57－60．

［12］费华伟，王利宁，赫春燕，陈芯．中国燃料乙醇发展现状及对石油行业的影响［J］．《国际石油经济》，2017，25（11）：40－44.

［13］冯楚建，谢其军．国内外光伏产业政策绩效对比研究［J］．中国科技论坛，2017（2）：58－65.

［14］高金山，张聪聪．基于HHI指数的风电整机行业集中度分析［J］．风能产业，2017（7）：16－18.

［15］高巍，胡望舒．促进我国新能源产业发展的税收优惠选择［J］．财政监督，2013（2）．

［16］高秀平，彭月兰．我国新能源汽车财税政策效应与时变研究——基于A股新能源汽车上市公司的实证分析［J］．经济问题，2018（1）：49－56.

［17］高兴佑．可再生能源发展的价格政策［J］．价格月刊，2016（07）．

［18］顾瑞兰．促进我国新能源汽车产业发展的财税政策研究［D］．财政部财政政策研究所，2013.

［19］国家产业信息中心．"十二五"期间中国新能源汽车产业发展回顾［EB/OL］．2017－5－25.

［20］国家可再生能源中心．中国可再生能源产业发展报告［M］．北京：中国经济出版社，2015：69－120.

［21］国家能源局．2013年风电产业继续保持平稳较快发展势头［EB/OL］．2014－3－6.

［22］国家能源局．2014年风电产业监测情况［EB/OL］．2015－2－12.

［23］国家能源局．2015年风电产业发展情况［EB/OL］．2016－2－2.

［24］国家能源局．2016年风电并网运行情况［EB/OL］．2017－1－26.

［25］国家能源局．生物质能发展"十三五"规划［DB/OL］．2016－12－6.

［26］郭庆方，董昊鑫．中国新能源产业发展逻辑新能源破局［M］．北京：机械工业出版社，2015：1－173.

［27］郭炜煜，赵新刚，冯霞．固定电价与可再生能源配额制：基于中国电力市场的比较［J］．中国科技论坛，2016（10）：90－97.

[28] 郭晓丹，闫静静，毕鲁光．中国可再生能源政策的区域解构、有效性与改进 [J]．经济社会体制比较，2014（6）．

[29] 郭晓丹，尹俊雅．风电标杆电价与中国风电产业发展关系研究 [J]．价格理论与实践，2017（4）：56-59.

[30] 昊进，雷云辉，程静思，刘刘，邱坤：我国农村沼气事业的发展模式探索 [J] 西南石油大学学报，2017（11）：16-17.

[31] 何代欣．促进新能源产业发展的财税政策：评估与调适 [J]．税务研究，2014（9）：6-10.

[32] 何辉，史丹，徐诗举．促进低碳经济与新能源产业发展的税收政策取向 [J]．税务研究，2012（9）．

[33] 何张陈，袁竹林，耿凡．农作物废弃物与煤混燃发电的技术经济性——基于江苏省混燃案例的调研 [J]．能源技术 2008，12（6）：359.

[34] 侯文静．我国新能源产业政府补贴的专向性研究——基于 WTO 的"SCM 协议" [J]．西安财经学院学报，2012（6）．

[35] 胡颖，马骏．我国风电产业发展现状于趋势 [J]．工业节能与清洁生产，2014（4）：29-36.

[36] 黄达其，陈佳琼．我国生物质气化发电技术应用及展望 [J]．热力发电，2008，10（15）：6-8.

[37] 霍建禄．促进新能源产业发展的财税政策研究 [J]．中国经贸导刊，2015（20）：36-37.

[38] 贾婧．风驰电掣驶向未来——863 计划支持电动汽车及相关研究纪实 [N]．科技日报，2011-4-14.

[39] 蒋震．支持新能源产业发的税收政策取向 [J]．税务研究，2012（6）．

[40] 康健．鼓励新能源产业发展的税收政策思考 [J]．辽宁经济技术学院学报，2014-3-8（2）.

[41] 赖明东，刘益东．中国风电产业发展的历史沿革及其启示 [J]．河北师范大学学报，2016，39（3）：20-26.

[42] 李定凯．对芬兰和英国生物质——煤混燃发电情况的考察 [J]．

电力技术 2010, 1 (2): 8-9.

[43] 李河君, 曾少军. 中国新能源产业年度报告 [M]. 北京: 全国工商联新能源商会编印, 2017: 37-64.

[44] 李军, 王旭春, 李晓昭. 日本能源形势与可再生能源利用实态 [J]. 太阳能, 2017 (12): 10-16.

[45] 李俊峰, 施鹏飞, 高虎. 中国风电发展报告 2010 [M]. 海口: 海南出版社, 2010.

[46] 李慕白. 垃圾焚烧发电技术概述 [J]. 河南科技. 2017 (12).

[47] 李庆. 新能源消费补贴的微观分析 [J]. 财贸经济, 2012 (12).

[48] 李文. 湖南省林业生物质能产业问题及对策研究 [D]. 中南林业科技大学, 2017.

[49] 李苑. 新能源汽车财政补贴政策调整 [N]. 上海证券报, 2018-2-14 (005).

[50] 李兆友, 齐晓东. 政府财政政策、企业 R&D 投入和专利产出关系研究——基于我国新能源汽车上市公司面板数据 [J]. 辽宁大学学报 (哲学社会科学版), 2017, 4 (1).

[51] 李振宇, 任文坡, 黄格省, 金羽豪, 师晓玉. 我国新能源汽车产业发展现状及思考 [J]. 化工进展, 2017, 36 (7): 2337-2343.

[52] 廖家勤, 孙小爽. 新能源汽车财税政策效应研究 [J]. 税务与经济, 2017 (1): 86-93.

[53] 刘进. 我国新能源汽车财政补贴效应研究 [D]. 北京: 中国财政科学研究院, 2017.

[54] 刘莉, 孙君社, 康利平, 等. 甜高粱茎秆生产燃料乙醇 [J]. 化学进展, 2007, 19 (7, 8): 1109-1115.

[55] 刘楼. 我国风电产业发展的现状、困境及对策 [J]. 科技经济导刊, 2016 (32): 63-65.

[56] 刘曼红. 林业"三剩物"的开发利用现状和前景概述 [J]. 林业调查规划, 2010, 35 (3): 62.

［57］卢超，尤建新，戎珂，石涌江，陈衍泰．新能源汽车产业政策的国际比较研究［J］．科研管理，2014，35（12）：26－35.

［58］罗如意，林晔．美国太阳能扶持政策解析［J］．能源技术，2010，31（2）：89－92.

［59］马杰．促进我国清洁能源发展的财税政策研究［D］．中国地质大学（北京），2015.

［60］逄琳．我国新能源汽车政府扶持补贴政策探析［D］．北京交通大学，2017.

［61］庞云芝，李秀金．中国沼气产业化途径与关键技术［J］．农业工程学报．2006，12（22）：55－56.

［62］任东明．论中国可再生能源政策体系形成与完善［J］．电器与能效管理技术，2014（10）：1－471.

［63］沈大勇，龚柏华．中美清洁能源产业争端的解决路径——中美风能设备补贴争端案的思考［J］．世界经济研究，2011（7）：49－53，88.

［64］沈彧，顾孟迪．欧洲绿色证书交易机制及对我国的启示［J］．国际瞭望，2007（5）：70－73.

［65］时璟丽．可再生能源电价附加补贴资金效率分析［J］．风能，2013（12）.

［66］史丹．我国新能源产能"过剩"的原因与解决途径［J］．中国能源，2012（10）.

［67］史丹．新能源产业发展与政策［M］．北京：中国社会科学出版社，2015：56－85.

［68］石祖梁，贾涛，王亚静，王久臣，孙仁华，李想，王飞，毕于运．我国农作物秸秆综合利用现状及焚烧碳排放估算［J］．中国农业资源与区划，2017，38（9）：34－36.

［69］宋艳霞．我国风电产业发展的财税支持政策研究［D］．财政部财政科学研究所，2010.

［70］孙鹏，聂普焱．新能源产业规制：研发补贴与支持价格的相机抉择［J］．当代财经，2013（4）.

[71] 王红彦, 王飞, 孙仁华, 高春雨, 王亚静, 孙宁, 王磊, 毕于运. 国外农作物秸秆利用政策法规综述及其经验启示 [J]. 农业工程学报, 2016, 32 (16): 216－222.

[72] 王佳臻, 赵广, 郭旭青. 国内燃料乙醇的发展现状及展望 [J]. 山西化工, 2017 (5): 67－69.

[73] 王金龙. 论税收优惠对新能源产业的导向作用 [J]. 经济研究导刊, 2017, 3 (20): 85－87.

[74] 王坤. 国外新能源汽车财税政策研究及启示 [J]. 现代管理科学, 2015 (10): 52－54.

[75] 王璞. 关于构建我国新能源产业税收支持政策体系的建议 [J]. 国际商务财会, 2017 (8): 50－54.

[76] 王乾坤, 李琼慧, 谢国辉. 美国加州可再生能源配额制及对我国的启示 [J]. 中外能源, 2012, 17 (9): 25－31.

[77] 王少哲. 清洁能源技术与产业的专利保护 [J]. 现代经济信息, 2014 (4): 360.

[78] 王淑庆. 关于风力发电企业税收筹划研究 [J]. 经贸实践, 2017 (22): 262.

[79] 王玺, 蔡伟贤, 唐文倩. 构建我国新能源产业税收政策体系研究 [J]. 税务研究, 2011 (5).

[80] 王茵. 我国光伏产业的财政政策效应研究 [D]. 浙江大学, 2016.

[81] 王仲颖, 任东明, 高虎. 中国非化石能源之路 [M]. 北京: 中国经济出版社, 2012: 11－186.

[82] 王仲颖, 任东明, 秦世平. 中国生物质能产业发展报告 2014 [M]. 北京: 中国环境出版社, 2014: 11.

[83] 魏政, 于冰清. 我国光伏产业发展现状与对策探讨 [J]. 中外能源, 2013, 18 (6): 15－25.

[84] 魏弘, 张政. 促进我国新能源汽车产业发展的财税政策研究 [J]. 中国管理信息化, 2017, 20 (6): 115－116.

[85] 温慧卿. 中国可再生能源补贴制度研究 [M]. 北京: 中国社会科

学出版社，2012：20-85

［86］文杰．支持新能源产业发展的税收政策探讨［J］．税务研究，2011（5）．

［87］沃尔夫冈．帕尔茨．光伏的世界［M］．北京：中国社会科学出版社，2015：56-85.

［88］我国生物柴油产业发展状况［J］．能源化工．2016，37（5）：46.

［89］吴春雅，吴照云．政府补贴、过度投资与新能源产能过剩——以光伏和风能上市企业为例［J］．云南社会科学，2015（2）：59-63.

［90］吴海建．辽宁省新能源产业发展的财政支持政策研究［D］．东北财经大学，2015.

［91］吴起斌．风力发电企业税收筹划研究［J］．企业改革与管理，2015（1）：162-163.

［92］吴永民．基于 CGE 模型的我国燃料乙醇产业财政政策研究［D］．中国地质大学（北京），2014.

［93］肖文海，叶剑．可再生能源价格作用机制比较与政策选择［J］．江西财经大学学报，2016（1）．

［94］肖珍．完善税收激励政策推动中国新能源产业发展［J］．经济研究导刊，2012（3）．

［95］谢飞．我国新能源产业发展现状、问题及对策［J］．中国经贸导刊，2013（23）：33-34.

［96］谢旭轩，王仲颖，高虎．先进国家可再生能源发展补贴政策动向及对我国的启示［J］．中国能源，2013（8）．

［97］谢永清．税收政策如何支持新能源产业发展［J］．湖南税务高等专科学校学报，2015，10（5）．

［98］新型沼气技术令沼气可提纯为汽车燃气［N］，湖南日报，2013-3-21.

［99］熊勇清，李晓云，黄健柏．战略性新兴产业财政补贴方向：供给端抑或需求端——以光伏产业为例［J］．审计与经济研究，2015，30（5）：95-102.

［100］熊永生，王玲．税收政策对我国新能源产业发展影响分析［J］．

财会研究, 2013 (7).

[101] 熊宇. 国外新能源汽车发展分析与启示探讨 [J]. 时代汽车, 2018 (1): 29 - 30.

[102] 严丹霖. 中国风电产业政策测量及效应评价研究 [D]. 中国地质大学, 2016.

[103] 严俊杰. 湖南新能源产业发展的财税政策探析 [J]. 中国集体经济, 2016 (8).

[104] 杨帅. 我国可再生能源补贴政策的经济影响与改进方向——以风电为例 [J]. 云南财经大学学报, 2013 (2).

[105] 于学华. 经济能源共发展 [N]. 中国电力报, 2017 - 12 - 30 (003).

[106] 余杨. 中国风能、太阳能电价政策的补贴需求和税负效应 [J]. 财贸研究, 2016, 27 (3): 106 - 116.

[107] 曾艳. 促进新能源产业发展的税收政策研究 [J]. 哈尔滨师范大学社会科学学报, 2016 (8).

[108] 张彩霞, 谢高地, 徐增让等. 中国木薯乙醇的资源潜力及其空间分布 [J]. 生态学杂志, 2011, 30 (8): 1726 - 1731

[109] 张金改. 中美生物质能产业法律规制比较研究 [D]. 天津大学, 2015.

[110] 张岚, 张芳芳. 我国新能源汽车产业的财税补贴政策现状及其分析 [J]. 时代金融, 2017 (33): 293 - 294.

[111] 张萍. 新能源汽车财税政策研究 [J]. 经济研究导刊, 2017 (35): 116 - 117.

[112] 张钦, 周德群, 张力菠, 闻浩. 中国新能源产业发展报告 [M]. 北京: 科学出版社, 2013: 109 - 133.

[113] 张帅, 邢满刚, 姚遥. 解密新能源 [M]. 上海: 文汇出版社, 2011: 4 - 24.

[114] 张伟. 推动我国新能源发展的财税政策研究 [J]. 西部财会, 2014 (7).

［115］张一清，姜鑫民．特朗普能源新政的影响及我国应对策略［J］．西南石油大学学报（社会科学版），2018，20（1）：12－18.

［116］张永伟．政策推动与产业发展［M］．北京：机械工业出版社，2016－8.

［117］甄子健等．新能源汽车发展战略研究［M］．北京：科学出版社，2016.

［118］郑瑞澄，韩爱兴．我国太阳能供热采暖技术现状与发展［J］．建设科技，2013，（1）：12－16.

［119］中国建筑节能协会．中国建筑节能现状和发展报告［M］．北京：中国建筑工业出版社，2012.

［120］中国汽车技术研究中心．中国新能源汽车产业发展报告［M］．北京：社会科学文献出版社，2016：48－49.

［121］中国气象报社．气象科技助力风能太阳能长远利用［EB/OL］．2018－1－8.

［122］中国气象局风能太阳能资源中心．中国风能太阳能资源年景公报［EB/OL］．2018－1－25.

［123］中国太阳能热利用产业联盟，中国农村行业协会太阳能热利用专业委员会，中国节能协会太阳能专业委员会．中国太阳能热利用产业发展报告（2013～2014）［R］．北京，2015.

［124］中国统计局．能源消费总量［DB/OL］．2017－3－1.

［125］朱晓波．促进我国新能源产业发展的税收政策思考［J］．税务研究，2010（7）.

［126］周清．促进新能源产业发展的财税制度安排［J］．税务研究，2011（5）：25－29.

［127］左安磊．清洁能源技术与产业的专利保护——世界之发展与中国之应对［J］．科技与法律，2012（1）：17－23.

［128］Bürer M. J. , Wüstenhagen R. Which Renewable Energy Policy Is a Venture Capitalist's Best Friend? Empirical Evidence from a Survey of International Cleantech Investors ［J］. Energy Policy, 2009, (37): 4997－5006.

[129] Brännlund, R. & Nordström J. Carbon Tax Simulations Using a Household Demand Model [J]. European Economic Review, 2004 (48), 211 – 233.

[130] Catherine Mitchell. Renewable Energy Policy in the UK 1990 – 2003 [J]. Energy Policy, 2004 (32): 1935 – 1947.

[131] Clean Energy Technology and the Role of Non-Carbon Price-Based Policy: An Evolutionary Economics Perspective [J]. Nicholas Howarth. European Planning Studies. 2012 (5).

[132] Chupka M. W.. Designing Effective Renewable Markets [J]. The Electricity Journal, 2003, 16 (4): 46 – 57.

[133] Daniel C. Matisoff, Erik P. Johnson. The Comparative Effectiveness of Residential Solar Incentives [J]. Energy Policy, 2017, 5 (23): 44 – 54.

[134] Earlier 2008 Federal Bail-Out Bill Solar Tax Changes. SEIA. 2008

[135] Europe Automobile Manufacturers Association. Overview on Tax Iincentives for Electric Vehicles in The EU [R]. Europe Automobile Manufacturers Association. 2017 – 3.

[136] Galinato G. I. & Yoder J. K. An Integrated Tax-Subsidy Policy for Carbon Emission Reduction [J]. Resource and Energy Economics, 2010 (32): 310 –326.

[137] Green peace international/EREC: Energy [R] evolution—A Sustainable Global Energy Outlook [EB/OL]. 2008.

[138] Gutermuth, P. G. Financial Measures by the State for the Enhanced Deployment of Renewable Energies [J]. Solar Energy, 1998 (64), 67 – 78.

[139] Jacobsen H. K. Technological Progress and Long-Term Energy Demand: A Survey of Recent Approaches and a Danish Case [J]. Energy Policy, 2000, (29): 147 – 157.

[140] Kiran Torani, Gordon Rausser and David Zilberman. Innovation Subsidies Versus Consumer Subsidies: A Real Options Analysis of Solar Energy [J]. Energy Policy, 2016, 5 (92): 255 – 269.

[141] Lesser J. A. , Su X. J.. Design of an Economically Efficient Feed-in

Tariff Structure for Renewable Energy Development ［J］. Energy Policy, 2008, 36 (3): 981 – 990.

［142］ Lewisa J. I., Wiser R. H.. Fostering a Renewable Energy Technology Industry: An International Comparison of Wind Industry Policy Support Mechanisms ［J］. Energy Policy, 2007, (35): 1844 – 1857.

［143］ Low Carbon-Economy Development: China's Pattern and Policy Selection ［J］. Xiangsheng Dou. Energy Policy, 2013.

［144］ Lund P. D. Effects of Energy Policies on Industry Expansion in Renewable Energy ［J］. Renewable Energy, 2009, (34): 53 – 64.

［145］ Magali A. Delmas, Maria J. Montes-Sancho. U. S. State Policies for Renewable Energy: Context and effectiveness ［J］. Energy Policy, 2011, 1 (34): 2273 – 2288.

［146］ Makena Coffman, Sherilyn Wee, Carl Bonham, Germaine Salim. A Policy Analysis of Hawaii's Solar Tax Credit ［J］. Renewable Energy, 2016 (85): 1036 – 1043.

［147］ Martinot. E. & Sawin. J. Renewables Global Status Report: 2012 update ［R］. 2012.

［148］ Menanteau P, Finon D, Lamy M. L. Prices Versus Quantities: Choosing Policies for Promoting the Development of Renewable Energy ［J］. Energy policy, 2003, 31 (8): 799 – 812.

［149］ Morthorst P. E. A Green Certificate Market Combined with a Liberalised Power Market ［J］. Energy Policy, 2003, (31): 1393 – 1402.

［150］ Painuly J. P. Barriers to Renewable Energy Penetration: A Framework for Analysis ［J］. Renewable Energy, 2001, (24): 73 – 89.

［151］ REN21. Renewables 2017 Global Status Report ［R］. REN21. 2017 –10.

［152］ Renewable Energy Sources Act and Trading of Emission Certificates: A National and a Supranational Tool Direct Energy Turnover to Renewable Electricity-Supply in Germany ［J］. Selder Kirsten. Energy Policy. 2014.

[153] Rethinking Policy to Deliver a Clean Energy Future [J] . Sonia Aggarwal, Hal Harvey. The Electricity Journal. 2013 (8) .

[154] Shahrouz Abolhosseini, Almas Heshmati. The Main Support Mechanisms to Finance Renewable Energy Development [J] . Renewable & Sustainable Energy Reviews, 2014 (40): 876 - 885.

[155] The Solar Investment Tax Credit. Conergy. http: //www. conergy. us/ desktop-default. aspx/tabid-2235. 2008.

[156] Towards a Low Carbon Energy Future-Renewable Energy Cooperation between Germany and Norway [J] . Anne Therese Gullberg, D? rte Ohlhorst, Miranda Schreurs. Renewable Energy. 2014.

[157] U. S. Department of Energy. Alter Native Aviation Fuels: Overview of Challenges, Opportunities and next Steps [R] . Washington DC: Office of Energy Efficiency and Renewable Energy, 2017.

[158] Viktorija Bobinaite, Dalius Tarvydas. Financing Instruments and Channels for the Increasing Production and Consumption of Renewable Energy: Lithuanian case [J] . Renewable and Sustainable Energy Reviews, 2014, 5 (39): 259 -276.

[159] Wolfgang Ströbele. Problems of the Turnaround in Energy Policy in Germany after 2011 [J] . ORDO, 2013, 1 (113): 253 - 274.

[160] 一般財団法人. 次世代自動車振興センター [EB/OL] . http: // www. cev-pc. or. jp/chosa/. 2017 - 03.

的照顾，使我能够有充裕的时间和精力专注于本书撰写。感谢我两个可爱的儿子，在工作之余给我增添了很多乐趣。感谢父母给予我精神上的支持。

感谢本书所参考和引用的文献作者们，提供给我思想和启迪的学者们，以及所有帮助过我的人，你们前期的研究成果为本书撰写奠定了数据基础。感谢你们辛勤的付出。

何辉

2018 年 5 月

后 记

本书是在我的博士后出站论文的基础上，结合近几年我国新能源领域的改革变化，经过对部分内容的重新思考、充实和更新，修订而成。

在本书即将付梓之际，脑海里思绪万千。回首这段写作历程，此时此刻，我想对本书撰写期间所有关心、支持和帮助过我的学校领导、导师、同事、学生、家人表达最为诚挚的感谢。

非常感谢首都经济贸易大学的各位领导，感谢学校领导为我提供这次出书的机会。在本书撰写过程中，学校领导不仅为我出书提供了物质帮助，领导无微不至的关心更是为我出书提供了强大的精神支持。在此，向学校领导表示深深的谢意。

感谢我的博士后导师史丹研究员两年来对我的悉心教导。史老师严谨的治学态度、渊博的理论知识和对现实社会经济的洞察力使我受益匪浅。史老师高尚的品格、博大的胸怀深深地感染着我，激励我在学术研究的道路上不懈前行。

感谢财税学院的同事。财税学院是我"第二个家"，在财税学院这个大家庭中，我深受各位同事严谨治学态度的熏陶，是你们一丝不苟认真工作的态度激励着我在学术道路上继续前行，与你们的深入讨论让我对此书的思考也更加全面。此外，感谢你们对我教学工作的支持与理解，使我能协调好工作时间，为本书的撰写提供了时间保证。

感谢我的研究生为此书付出的努力。感谢王杰杰、熊鑫、李威、丁志伟、杨姝、罗天宸对我的协助，感谢你们帮我查资料，并按照分工完成一些基础工作。

感谢我的家人。感谢爱人张清对我工作的大力支持，感谢岳父岳母对家庭